KKB

Wolfgang Ullrich

Die Kunst nach dem Ende ihrer Autonomie

Verlag Klaus Wagenbach Berlin

Wenn ich auf die heutige Kunstwelt blicke, kommt es mir so vor, als hätte ich einen Filmriss gehabt und ein paar Jahre verpasst. Auf einmal wirken die Ideen und Ansprüche autonomer Kunst, die die gesamte westliche Moderne prägten, die oft maßlos und radikal, oft aber auch befreiend waren, fremd und wie aus der Vergangenheit. Anderes ist an ihre Stelle getreten. Also versuche ich, mich in dieser neuen Welt zurechtzufinden.

Exposition
Fünf Paar Schuhe und Abschied von eineinhalb anderen

Wer sich mit zeitgenössischer Kunst befasst, hat es nicht mehr nur mit Gemälden, Fotografien, Installationen und Performances zu tun. Vielmehr können mittlerweile genauso Möbel, Make-up, Protestkundgebungen oder Handtaschen Spielarten von Kunst sein. Es ließe sich sogar sagen, dass Kunst heute dann besonders geschätzt wird, wenn sie zugleich etwas anderes ist. Die großen Gegensätze der Klassischen Moderne haben hingegen an Bedeutung verloren: Zwischen freier und angewandter Kunst, zwischen *high* und *low* oder auch zwischen Kunstwerken und Konsumprodukten wird kaum noch getrennt.

Auch Sneakers können Kunst sein und dennoch genauso als Mode verkauft werden. Sie haben dann den Charakter von Skulpturen und erfüllen zugleich die alltäglichen Voraussetzungen funktionaler Laufschuhe. Oder sie sind, zusätzlich zu ihrem Status als exklusive Sammelstücke, mit einem politischen Statement verbunden. Oder sie sind Konzeptkunst und ebenso ein klimaneutrales High-Tech-Produkt. Sie genügen also jeweils den Kriterien mehrerer Bereiche. Zugespitzt formuliert: Nur weil sie nicht bloß Kunst sind, sind sie überhaupt Kunst. Wie unterschiedlich das aussehen kann, sei an fünf Beispielen veranschaulicht.

Beispiel 1: Im August 2019 berichtete Takashi Murakami, Japans global bekanntester Künstler, auf seinem Instagram-Account davon, wie »erfüllend« es für ihn war, erstmals in seiner Laufbahn Sneakers zu entwerfen. Zwar war er schon wiederholt von großen Marken eingeladen worden, ein Muster oder eine Verpackung für ein Paar vorzuschlagen, doch nachdem er 2016 beim Besuch der ComplexCon, einem Festival zu Phänomenen der Popkultur, von Fans – sogenannten *sneakerheads* – bejubelt worden sei, habe er das als Aufforderung empfunden, selbst initiativ zu werden.[1] Allerdings habe er zuerst noch eine »Distanz zwischen der Sneakers-Kultur und sich selbst«

gespürt. Umso wichtiger sei es ihm gewesen, deren Regeln wirklich zu erfassen, und daher habe er sich voll und ganz auf seine eigene »Sneaker-Reise« eingelassen.[2]

Zu den Regeln der Sneakers-Kultur gehört es, jeden Schuh in Traditionen und Genealogien wahrzunehmen. Seine Qualität bezieht ein Entwurf nicht daraus, originell zu sein und ein Modell zu präsentieren, das man so noch nie gesehen hat; dafür wächst der Nimbus gewissermaßen mit dem Stammbaum, mit dem man die Sneakers ausstattet, indem man auf berühmte Vorbilder sowie Zeichen und Gestaltungselemente anderer Bereiche zurückgreift.

Das hat Murakami verstanden. So bezieht sich das Design seiner Sneakers auf die Kampfroboterfiguren der populären japanischen Anime-Fernsehserie *Mobile Suit Gundam* (1979). Die olivgrünen Sneakers haben daher die Anmutung militärischer Ausrüstung, die Seitentaschen (die sich sogar auf bis zu vier pro Schuh erweitern lassen) erinnern darüber hinaus an Fahrradtaschen oder Anglerwesten – und damit sogar an Joseph Beuys. Als Partner für die aufgrund unterschiedlicher Materialien aufwändige Produktion wählte Murakami das Label *Porter* des auf Taschen spezialisierten Unternehmens Yoshida, und der Verpackungskarton ist eine Hommage an *SF3D*, eine von Ko Yokoyama entworfene Spielfigur der neunziger Jahre. [Abb. 1a–c] Nach eigener Aussage wollte Murakami die Sneakers auf diese Weise mit dem »Otaku-Geschmack«, also mit einer konsumistisch orientierten Fan-Kultur Japans, verknüpfen.[3] Das Design enthält aber auch typische Elemente seiner eigenen künstlerischen Motivwelt, etwa in die Sohlen geprägte lachende Blumengesichter. Damit sind die Sneakers zugleich als Artefakte des Künstler-Labels »Murakami« identifizierbar, das

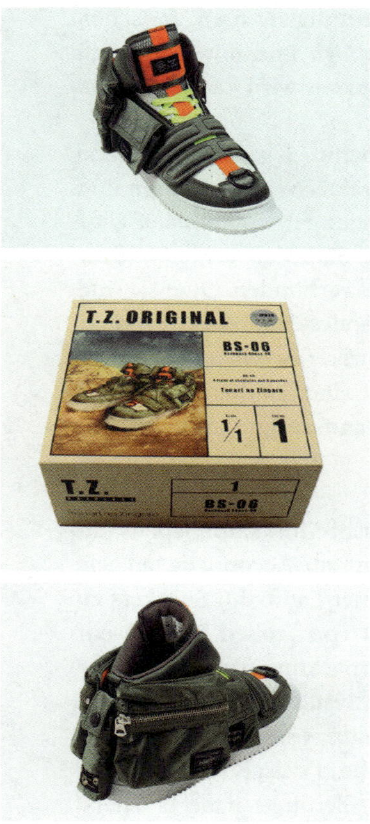

1a–c Takashi Murakami: *TZ BS-06s*

mehr als viele andere mit der Kapitalisierung des Kunstbetriebs, mit dem Glamour eines in Rekorde und Superlative verliebten Marktes assoziiert wird.

Ein Sneakerhead aus Texas schrieb begeistert, Design und Gedanken hinter Murakamis Entwurf seien nahe an den Traditionen, aus denen er selbst Inspiration beziehe, und im Kunstmagazin *artnet* wurden die Schuhe und das Verpackungsdesign als »vielschichtiger Liebesbrief an die japanische Fan-Kultur der 1980er Jahre« gewürdigt.[4] Dasselbe Objekt, das original rund 600 US-Dollar kostete, fand also in der Sneakers-Szene ebenso Anerkennung wie in der Kunstwelt.

Beispiel 2: Seit November 2020 bietet das New Yorker Museum of Modern Art (MoMA) in seinem Shop Sneakers an, die zusammen mit der Künstlerin Faith Ringgold entwickelt und in Kooperation mit der Marke Vans produziert wurden. [Abb. 2] Mit den Schuhen wird die Würdigung einer lange höchstens in Fachkreisen beachteten Künstlerin fortgesetzt, die bereits bei der Neueröffnung des Museums im Oktober 2019 prominent in Erscheinung treten konnte. So platzierte man ihr Gemälde *Die* (1967) neben Pablo Picassos *Les Demoiselles d'Avignon* (1907), einem Hauptwerk der Sammlung, das besonders gut das Weltbild eines weißen Mannes aus der Zeit der Avantgarden repräsentiert. Diese Hängung sollte ein Akt der Wiedergutmachung sein, da Ringgold, selbst Afro-Amerikanerin, sich sowohl in der Schwarzen Bürgerrechtsbewegung engagiert als auch für mehr Gleichberechtigung von Frauen gekämpft hat. Als Aktivistin protestierte sie in den siebziger Jahren gegen die viel zu einseitigen Sammlungen in Museen wie dem MoMA, und als Künstlerin hatte sie sich bereits 1991 innerhalb einer Serie von Quilt-Arbeiten – unter dem Titel *The French Collection* – kritisch mit Picassos Gemälde befasst.

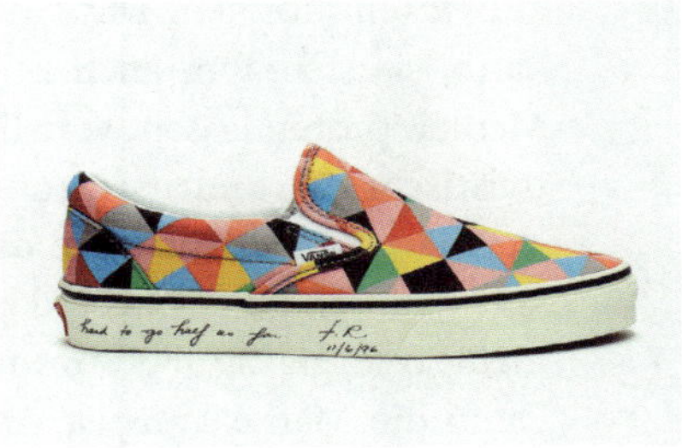

2 Faith Ringgold X MoMA X Vans

Das Design der Sneakers nimmt Bezug auf Ringgolds 1995 publiziertes Buch *Seven Passages to a Flight*, in dem sie in handkolorierten Radierungen und kurzen Texten einige ihrer Diskriminierungserfahrungen als Schwarze Frau festhält. Ein Muster verschiedenfarbiger Dreiecke in unterschiedlichen Anordnungen, das auf jeder Buchseite den Rahmen bildet, kehrt nun auf dem Schaft der Sneakers wieder. Und auf die Seitenflächen der Sohle ist ein Satz aus Ringgolds Buch – in ihrer Handschrift – gedruckt, der ihre doppelte Benachteiligung prägnant zum Ausdruck bringt: »My mother said I'd have to work twice as hard to go half as far«.

Dass die Künstlerin es mit diesem Satz auf ein Produkt von zwei global berühmten Marken geschafft hat, mag aber auch als ein Beleg dafür gelten, dass ein Mehr an Einsatz und Engagement am Ende doch anerkannt wird. Wer Ringgold-Sneakers kauft, empfindet dann vielleicht Freude über die Lebensleistung der Künstlerin und kann sich zugleich zu ihrem Ziel einer diskriminierungsfreien Gesellschaft bekennen. Schließlich mag mit dem Besitz der Schuhe sogar die Hoffnung verknüpft sein, bei sich selbst neue Kräfte freizusetzen. Sie werden zum Ansporn, fungieren gar als Talisman oder als Werkzeuge des Empowerment.

War Ringgolds Buch mit einer auf 45 Exemplare limitierten Auflage noch ein exklusives Stück Kunst, werden die Sneakers entsprechend der Nachfrage produziert und zum Preis von rund 100 US-Dollar verkauft. Wer nun unkt, der Weg vom Buch zu den Schuhen sei ein Niedergang von der Hochkultur zu bloßem Merchandising, sollte bedenken, dass Ringgolds Bücher als Preziosen in ein paar Sammlungen verschwanden und kaum Resonanz fanden. Ihre Schuhe hingegen können denen, die sie besitzen, immer wieder Anlass zur Identifikation und damit zu starken Gefühlen bieten, vor allem aber tragen sie die Haltung der Künstlerin buchstäblich in eine breitere Öffentlichkeit. Das Buch war *nur* Kunst und dadurch ziemlich machtlos, während die Sneakers, gerade weil sie *mehr als nur* Kunst sind, einen festen Platz im Leben der Menschen einnehmen, eine starke Präsenz entwickeln können. Dass man mit den Schuhen in Bewegung sein kann, sie sich aber auch zeigen sowie auf Bildern in den Sozialen Medien posten lassen, verleiht ihnen zudem den Charakter einer aktivistischen Grundausrüstung.

Allerdings wird gerade die politische Glaubwürdigkeit der Sneakers dadurch geschwächt, dass die Auswahl der Kooperationspartner nicht so sorgfältig abgestimmt zu sein scheint wie im Fall Murakamis. Denn die Marke Vans ist vor allem mit der Skater-Szene assoziiert, der aber lange ausschließlich Weiße angehörten und die Schwarzen zum Teil sogar offensiv den Zugang verwehrte. Dass nun gerade Vans den Kampf einer Schwarzen für mehr Gleichberechtigung unterstützen soll, ließe sich zwar als umso größerer Triumph für Ringgold ansehen, zugleich weckt es aber den Verdacht, es könnte sich um ein Marketing-Manöver der Schuhmarke handeln, die so ihr fragwürdiges Image aufpolieren will und vom Museum gar noch darin unterstützt wird.

Beispiel 3: Kooperationen zwischen großen Marken wecken generell Misstrauen. Design und Vermarktung sind so professionell, die erzählte Geschichte ist meist so sehr auf ein »Happy End« hin ausgerichtet, dass für Dissonantes kaum Raum bleibt. Viele wollen Optimismus verkaufen, fortschrittlich und cool sein, in eine von den ästhetischen Standards von Instagram und Netflix geprägte Bildwelt passen. Und solange sie sich an der Nachfrage orientieren, wollen sie auch nicht zu stark provozieren, nicht zu viel auf einmal infrage stellen. Dabei fungieren tradierte Ordnungen und Grenzziehungen immer auch als mehr oder minder sichtbare Machtinstrumente, die Hierarchien etablieren und so nicht zuletzt der Ungleichbehandlung von Menschen Vorschub leisten. Wer von einer freieren Welt träumt, will daher vermutlich nicht nur die Grenze zwischen »hoher« Kunst und »niedrigeren« Bereichen überwinden, sondern genauso gegen die Trennung zwischen Klassen, zwischen den Geschlechtern oder zwischen Ethnien protestieren.

Aus einem solchen generellen Misstrauen gegenüber Grenzen und Normen können ebenfalls Schuhe entstehen. Sie sind dann das Gegenteil einer konfektionierten Ware, die vorgegebenen Kategorien folgt und auf Massenproduktion angelegt ist. Es gibt sie aber auch nicht in limitierten Auflagen, würden durch Exklusivität doch nur erneut Grenzen gezogen. Vielmehr sind die Schuhe dann gar nicht zum Kauf erhältlich, sondern werden von denjenigen, denen sie gehören, selbst hergestellt.

So geschieht es etwa bei online live übertragenen Workshop-Performances einer 2018 in São Paulo von den Multimedia-Künstlern Boni Gattai und Brendy Xavier gegründeten Gruppe mit dem Namen *Estileras*.[5] Sie besteht aus Mitgliedern der in Brasilien von rechtspopulistischen und religiösen Kreisen stark angefeindeten LGBTQ+-Community, die in mehreren Projekten daran arbeiten,

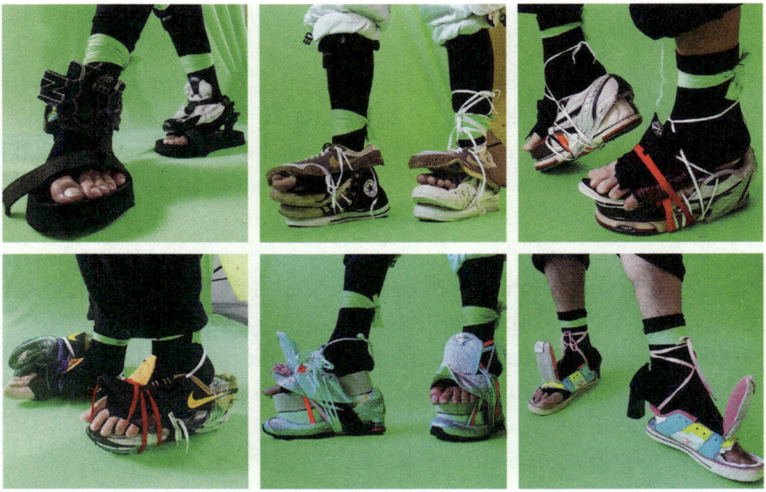

3 »Monsterschuhe« von Estileras

den üblichen Begriff von Mode zu dekonstruieren und die Codes zu verwirren, mit denen ein Kleidungsstück einem bestimmten Geschlecht oder Milieu zugeordnet werden kann. Im Fall der Performances benutzen sie aussortierte Stücke, zerschneiden also Sneakers, Halb- und Stöckelschuhe verschiedener Hersteller und entwickeln daraus neue Paare aus vielen Einzelteilen, was mit einem Namen wie »Alles auf einmal« (»tudo de uma vez«) noch bekräftigt wird. [Abb. 3]

Die demonstrative Individualisierung – nicht einmal linker und rechter Schuh passen zusammen – unterläuft jedwede Form der Normierung oder Zuschreibung. Damit die Schuhe aber nicht selbst wieder nachgeahmt und so zum Ursprung neuer Codes und Normen werden, achten die *Do It Yourself*-Aktivist:innen darauf, sie demonstrativ dilettantisch und ungelenk anzulegen.

Dass die Performances unter dem Titel »Calçado de Monstro« – »Monsterschuhe« – stattfinden, parodiert zudem den seit einigen Jahren beliebten Modetrend der »Ugly Sneakers«. So entwerfen Luxusmarken wie Prada und Balenciaga monströs klobige Modelle, die man sich gleich doppelt leisten können muss: wegen ihres hohen Preises sowie wegen ihrer mangelnden Funktionalität. Wer sie kauft, will also Reichtum und Coolness zur Schau stellen, wohingegen die ungewöhnliche und bizarre Form eines Schuhs von *Estileras* im Gegenteil signalisieren soll, dass »Menschen, die von den herrschenden

Schönheitsidealen und Geschlechterrollen abweichen, eine Skulptur für ihre Füße schaffen, die den exklusiven Parametern des Marktes widerspricht«.[6]

Zwar mag das Recycling alter Schuhe auch aus ökologischen Gründen naheliegen, doch ist es *Estileras* wichtiger, die statussymbolischen Faktoren des Konsums zunichtezumachen und für die Auffassung zu werben, »dass Kleidung lediglich Stoff ist – und nicht für ein bestimmtes Geschlecht oder eine sexuelle oder politische Orientierung zu stehen braucht«.[7] Je mehr Menschen Schuhe und Kleidungsstücke aus vorhandenem Material anfertigen und je mehr Normen sie dabei ignorieren, desto eher könnten, so die Verheißung der Aktivist:innen, neue Freiheiten jenseits von Modediktaten entstehen – desto eher werde eine plurale und offene Gesellschaft denkbar.

Beispiel 4: 2020 engagierte das dänische Unternehmen Surface Project, das Sneakers und Sandalen aus recycelten Materialien (vor allem aus Plastikmüll aus dem Meer) anbietet, den Graffiti-Künstler André Saraiva.[8] Er sollte jeweils hundert Paare limitierte Sneakers mit eigenen Motiven entwerfen. Saraiva gehört seit den achtziger Jahren zu den bekanntesten Graffiti-Künstlern Frankreichs; ab den neunziger Jahren taggte er seinen Namen nicht mit Buchstaben, sondern mit einer Figur – *Mr. A* –, die sich durch drahtig-lange Beine und zwei markante Augen auszeichnet: eines in Form eines »X«, das andere als Kreis mit einem Punkt darin. Diese beiden Augen verselbständigten sich und erlangten Logo-Qualität, was Saraiva schon längst nicht mehr nur für Graffiti nutzt. Vielmehr malt er Bilder und entwirft Schilder, widmet sich für Auftragsarbeiten fast jeder beliebigen Oberfläche oder verziert als Kooperationspartner diverser Firmen Smartphonehüllen, Skateboards oder Bälle mit seinen Markenzeichen. Die Sneakers für Surface Project passen also in sein gängiges Geschäftsmodell. [Abb. 4]

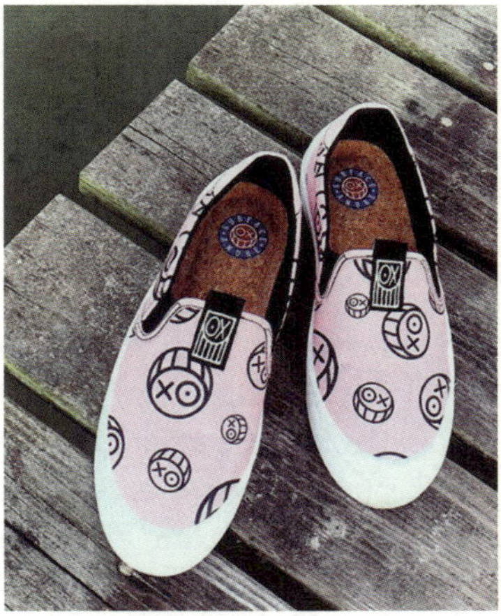

4 Surface Project X André Saraiva

Für das Unternehmen verheißt die Kooperation mit einem Graffiti-Künstler wie André Saraiva, als humorvoll und frech wahrgenommen zu werden, während Produkte, bei denen jedes Element nach Kriterien von Nachhaltigkeit optimiert ist, sonst schnell langweilig-korrekt und etwas streberhaft wirken. Dass es die Sneakers nur als »Limited Edition« gibt, erinnert an Praktiken der Kunst, kann aber auch die Endlichkeit von Rohstoffen symbolisieren. Ferner verschafft man denjenigen, die ein Paar erwerben, das schmeichelhafte Gefühl, ihr stolzes gutes Gewissen nicht mit allzu vielen teilen zu müssen. Zudem suggeriert die Begrenzung mitsamt Nummerierung der Sneakers, sie eigneten sich als Sammelobjekte, würden im Unterschied zu normalen Produkten vielleicht sogar im Wert steigen. Wenn die Schuhe deshalb jedoch gar nicht getragen, sondern fabrikneu bewahrt werden, besitzen sie fast nur statussymbolische Funktion. Statt den Ressourcenverbrauch zu senken, wächst mit ihnen die Anzahl überflüssiger Dinge bloß noch weiter.

Abgesehen von solchen Widersprüchen lassen sich die Sneakers von Surface Project aber als beispielhaft für eine neue Idee des perfekten Produkts interpretieren. Reichte es für Schuhe lange, dass sie bequem oder elegant waren oder man gut mit ihnen laufen konnte, und sollte Kunst ausdrücklich nur Kunst sein, so steigen die Ansprüche inzwischen immer weiter. In der Wohlstandskultur wurden Schuhe, Kunstwerke und vieles andere zuerst zu Designobjekten oder Luxusprodukten veredelt, und mittlerweile verknüpfen sich damit aufgrund eines geschärften Krisenbewusstseins auch noch ökologische oder gesellschaftspolitische Anliegen. Und das lässt sich immer noch weiterdrehen: bis hin zu einem Artefakt, das seine Eigenschaften einem umfassenden Verantwortungsdesign verdankt. Es präsentiert sich hochreflektiert und eingebunden in unterschiedliche Diskurse, ist vollgepackt mit positiven Features. Ob es in seinem Ursprung ein Gebrauchsobjekt oder ein Stück Kunst war, spielt dann keine Rolle mehr.

Beispiel 5: Ein ambitioniertes Artefakt kann auch Teil eines größeren Projekts sein. Dann taucht es zusammen mit anderen Elementen auf, die seine Deutung lenken und stimulieren. Statt sich darauf zu verlassen, dass ein Paar Sneakers für sich allein genügend Codes versammelt, um eine anspruchsvolle Aussage zu vermitteln oder vielfältige Reaktionen auszulösen, integriert man es also in ein umfangreicheres Programm. So brachte der US-amerikanische Schwarze

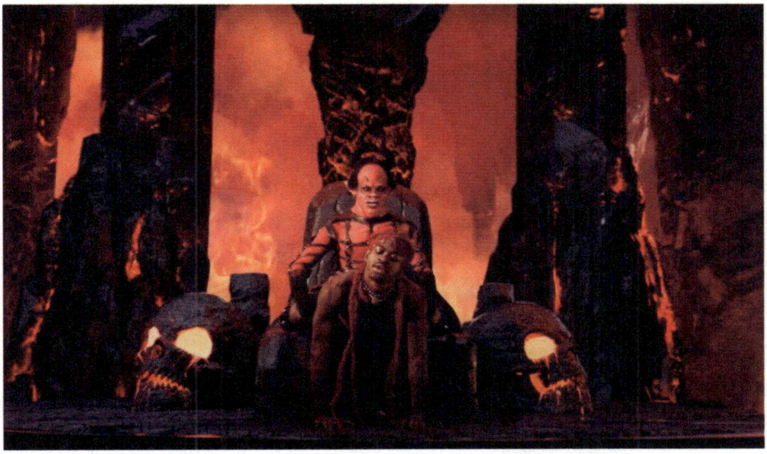

5a Lil Nas X: *Montero (Call me by your name)* (2021) [Videostill]

Country-Sänger und Rapper Lil Nas X im März 2021 zusammen mit der Künstlergruppe MSCHF Sneakers auf den Markt, begleitet von einem neuen Musikvideo. Während ein Video es erlaubt, ein Thema vielschichtig zu erzählen, verleihen Sneakers als materielle Objekte etwas sonst bloß Fiktionalem eine Beglaubigung und sorgen so für eine Verbindung zur realen Welt.

Das Musikvideo zu dem Song *Montero (Call Me by Your Name)* führt in Computerspielästhetik und schneller Fahrt durch irreale Landschaften, und was zuerst idyllisch-sinnlich zu sein scheint, entpuppt sich schon bald, angelehnt an die christliche Ikonografie, als Reise vom Garten Eden ins Reich des Teufels.[9] Weder die Schlange noch Figuren mit Hörnern fehlen, ein Pentagramm taucht genauso auf wie Feuer, und in einigen Szenen sieht man den Sänger mit Höllenbewohnern, die ihn quälen. Gegen Ende des Videos rast Lil Nas X an einer Pole-Dance-Stange in die Hölle hinab und vollführt einen Lapdance im Schoß des Satans, dem er schließlich das Genick bricht, um selbst zum Teufel zu werden. [Abb. 5a] Dabei singt Lil Nas X über die Ängste und Repressionen, die mit dem Ausleben seiner Homosexualität verbunden sind, die in einer weißen, heterosexuellen Mehrheitsgesellschaft nach wie vor oft als etwas teuflisch Böses diskriminiert und dämonisiert wird. Auf diese Weise greift das Video ein Vorurteil offensiv auf, um es möglichst drastisch sichtbar zu machen.

Doch voll ausgespielt wird das Thema erst durch die Sneakers mit dem Namen *Satan Shoes*. [Abb. 5b] Dass sie auf 666 Exemplare limitiert und für 1 018 US-Dollar verkauft wurden, was auf Kapitel 10,18 des Lukasevangeliums gemünzt ist, wo vom Satan die Rede ist (der Verweis auf die Bibelstelle findet sich auch auf den Schuhen selbst), lässt sich noch als Gag abtun. Etwas aufregender ist schon, dass in der Luftpolsterung der Sohle jedes Schuhs ein Tropfen Blut enthalten sein soll. Das betont den Charakter der Sneakers als etwas »Echtes«, erinnert aber auch an die Praxis, in jeden Altar der katholischen Kirche die Reliquie eines Heiligen einzulassen. Mag diese Parodie eines christlichen Brauchs frivol oder sogar blasphemisch anmuten, so wird mit den *Satan Shoes* aber noch ein anderes Vorbild ins Gegenteil verkehrt. 2019 hatte MSCHF nämlich bereits eine Sonderedition des Nike-Klassikers *Air Max 97* mit dem Namen *Jesus Shoes* entwickelt, in deren Luftpolsterung man Wasser aus dem Jordan füllte. Bis hin zu den Details der Verpackung und der Website wurden die *Satan Shoes* nun an den *Jesus Shoes* orientiert.[10] Allerdings unterließ man es, sich von Nike die Übernahme des *Air Max 97* sowie des Markenlogos genehmigen zu lassen. Dieses gezielt illegale Vorgehen sollte den Sneakers ganz real eine aggressiv-böse Dimension verleihen und sie bei Sammler:innen umso begehrter machen. Dass Nike auch sofort vor Gericht zog, machte die Sache erst recht zum Skandal und sorgte für die erhoffte virale Verbreitung des Falls.

Aber auch jenseits dessen hatten Lil Nas X und MSCHF auf Debatten in den Sozialen Medien spekuliert. Tatsächlich lösten die *Satan Shoes* (viel mehr als das Video) vor allem bei konservativen Christen und in rechten Milieus einen Proteststurm aus. So kritisierte Kristi Noem, Gouverneurin von South Dakota und Trump-Anhängerin, in einem Tweet, »viel exklusiver« als das vermeintlich exklusive Paar Schuhe sei die »von Gott geschenkte unsterbliche Seele« (»more exclusive [is the] God-given eternal soul«). Gegenwärtig aber kämpfe das Land um seine Seele (»We are in a fight for the soul of our nation«), und dieser Kampf müsse unbedingt gewonnen werden (»We have to win«).[11] Im Zuge des

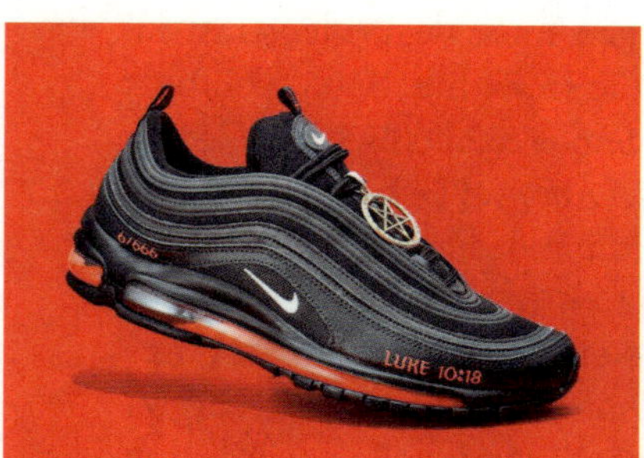

5b Lil Nas X und MSCHF

bevorstehenden Showdowns zwischen Gut und Böse, Gott und Teufel blies Noem also zum Angriff gegen die Sneakers und Lil Nas X. Dieser reagierte mit eigenen Tweets und heizte die Debatte weiter an, indem er Postings followerstarker Accounts, etwa von Candace Owens, verhöhnte, die die rechte, gegen die Demokratische Partei gerichtete Schwarzenbewegung *Blexit* gründete und die *Satan Shoes* als große Dummheit der Schwarzen bezeichnete (»How stupid can we be?«).[12]

Aggressive, homophobe Angriffe etwa auch von Pastoren und fanatische Verurteilungen (»Satanist«, »Perverser«), die oft ihrerseits hundert- und tausendfach kommentiert und von neuen Hetzparolen begleitet wurden, bewiesen, wie berechtigt es war, dass Lil Nas X seine Perspektive aus mehrfacher Minderheitenposition zum Thema gemacht hatte.[13] Dank der Verbindung von Musikvideo, Sneakers und Interaktionen in den Sozialen Medien schuf er für eine breitere Öffentlichkeit ein prägnant-heftiges Bild der Beleidigungen, denen er und seinesgleichen täglich ausgesetzt sind. Und warum sollte nicht gerade das Kunst sein – Kunst, die aber nicht darauf angewiesen ist, so etikettiert zu werden, weil sie zugleich Aktivismus und Modedesign ist?

Auch in der Geschichte der Kunst tauchten immer wieder Schuhe auf, dann allerdings als Motiv eines Werks, etwa eines Gemäldes. So malte Vincent van Gogh 1886 mehrere Bilder, die nichts anderes als jeweils ein Paar Schuhe zeigen. Vermutlich gehörten sie dem Künstler selbst, sind also als indirekte Selbstporträts zu verstehen. Eines dieser Bilder erlangte vermehrt Aufmerksamkeit, nachdem ihm in einem der bekanntesten Texte der Kunstphilosophie der Moderne eine Schlüsselrolle zugekommen war: Martin Heidegger entwickelte in seinem 1936 verfassten (erst 1950 veröffentlichten) Aufsatz *Der Ursprung des Kunstwerkes* sein Verständnis von Kunst gerade an van Goghs Gemälde von Schuhen. [Abb. 6] Allerdings interpretierte der Philosoph sie als Arbeitsschuhe

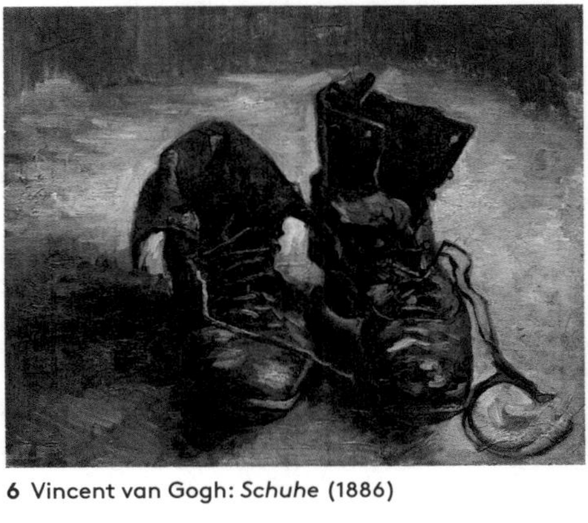

6 Vincent van Gogh: *Schuhe* (1886)

einer Bäuerin und glaubte in jedem Detail die bäuerliche Lebenswelt wiederzuerkennen.[14] Daraus, dass die Schuhe auf dem in Brauntönen gehaltenen Gemälde klumpig-schwer erscheinen, schloss er auf »die Zähigkeit des langsamen Ganges durch die weithin gestreckten und immer gleichen Furchen des Ackers«, und mit »der dunklen Öffnung des ausgetretenen Inwendigen« assoziierte er die »Mühsal der Arbeitsschritte«. Im Weiteren stellte er sich ausgehend von den Schuhen sogar verschiedene Jahreszeiten und Lebensphasen einer bäuerlichen Existenz vor.[15] »Je einfacher und wesentlicher« in van Goghs Werk »nur das Schuhzeug« zur Geltung gelange, desto »unmittelbarer und einnehmender« werde damit »alles Seiende seiender«.[16]

Kunst erklärt Heidegger also zu einem Wirklichkeitsbooster. Sie sorgt für Sinn und Fülle, gibt den Dingen ein Gesicht, bietet Orientierung und Verbindlichkeit. Durch ein Kunstwerk sei aber auch ein Ausnahmezustand möglich, es werde »alles anders [...] als sonst«.[17] Werke unterscheidet Heidegger vor allem von alltäglichen Dingen, also gerade von so etwas wie Schuhen – für ihn bloßes »Zeug«, dessen Bestimmung darin bestehe, »in der Dienlichkeit aufzugehen« und störungsfrei zu funktionieren.[18] Zeug besitzt für ihn eine »langweilig aufdringliche Gewöhnlichkeit«, es führe sogar zu einer »Verödung« der Weltbezüge. Sosehr ihm das Zeug »abgenutzt und verbraucht« erscheint, so pathetisch verkündet Heidegger im Gegenzug, dass durch ein Kunstwerk »das Ungeheure aufgestoßen und das bislang geheuer Scheinende umgestoßen« werde.[19]

Klingt in solchen Formulierungen der Geist der auf Umsturz und intensives Leben getrimmten Avantgarden an, so spitzt Heidegger den Gegensatz von Kunstwerk und Zeug mit dem Beispiel von van Goghs Schuh-Gemälde noch weiter zu. Da Zeug in seiner Alltäglichkeit nicht eigens auffällt, braucht es nämlich ein Kunstwerk, damit sein Wesen erfahrbar wird. Was ein Paar Schuhe auszeichnet, lässt sich aus ihnen selbst gerade nicht erschließen; nur ein Kunstwerk – ein Gedicht oder Gemälde – kann den Charakter von Schuhen als Zeug vermitteln, und vielleicht wirkt es sogar so stark, dass die Bedeutung von Schuhen neu zur Geltung gelangt und so etwas wie Heimat lebendig wird: »Erst durch das Werk und nur im Werk [kommt] das Zeugsein des Zeuges eigens zu seinem Vorschein.«[20]

Um solchermaßen Evidenz stiften zu können, braucht Kunst aber ein Gegenüber: Menschen, die sich auf sie einlassen. Nur wer van

Goghs Gemälde in Ruhe betrachtet, wird die Lebenswelt spüren, die sich in den gemalten Schuhen verkörpert. Nach Heidegger kann das Werk erst »seiend werden«, wenn es Menschen gibt, die »mit allem geläufigen Tun und Schätzen, Kennen und Blicken ansichhalten, um in der im Werk geschehenden Wahrheit zu verweilen«.[21] Sich selbst zurückhalten, offen sein für das, was im Werk passiert, sich Zeit nehmen – diese Rezeptionsbedingungen müssen erfüllt sein, damit die Kunst ihre Wirkung entfalten kann. Als Gegenstand der Wissenschaft, als Marktereignis oder als bloßer »Kunstgenuß« hingegen werde ein Werk um seine mögliche Geltung gebracht; ausdrücklich warnte Heidegger vor dem »Kunstbetrieb«.[22]

Wie selbstverständlich derartige Auffassungen lange Zeit waren, lässt sich daran erkennen, dass man sie bei politisch-weltanschaulichen Gegenspielern Heideggers, etwa bei Theodor W. Adorno, in sehr ähnlicher Formulierung antrifft. Wer Kunstwerke »genießt, ist ein Banause«, heißt es in seiner *Ästhetischen Theorie* (1970), und Adorno begründete dies damit, dass es dann nur um eine gefällige »Einverleibung« der Kunst gehe, während »umgekehrt [...] der Betrachter in der Sache [zu] verschw[inden]« habe. Nur dann könne ihre »Wahrheit [...] aufg[ehen]«.[23] Adorno formulierte es zum Teil noch harscher und verlangte sogar »die Selbstnegation des Betrachtenden«. Wichtig sei allein, »ob man ein Werk dadurch versteht, daß man seiner eigenen Disziplin sich unterwirft«.[24] Nur wer es in seiner Autonomie, seiner Eigenlogik ernst nimmt, ja anerkennt, dass es eine eigenständige, vor allem aber eine höhere Ordnung konstituiert, kann ihm gerecht werden – und dadurch die eigene Begrenztheit, die Heteronomie des eigenen Lebens transzendieren.

Noch schärfer und polemischer als Heidegger grenzt Adorno das autonome Kunstwerk von anderen Artefakten ab, wobei er weniger unauffällig dienendes Zeug als vielmehr Waren und Erzeugnisse von Kulturindustrie und Popkultur im Blick hat. Sie sind für ihn von vornherein korrumpiert, weil man sie nur »als Leinwand für allerhand psychologische Projektionen benutzt« und ganz pragmatisch darauf reduziert, dass man »etwas [davon] ›habe‹«. Dafür verwendet Adorno auch den Begriff »Konsumentenkunst«. Diese diene lediglich der »ungebrochenen Selbsterhaltung«, einer schmeichelhaften Selbstbestätigung, und statt sich durch die Macht des autonomen

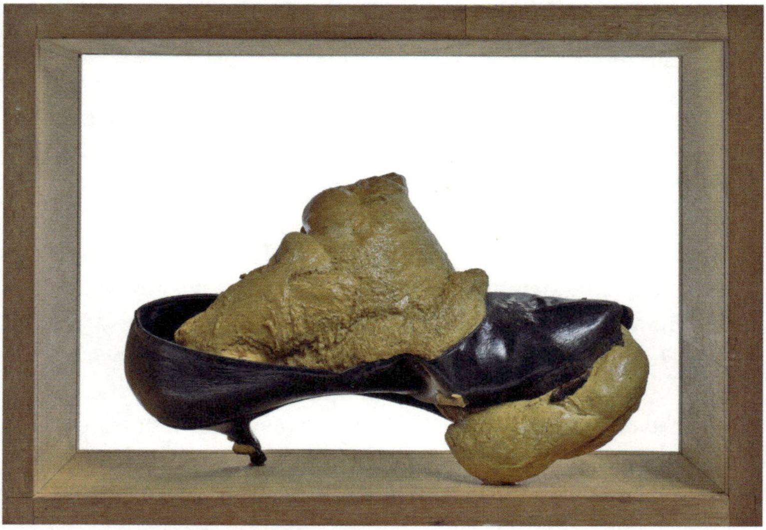

7 Daniel Spoerri: *Ohne Titel (Schuhobjekt)* (1970/71)

Kunstwerks zumindest momentweise aus einem entfremdeten Leben zu befreien, verfange man sich noch stärker darin, ausgeliefert an kapitalistisch-konsumistische Affekte und Zwänge.[25]

Ein unzureichendes Rezeptionsverhalten sowie rein nachfrageorientierte Artefakte führen also dazu, dass die Erfahrung autonomer Kunst auch für Adorno eine Ausnahme darstellt; Autonomie ist ihm zufolge immer bedroht, muss immer eigens verteidigt und reflektiert werden. In der Kunst seiner Zeit findet sich eine ähnliche Haltung, gerade in der Auseinandersetzung mit der auf Verführung angelegten Konsumästhetik. Und man stößt in diesem Zusammenhang wiederum auf Schuhe. So hat Daniel Spoerri 1970/71 einen einzelnen Damenschuh mit bräunlichem Montageschaum gefüllt und ergänzt, die sinnlich-elegante, perfektionierte Form des Konsumprodukts also mit Fäkal-Assoziationen gestört. [Abb. 7] Seine Intervention hat den Charakter einer improvisierten, spontanen Geste, die die Autonomie – die Eigenmächtigkeit – der Kunst demonstrieren soll, und da Spoerri das Schuhobjekt in einen verglasten Holzkasten gestellt hat, ließ er ihn geradezu zu einem Denk- oder Mahnmal werden. Es ist, als habe er Adornos (im selben Jahr erschienene) *Ästhetische Theorie* gelesen, in der es heißt, Kunst müsse »der Mode widerstehen«, allerdings auch eingeräumt wird, sie ziehe »daraus Kräfte«, dass sie sich auf etwas so Äußerliches und Beliebiges und damit auf Reize einlässt, denen sie sich sonst »versagen muß«.[26] Der Gegensatz von erhabener Kunst und flüchtigem Kommerz birgt also immerhin das Potenzial für anspruchsvolle dialektische Beziehungen, in denen nichts so glatt aufgeht wie bei heutigen Artefakten, die Kunst und zugleich Mode, Design, Luxus sein wollen.

Der wohl folgenreichste Unterschied zu den Idealen der westlichen Moderne besteht dabei darin, dass Artefakte wie Sneakers auf Besitz angelegt sind, während Werke autonomer Kunst – wie van Goghs Schuh-Gemälde und Spoerris Schuhobjekt – Formen der Rezeption vorgeben und meist allein durch Betrachtung an Orten wie dem Museum zur Geltung kommen. Die Sneakers lediglich zu betrachten und auszudeuten, ist hingegen unbefriedigend und wohl immer vom Argwohn begleitet, etwas zu verpassen, nicht zu wissen, wie sie ›wirklich‹ sind. Ohne sie erworben zu haben, gehört man außerdem nicht zur Community derer, die über ein Stück derselben Edition oder Marke verfügen, kann also auch nicht darauf hoffen, Teil von etwas Größerem und dadurch gestärkt zu werden.

Durch Besitz und Teilhabe definierte Kunst verspricht denen, die sich für sie verausgaben, mehr als anderen. Dies gilt nicht nur für Sneakers oder aufgrund hoher Preise als Statussymbole gehandelte Artefakte, sondern betrifft ebenso viele andere Spielarten zeitgenössischer nicht-autonomer, ja anwendungsbezogener Kunst, so etwa Projekte kunstaktivistischer Gruppen, an denen man als Demonstrant:in oder in den Sozialen Medien teilnehmen oder die man finanziell unterstützen kann. All diese Formen konsumistisch-aktivistischer Kunst nehmen damit aber auch einen anderen Ort als autonome Kunst ein. So findet der Prozess der Läuterung, Erkenntnis, Sinnstiftung, Emanzipation und Neubestimmung, den man von Letzterer erwartet, außerhalb des eigenen Alltags statt; erst nach der Rezeption kehrt man entsprechend verändert dorthin zurück. Dagegen hat Kunst, die man besitzt und die zugleich etwas anderes – Mode, Luxus, Politik – ist, von vornherein einen Platz im Alltagsleben. Man umgibt sich mit ihr, schmückt sich, betätigt sich, ist stolz oder fühlt sich geschützt. Sie übernimmt repräsentative Funktionen oder eignet sich für Bekenntnisse. Selbst für die zunehmend große Zahl an Menschen, deren Alltag mittlerweile bevorzugt im Internet und in den Sozialen

Medien stattfindet, gibt es mittlerweile in Form von Krypto-Kunst Artefakte, die dieselben Funktionen erfüllen. Ihr Ort sind die Speicher und Bildschirme der Rechner, und da bei Krypto-Kunst jeder Kauf und jeder Eigentümerwechsel in einer Blockchain vermerkt und damit Teil der Datei des digitalen Werks wird, spielt das Besitzen sogar eine noch wichtigere Rolle als bei anderen Kunstformen. Wer eine Datei als NFT (*Non-Fungible Token*) besitzt, schreibt sich in das Werk ein – und das ist, wie der Kunstkritiker Kolja Reichert bemerkt, »für alle Zeiten einsehbar und kann nie wieder verändert werden«.[27]

Eine Kunst, die Teil des Alltags ist, darf diesen aber nicht sprengen. Im Vergleich zu autonomer Museumskunst, die oft aus riesigen Formaten, raumfüllenden Installationen oder überlebensgroßen Skulpturen besteht, ist postautonome Kunst meist eher klein, aber auch angepasst an die begrenzten Mittel derer, die sie bevorzugt kaufen. Sie wird häuslich, nicht selten sogar possierlich. Was man täglich um sich hat, braucht andere Eigenschaften als etwas, das man nur einmalig oder weit außerhalb der eigenen vier Wände sieht; Freundliches oder Niedliches ist hier eher angesagt als Provokantes, Erhabenes oder Ekliges.

Statt zuerst als intellektuelle oder auch psychische und emotionale Herausforderung neugierig zu machen, wie es typisch für autonome Kunst war, sind postautonome Formen von Kunst also darauf ausgerichtet, das Gefühl eines Habenwollens oder Dabeiseinwollens zu erzeugen. Die für die Moderne typische dialogisch-hierarchische Gegenüber-Beziehung von Kunstwerk und Rezipient:in wird abgelöst von der Erfahrung, dass die Artefakte auf derselben Seite wie diejenigen stehen, denen sie gehören. Und sofern sie Eigenschaften verschiedener Bereiche in sich bündeln oder aus Kooperationen entstehen, verfügen sie über eine Stärke, die schließlich sogar dazu führen kann, dass sie zu magischen Objekten und Talismanen überhöht werden und dass – allgemeiner – eine neue Dingkultur entsteht, in der lange verdrängte Sehnsüchte zur Geltung gelangen: Verhieß in der Moderne ein Bild von Schuhen mehr als diese selbst, ist es mittlerweile umgekehrt.

Der berühmte Satz von Ad Reinhardt »Art is art-as-art and everything else is everything else«, mit dem er 1962 das Reinheits- und Autonomiegebot der Moderne zusammenfasste, ließe sich also geradezu ins Gegenteil wenden und auf »Art is everything else« verkürzen.[28]

Einige suchen auch bereits nach positiv besetzten Begriffen für eine Kunst, die zugleich »Zeug«, Ware, kulturindustrielles Erzeugnis ist. Der Medienwissenschaftler Thomas Hecken spricht etwa von »Avant-Pop« und würdigt dessen »Genremischungen«, aber auch den »Widerwille[n], Kunstwerke auf ihren tiefen, hermeneutisch zu erfassenden Sinn [...] hin zu befragen«. Das neue Ideal sei eine »nahtlose Verbindung von Boutique und Galerie, Mode und Malerei, Autonomie und Kommerzialität, freien Formen und Gebrauchsdesign, künstlerischem Anspruch und momentanem Spektakel«.[29]

Doch trotz gelegentlicher Begriffsprägungen dieser Art hat man bisher nur unzureichend über die Entwicklungen diskutiert, von denen die Kunst in den letzten Jahren erfasst wurde. Dabei ist es aus mehreren Gründen zu bedauern, wenn die Autonomie-Ideale fast sang- und klanglos verschwinden. Denn wenn nicht-autonome Formen von Kunst sich nur durchsetzen, weil es, anders als zu Zeiten Adornos, keinen Widerstand mehr dagegen gibt, erscheinen sie schnell selbstverständlich und drohen sich stromlinienförmig zu entwickeln. Aber es wäre auch kein würdiges Ende autonomer Kunst, aus den sichtbaren Bereichen der Kunstwelt einfach zu verschwinden und nur noch in Nischen – in Ateliers und Off-Spaces – zu existieren. Sie hätte es angesichts ihrer Geschichte und ihrer Errungenschaften verdient, dass über sie gestritten wird, dass man Nachrufe auf sie schreibt oder über Chancen und Vorzüge eines Revivals debattiert.

Aber wird nicht viel gestritten? Werden nicht sogar gerade Autonomie-Ideale weiterhin lautstark verfochten? Widerstand regt sich vor allem, wenn einzelnen Künstler:innen mangelnde Sensibilität für die Erfahrungen von Minderheiten oder zu große Gleichgültigkeit gegenüber Anliegen vorgeworfen wird, die nicht die Kunst selbst betreffen. Wer in postautonomer Überzeugung fordert, in der Kunst solle man sich zugleich an soziale, zivilgesellschaftliche und ökologische Standards halten, wird also empört zum Feind der Kunstfreiheit erklärt; geklagt wird dann über sogenannte »Political Correctness« und »Cancel Culture« – darüber, dass ein Heer von Banausen und Moralisten die Kunst und die gesamte westliche Moderne zugrunde richte.

Wird Autonomie dergestalt zum Kampfbegriff, ist jedoch gerade bei ihren vermeintlichen Verfechtern nicht mehr viel übrig von dem, was in der Moderne damit gemeint und beansprucht war. Man darf sogar mutmaßen, dass dem Autonomie-Begriff heute von denjenigen, die ihn fortwährend beschwören, mehr geschadet wird als von denen, die die Seite postautonomer Kunstformen vertreten. Ist Letzteren die Autonomie-Idee weitgehend egal, weshalb sie sie auch nicht einseitig verdrehen, wird sie von den meisten derer, die sich darauf berufen, auf einen unterkomplexen Freiheitsbegriff verkürzt, bei dem etwa unterschlagen wird, als wie wichtig es in der Moderne angesehen wurde, in der Kunst formale Fragen so grundsätzlich wie möglich – also unabhängig von jeglicher Zwecksetzung – zu verhandeln.

Zu den wenigen Orten, an denen man eine Ahnung davon bekommen kann, was zu einem entwickelten Autonomiebegriff gehört und wie dieser sich von Leitlinien nicht-autonomer Kunst unterscheidet, gehört der Blog *artistunderground* der Künstlerin und Kunsttheoretikerin Milena Burzywoda. 2017 hat sie dort auf zwei Listen die Grundsätze der beiden konträren Verständnisweisen von Kunst gegenübergestellt – mit dem Ziel, die Besonderheiten autonomer Kunst, der sie selbst anhängt, nochmals ausdrücklich zu vergegenwärtigen. Diese besteht für sie darin, dass ein selbstgestelltes, kunstspezifisches Problem zu lösen versucht wird (»Autonomous art is art which has, and seeks to solve, an art-intrinsic ›problem‹«); sie könnte somit auch als Grundlagenforschung beschrieben werden. Dagegen sei nicht-autonome Kunst von Anliegen und Strategien bestimmt, die außerhalb ihres eigenen Bereichs liegen (»Art-external concerns and strategies replace the active art-intrinsic quest«); Freiheit sei hier vor allem Wahlfreiheit zwischen diversen vorgegebenen Größen; man entscheidet, welche Bereiche, Themen, Ansprüche man mit einem Artefakt abdecken will, ohne diese jedoch einzeln neu zu bestimmen.[30]

Wahrt Burzywoda die Chance auf eine sachliche Diskussion, indem sie für einen anspruchsvollen, nicht bloß agitatorischen Autonomiebegriff eintritt, so sollte aber auch postautonome Kunst nicht nur unter einer kulturpessimistisch verzerrten Perspektive betrachtet werden, sondern in ihren Eigenschaften analysiert und ihren Möglichkeiten erörtert werden. Statt alte Diskurse nochmals sentimental zu beschwören, soll es daher in vorliegendem Buch darum gehen, die Entwicklungen der letzten Jahre begrifflich zu fassen und besser zu verstehen.

Zuerst aber soll nachvollzogen werden, wie es überhaupt zu einem so umfassenden Wandel in Begriff und Praxis von Kunst kommen konnte. Die folgenden Kapitel bieten dazu drei Perspektiven. In einem ersten Anlauf wird die Geschichte des Begriffs der autonomen Kunst rekapituliert. Dieser hat – so die These in Kapitel 1 – eine Erschöpfung und Entleerung erfahren, worauf reagiert wurde, indem man die Kunst mit Qualitäten anderer Bereiche neu auflud. Damit aber gab man auch das Autonomie-Ideal preis.

In Kapitel 2 wird die Globalisierung der Institutionen des Kunstmarkts sowie des kuratierten Ausstellungsbetriebs betrachtet. Sie hat in den letzten Jahrzehnten zu einer Relativierung der Autonomie-Idee geführt, vor allem weil transkulturell nach anderen Parametern über Aufmerksamkeit und Erfolg entschieden wird. Auf dem globalen Markt geht es um die Eignung von Kunst als Markenprodukt, bei kuratierten Events um ihre Verknüpfbarkeit mit jeweils aktuellen, über die Kunst hinaus relevanten Diskursen.

Schließlich gibt es auf die Frage nach dem Ende der autonomen Kunst in Kapitel 3 eine medientheoretische Antwort. So verändern die Sozialen Medien mit ihrer Binnenlogik und speziellen Aufmerksamkeitsökonomie herkömmliche Klassifizierungen und damit nicht zuletzt Grenzziehungen zwischen Kunstwerken und Artefakten, die vor allem auf Konsum und Aktivismus ausgerichtet sind.

Die drei Antworten auf die Ausgangsfrage machen zugleich deutlich, dass mit der Autonomie-Idee auch der relativ feste Werkbegriff der Moderne in eine Krise geraten ist. Wie aber lassen sich Artefakte, die heute als Kunst gelten, dann beschreiben? Dieser Frage ist Kapitel 4 gewidmet, das zudem Aufschluss darüber geben soll, warum es aus einer westlichen, an autonomer Kunst geschulten Position heraus so schwerfällt, die neuen Standards für Kunst ernst zu nehmen.

Dass die daraus resultierenden Konflikte und gerade die Debatten über Kunstfreiheit vermehrt auch in Museen hineingetragen werden, ist Thema von Kapitel 5. Entstanden und groß geworden im Zuge der Ideale autonomer Kunst, sind Museen ihrerseits unter Legitimationsdruck geraten, seit das, was sie sammeln und zeigen, zugleich nach mehr als nur kunstspezifischen Kriterien betrachtet und beurteilt wird. Gerade deshalb aber können sie auch besser als jede andere Institution des Kunstbetriebs dazu beitragen, dass der Paradigmenwechsel reflektiert stattfindet.

Die beiden letzten Kapitel sind einzelnen Formen und Qualitäten der Artefakte gewidmet, die gemäß dem neuen Verständnis von Kunst entstehen. Dabei seien in Kapitel 6 einige typische Formen des Misslingens analysiert. Diese ergeben sich etwa daraus, dass das Zusammenspiel zwischen den Standards verschiedener Bereiche zu Unwuchten führt. Manches bleibt ein Abklatsch der Kunst der Moderne, anderes verlässt deren Feld zu weit, verliert dadurch an formaler Stringenz, kann aber auch den Vergleich mit Artefakten anderer Bereiche nicht bestehen. Einzelne Absichten drängen zu stark in den Vordergrund, oder der Wunsch, sehr vieles auf einmal abzudecken, führt zum Eindruck einer Kunst nach Checkliste.

Aber es gibt auch spezifische Formen des Gelingens. Anhand einiger Künstler:innen, die sich mit Schwarzem Empowerment und Fragen der Repräsentation von People of Color befassen, soll in Kapitel 7 exemplarisch analysiert werden, wie es gelingen kann, Kriterien verschiedener Bereiche gleichermaßen zu berücksichtigen oder politisch-aktivistische Motivationen formal aufzunehmen. Dabei erweisen sich nicht zuletzt Stilmittel und Errungenschaften der Moderne als geeignete, vielfältig einsetzbare Ressourcen. Nachdem sie Teil der Grundlagenforschung autonomer Kunst waren, erleben sie nun also unter neuen Vorzeichen eine zweite Karriere.

Teil I
Was hat die Idee autonomer Kunst geschwächt?

1 Der überstrapazierte und entleerte Kunstbegriff

Während der gesamten westlichen Moderne war die Frage danach, was Kunst sei, von zentraler Bedeutung. Dagegen hatte man in der Antike kaum Schwierigkeiten bei der Definition von *téchne* oder *ars*, und auch in Mittelalter und Renaissance war es philosophisch nicht besonders ergiebig, über die Klassifikation einzelner Künste sowie deren spezifische Qualifikationen und Grenzen nachzudenken. Erst im 18. Jahrhundert erwuchs aus der philosophischen Ästhetik, die sich der Wahrnehmung im Allgemeinen sowie der Erfahrung des Schönen im Speziellen widmete, die Kunstphilosophie, die ihren Gegenstand immer weiter aufwertete und immer höhere Ansprüche an ihn stellte. Wenn mit Kunst schließlich sogar religiöse Ideen von Heil und Erlösung sowie Hoffnungen auf Transzendenz und Unendlichkeit assoziiert wurden, dürfte das auch daran liegen, dass viele der damals produktivsten Kunsttheoretiker vor allem im deutschsprachigen Raum – etwa Karl Philipp Moritz, Novalis, Friedrich Schiller, Friedrich Schlegel, Friedrich Hölderlin – selbst Künstler waren. Sie hatten starkes Interesse daran, Kunst so bedeutsam und so unabhängig wie möglich erscheinen zu lassen; vor allem suchten sie Distanz zu dem reglementiert-engen Kunstverständnis, das ausgehend von den Höfen und der Kirche entwickelt worden war. Ohne sie wäre die Begriffsgeschichte der Kunst also vermutlich weniger spektakulär verlaufen.

Ihre Aufwertung und sich herausbildende Sonderstellung war für die weitere Entwicklung der Kunst zuerst stimulierend. Je mehr sie als göttlich, ewig und transzendent und damit auch als unfassbar und unbeschreiblich empfunden wurde, desto weniger war sie noch profanen, irdischen, sachlichen Kriterien verpflichtet. Vielmehr konnte sie sich nach und nach etwa von handwerklichen Standards emanzipieren, musste sich nicht länger über Material, Fleiß oder technischen Aufwand definieren. Spätestens ab der Romantik entwickelten sich neue Ikonografien und ambitionierte Konzepte, mit dem Ziel, Zugänge zu sonst verborgenen Welten, zu bisher unbekannten Erfahrungen und zu neuen Erkenntnissen – jenseits von Alltag und Wissenschaft – zu erschließen. Wahrer und wahrhaftiger als anderes zu sein, von Irrtum und Entfremdung zu befreien und den Einzelnen sowie der Gesellschaft im Ganzen eine bessere Zukunft zu ermöglichen, gehörte zu den großen Versprechen der Kunst.

Diese Versprechen waren aber nur überzeugend, wenn die Kunstwerke wirklich anders als anderes waren und sich bestenfalls auch von früherer Kunst unterschieden. Eine zentrale Rolle kam daher Konventionsbrüchen zu. Diese lösten aber regelmäßig Debatten darüber aus, ob das betreffende Werk denn überhaupt noch Kunst sei und woran man das erkennen könne. Deshalb wurden die Fragen »Was ist Kunst?« und »Ist *das* Kunst?« überhaupt so zentral und zugleich immer schwieriger zu beantworten. Das wiederum beförderte nicht nur die kunstphilosophische Reflexion umso mehr, sondern nährte auch die Hoffnung, dass Kunst etwas nicht Definierbares, ja etwas rätselhaft Unergründliches sein müsse. Und das wiederum rechtfertigte es, die Kunst zu einem der ehrwürdigsten Gegenstände der Philosophie zu erklären – »dem Philosophen das Höchste«, wie es bei Friedrich Schelling zu Beginn des 19. Jahrhunderts hieß, »weil sie ihm das Allerheiligste gleichsam öffnet«.[1]

Dass Schelling den »Grundcharakter des Kunstwerks« im selben Zusammenhang als »bewußtlose Unendlichkeit« kennzeichnete, »als ob eine Unendlichkeit von Absichten darin wäre, einer unendlichen Auslegung fähig«, formulierten Zeitgenossen von Goethe bis Novalis und viele, die ihnen folgten, fast wörtlich genauso.[2] Daher braucht es nicht zu wundern, dass sich auch Theologen – als Spezialisten für Unendlichkeit und Transzendenz – vermehrt für Kunst zu interessieren begannen. Wenn also etwa Friedrich Schleiermacher von der »Sehnsucht nach dem Unendlichen« spricht, dann meint er nicht nur die Religion, sondern genauso die Kunst; er ist überzeugt, dass man das Unendliche finden könne, wenn man sich »in Richtung auf das in sich Vollendete, auf die Kunst und ihre Werke« zubewege. Im Umgang mit der Kunst sollten gerade die Aufgeklärten, die jeglicher Religion misstrauen, ein Gefühl für das Unendliche entwickeln.[3]

Wieder und wieder die Frage zu provozieren, was Kunst sei, aber zugleich einiges dafür zu tun, dass sich darauf keine Antwort finden und weiter über die Undefinierbarkeit der Kunst staunen ließ – das unterschied die kunstreligiöse Moderne von anderen Epochen. Jede neue Strömung, jeder Ismus, jede Avantgarde warf also Merkmale, die bis dahin geholfen hatten, etwas als Kunst zu bestimmen, über Bord; kontinuierlich dementierte man vermeintlich unumstößliche Prinzipien. In »Sezessionen« wandte man sich schroff von vorangehenden Künstlergenerationen ab, in Manifesten wütete man gegen starr und leblos gewordene Traditionen. Zugleich wurde dadurch das Bewusstsein für die Geschichte der Kunst geschärft, musste man doch wissen, wovon man sich absetzte. Beides aber, die Bezugnahme auf die eigene Geschichte wie die Distanzierung von ihr, konstituierte die Idee der Autonomie der Kunst, die, als Pendant zum Unendlichkeitsstreben, das künstlerische Selbstverständnis der westlichen Moderne prägte. Auf keinen Fall wollte man einem als fremd empfundenen Kanon oder einer von außerhalb der Kunst herangetragenen Nachfrage – endlichen Absichten – verpflichtet sein.

Es dürfte keinen zweiten Begriff neben dem der Kunst geben, der seine Dynamik so stark einer Logik des Selbstdementis, einer »Geschichte der Auslöschung von Bestimmungsmerkmalen« verdankt, wie es der Philosoph Arthur C. Danto formulierte.[4] Nichts ist stabiler am modernen Begriff der Kunst als das Prinzip, dass ihre Bedingungen besonders gut erfüllt, was sie nach den bisherigen Bedingungen gerade nicht erfüllt. Diese simpel-paradoxe Struktur liegt nahezu allen Errungenschaften moderner Kunst zugrunde. Das Anliegen »des autonomen Künstlers besteht darin, Kunstwerke zu machen, die gerade *keine* Kunst sind«, bringt es Milena Burzywoda auf den Punkt (»The autonomous artist is concerned with making works of art which are *not* art«).[5]

Die Preisgabe des zentralperspektivischen Bildraums oder die Verweigerung von Gegenständlichkeit, die Einbeziehung von Readymades oder die Ablehnung von Originalität in der »Appropriation Art« (um nur ein paar Beispiele zu nennen) markierten jeweils vor allem deshalb wichtige Stationen, weil sie gemessen an der Geschichte der Kunst und ihres Begriffs radikale Brüche waren. Dadurch wurden zwar jeweils auch neue Eigenschaften etabliert oder alternative Kriterien ins Spiel gebracht, es handelte sich also keineswegs nur um Gesten der Negation. So war etwa die Abstraktion erkenntnistheoretisch-metaphysisch begründet und sollte einen Wahrheitsgewinn gegenüber gegenständlicher Kunst bringen. Beim breiteren Kunstpublikum blieb jedoch vor allem hängen, dass bis dato grundlegende Elemente des Kunstbegriffs nicht mehr galten oder zumindest umstritten waren.

Damit war für ständige Verunsicherung und endlose Debatten gesorgt. Nicht jedes Dementi setzte sich durch, abstrakte Kunst etwa erlangte also kein Monopol, und älteren Werken, die noch eine für irrelevant oder falsch erklärte Eigenschaft aufwiesen, wurde der Kunststatus nur selten rückwirkend abgesprochen. Selbst neu Entstandenem, das diese Eigenschaft besaß, sowie im Sinne der jeweiligen Avantgarden Epigonalem wurde die Zugehörigkeit zur Kunst nicht zwangsläufig verweigert. Letztlich führte jedes Dementi und jede neue Auseinandersetzung aber dazu, dass noch fraglicher wurde, was als Kunst gelten konnte und wo ihre Grenze verlief. Immer mehr Eigenschaften gehörten nur noch lose oder unter Vorbehalt zum Begriff der Kunst. Und selbst von denen, die noch nicht dementiert worden waren, wusste man, dass sie nur auf Abruf dazugehörten und ihrerseits jederzeit infrage gestellt werden konnten. So setzte sich im Lauf des 20. Jahrhunderts das Bild fest, als einzig Verbindliches lasse sich über Kunst sagen, dass sie ein rätselhaftes Etwas ohne bestimmte Eigenschaften sei.

Dass die Paradoxie des Selbstdementis nicht relativ schnell an Attraktivität verlor, zeugt davon, wie hartnäckig – und meist unreflektiert – auch oder gerade in säkularen Gesellschaften kunstreligiöse Sehnsüchte fortlebten. Sie führten zugleich zu einer weiteren Paradoxie, wurde aus der Undefinierbarkeit der Kunst doch nicht etwa abgeleitet, dass keine Grenzen zwischen ihr und anderem existierten, sondern im Gegenteil – siehe etwa Heidegger und Adorno – eine umso striktere Abgrenzung gefordert. Nur so ließ sich die Vorstellung vertreten, Kunst gehöre höheren Sphären an als Mode, Design, Wissenschaft, Politik oder Unternehmertum. Dass sie nicht definierbar war, sollte sie also gerade unverwechselbar und damit umso eigensinniger und stärker machen.

Erst gegen Ende des 20. Jahrhunderts geriet die gut eingespielte Mechanik der Kunstentwicklung durcheinander. Sie war selbst so sehr zu einer Konvention geworden, dass weitere Dementis immer schon einer Erwartung, gar einem Imperativ entsprangen und daher keinen wirklich autonomen Status mehr hatten. Das Versprechen, dass die Kunst anders und mehr als anderes sei, wurde schal, zugleich wuchs Misstrauen und das Gefühl eines Ungenügens. Statt ihre Undefinierbarkeit weiterhin als Zeichen von Unendlichkeit zu deuten, wurde Kunst vermehrt als beliebig, als haarspalterisch-verkopft oder einfach nur als belanglos erfahren. Hatten die fortwährenden Widerrufe von Eigenschaften also gar nicht zur Transzendierung von Endlichkeit, sondern im Gegenteil zu einem Wesens- und Geltungsverlust geführt? Und wurde dieser Verlust nicht umso gravierender, als man mit dem Nachlassen kunstreligiöser Energien auch nicht länger auf strengen Grenzen zwischen Kunst und Nicht-Kunst beharrte?

Innerhalb der Philosophie distanzierte man sich zunehmend von einer Kunst, die sich dem Habitus einer Befreiung durch Negation verschrieben hatte. So fand Jean Baudrillard für »die explosive Bewegung der Moderne« im Rückblick – 1989 – fasziniert-befremdet die Metapher »Orgie«. Habe sich die Kunst dadurch von Konventionen befreit und revolutionäre Kräfte entwickelt, seien mittlerweile »alle Spiele gespielt«. Da nichts mehr übrig sei, was noch infrage gestellt werden könne, ließen sich »die Orgie und die Befreiung nur mehr simulieren«. Für die Kunst bedeute das endlose Wiederholungsschleifen, wobei Baudrillard in kulturpessimistischer Posthistoire-Attitüde suggerierte, dass jede Simulation noch fahler als ihre Vorgängerversion sei, alles also auf den »Xeroxpunkt der Kultur« hinauslaufe, an dem »das Unoriginal auf unoriginelle Weise« reproduziert werde. Letztlich entstünden nur noch »Bilder, die keine Spuren hinterlassen«. Ferner verwendete Baudrillard Begriffe wie »Phantom« und »Kadaver«, um den Charakter der sich in Negationen erschöpfenden Kunst, ja um deren wachsende Irrelevanz zu veranschaulichen.[6]

Für Arthur C. Danto, Vertreter einer fröhlicheren Spielart von Posthistoire, war 1992 ebenfalls offensichtlich, dass »die Kunst an ihr Ende gelangt« ist. Da es nichts mehr in ihrem Begriff gebe, was sich noch »tilgen« lasse, brauche man sich auch nicht länger auf die Geschichte der Kunst zu beziehen; dafür sei nun alles erlaubt, man könne unendlich viel als Kunst bezeichnen, ohne etwas Bestimmtes damit zu meinen, könne »abstrakter Maler, Realist, Allegoriker, metaphysischer Künstler, Surrealist oder ein auf Landschaften, Stilleben oder Akte spezialisierter Maler sein«.[7] Sosehr höchst Verschiedenes Kunst sein kann, so wenig muss es aber überhaupt noch Kunst sein.

Sie abzugrenzen ist sinnlos geworden. Es gibt keine guten Gründe mehr dafür, warum etwas – im Unterschied zu anderem – Kunst oder Nicht-Kunst sein sollte.

Daher lässt sich der Begriff »Kunst« auch als ausgeleiert und unbrauchbar kritisieren oder gleich gänzlich ablehnen. Von einigen Akteuren, die dem Kunstbetrieb ingesamt skeptischer gegenüberstehen, kam es auch immer wieder zu entsprechenden Äußerungen. So beklagte der Philosoph Hans Heinz Holz 1997 die »Entgrenzung des Gegenstandsbereichs Kunst«, in deren Folge man gar »nicht mehr weiß, wovon man eigentlich redet« und entsprechend »auch keine prägnanten, schon gar keine präzisen Aussagen machen [kann]«.[8] (Ein solcher Befund wäre sicher auch schon ein paar Jahrzehnte früher möglich gewesen, doch hätte man denselben Sachverhalt damals noch – kunstreligiös geprägt – mit Zustimmung diagnostiziert.) 2002 formulierte der Maler Johannes Grützke *Sieben Pamphlete zur Abschaffung des Begriffs ›Kunst‹*, denen die Diagnose zugrunde lag, dass es sich bei »›Kunst‹« um einen »ungenauen Sammelbegriff« handle. Man sollte ihn »im Namen der Ehrlichkeit, der Sachlichkeit, der Präzision« durch einen jeweils genauen Begriff ersetzen. Statt »Sieh mal, Kunst!« solle man lieber »Sieh mal, eine Skulptur!« sagen. Alle Debatten, die eine Frage wie »Und das soll Kunst sein?« auslöse, könne man sich mit einer derartigen »Übersetzung ins Vernünftige« sparen. Beziehe man sich einfach auf das Wahrnehmbare und frage daher etwa »Und das soll ein Gemälde sein?«, habe man eine klar erkennbare Grundlage und benötige keine langen Diskussionen. Nicht ohne Polemik bemerkt Grützke schließlich, »gut gebrauchen« könnten »›Kunst‹« eigentlich nur noch zweifelhafte Leute, unter anderem »blinde Mitläufer und Vorgefertigte, Priester, Lügner, Schwindler«.[9]

Mit dem Begriff »Kunst« könnte also Ähnliches passieren wie früher schon mit Begriffen wie »Seele«, »Geist« oder »Metaphysik«. Auch sie waren für einige Zeit in der Lage, starke intellektuelle Energien auf sich zu ziehen, wurden aber ihrerseits mit Ansprüchen überfrachtet, damit in ihren definitorischen Möglichkeiten geschwächt und schließlich als verstiegen, leer, untauglich beurteilt. Man weiß um die Geschichte dieser Begriffe zwar auch nach Jahrhunderten noch, doch erfährt sie keine Fortsetzung. Sofern man die Begriffe nicht zur Bezeichnung historischer Zusammenhänge benutzt, werden ihre Bedeutungsreste vielmehr ohne Ehrgeiz und meist auch ziemlich unreflektiert verwendet.

Im Fall der Kunst ist der Bruch sogar noch stärker und vollzieht sich damit auch bewusster. So hat sich aus einem pragmatischen, seinerseits recht ambitionslosen Gattungsbegriff von Kunst seit den siebziger Jahren bereits ein alternativer Kunstbegriff mit einem eigenen Namen etabliert. Da ihm zufolge als Kunst einfach das gilt, was in den Institutionen der Kunst als solche präsentiert wird, bezeichnet man ihn als *institutionellen Kunstbegriff*.[10] Dieser bewusst äußerlich-deskriptive Begriff lässt sich als direkte Folge des Überdrusses an der Nicht-Definierbarkeit von Kunst deuten: Nun ist Kunst eben das, was in Museen, Galerien, Biennalen und Kunstvereinen, auf Messen oder bei entsprechenden Auktionen gezeigt und gehandelt wird. Welche Gründe diejenigen, die das jeweils entschieden haben, dafür haben, wird nicht gefragt, wäre man sonst doch sofort wieder in Kriteriendiskussionen verwickelt.

Der institutionelle Kunstbegriff besitzt also keinerlei normativen Anspruch, sondern umfasst einfach nur das, was Entscheidungsträger mit mehr Macht oder mehr Geld gegenüber anderen mit weniger Einfluss als Kunst durchsetzen. Mit ihm lässt sich die Entleerung nicht rückgängig machen, die infolge des Paradigmas der Undefinierbarkeit entstanden ist und aufgrund derer es unvermeidlich ist, dass Entscheidungen über Kunst statt durch Argumente mehr oder weniger offensichtlich durch bloße Machtausübung getroffen werden.

In der Kunstwelt herrscht also das Recht des Stärkeren. Lange Zeit mochte der in ihr vorhandene Idealismus als Schutz vor Machtdemonstrationen gewirkt oder diese zumindest kaschiert haben, doch nachdem genau dieser Idealismus den Kunstbegriff systematisch überstrapaziert und entleert hat, nun aber selbst geschwunden ist, mutet vieles nicht mehr erhaben-rätselhaft, sondern nur noch als bloße Willkür an. Im Namen der Kunst, und durch den institutionellen Kunstbegriff gerade nicht gebremst, können die maßlosesten Dinge geschehen.

Vor allem die Rekordpreise, die die Kunstwelt in den letzten Jahrzehnten beherrschten, erweisen sich als ideales Medium für Machtgesten. Denn je höher die Preise wurden, desto weniger waren sie begründbar, desto besser lassen sie sich sogar als Willkürakte inszenieren. Die Akteure geben ihr Geld dann gerade nicht mehr aus, weil sie an die transzendente Kraft oder einen besonderen Wert der Kunst glauben, sondern weil sie nirgendwo sonst statusträchtiger und einschüchternder Macht demonstrieren könnten.

Auf diese Weise kam es auch zum bisherigen Weltrekord für ein Kunstwerk: 450 Millionen Dollar für das Gemälde *Salvator Mundi*, das im November 2017 bei Christie's in New York versteigert wurde, obwohl seine Provenienz unklar ist und die Urheberschaft Leonardos von Experten stark bezweifelt wird. Dass der Käufer, ein saudischer Prinz, den hohen Preis für ein Werk christlicher Kunst gezahlt hat, obwohl er selbst Moslem ist, macht den Vorgang noch merkwürdiger. Und dass er das Gemälde anders als angekündigt in den Jahren nach der Auktion nicht mehr öffentlich präsentierte, es also weder zur Diskussion stellen noch feierlich inszenieren ließ, ja sich überhaupt nicht mehr dazu äußerte, lässt den Kauf erst recht als unverständlichen Akt, als befremdliche Machtdemonstration erscheinen.[11]

Das mag ein extremer Fall sein, allerdings ist der Eindruck von Willkür in der verunsicherten Kunstwelt generell nur schwer vermeidbar. Wo es keine halbwegs verbindlichen Kriterien gibt, fehlt die Möglichkeit, etwas allein durch gute Gründe zu legitimieren. Dann erscheint eine Entscheidung oder ein Urteil zwar vielleicht eher absurd oder haltlos als zynisch, doch letztlich ist das alles gleichermaßen unbefriedigend. Daher will sich ein breiteres Publikum auch nicht dauerhaft mit Verhältnissen abfinden, die darin bestehen, dass einerseits alles zur Kunst erklärt werden kann, andererseits aber nur wenige mit Geld und Macht entscheiden, was als Kunst be- und gehandelt wird. Diese Folgen des negationsbedingten Kriterienverlusts hatten die Philosophen des Posthistoire noch unterschätzt. In Anbetracht dessen, was seit den neunziger Jahren passiert ist, würde Baudrillard also wohl kaum noch mutmaßen, der Zustand »nach der Orgie« könne »mehrere Jahrhunderte dauern«.[12] Und da Danto sogar meinte, es gebe »keinen Grund«, warum die Beliebigkeit nach der Moderne »jemals an ein Ende gelangen sollte«, wäre man umso neugieriger, ob einige Entwicklungen der letzten Jahrzehnte ihm nicht doch Gründe für ein solches Ende geliefert haben könnten.[13]

Sofern aber sowohl der erschöpfte Kunstidealismus als auch der institutionelle Kunstbegriff (und erst recht das Zusammenspiel von beiden) als unzulänglich erlebt werden, entsteht das Bedürfnis, einen Ausweg aus der Beliebigkeit zu finden. Eine Strategie kann dann darin bestehen, umso lauter und selbstbewusster aufzutreten. Entsprechend machen seit rund zwei Jahrzehnten zahlreiche Künstler:innen – von Christoph Büchel bis Katharina Grosse – mit installativen, oft sehr aufwändigen und immersiven Arbeiten von sich reden. Bei ihnen kommt es häufig zu einer Materialschlacht, sie streben nach multimedialen Superlativen, operieren mit Strategien der Überfülle und Überwältigung, beanspruchen viel – und das alles, um Gewicht zu erzeugen und die Geltungsdefizite der unverbindlich gewordenen Kunst zu kompensieren. Das macht die Verlegenheit allerdings meist nur umso sichtbarer und hilft kaum, sie zu überwinden, setzt vielmehr bloß in anderer Weise auf das Recht des Stärkeren.

Alternativ (oder auch ergänzend) wird jedoch versucht, das Vakuum, das durch die Begriffsentleerung entstanden ist, durch eine Zufuhr von außen zu füllen. Oft entwickelt sich damit zugleich das Interesse, auch außerhalb der Kunstwelt eine Rolle zu spielen. Wer die Kriterien für Kunst als zu beliebig und unscharf empfindet, orientiert sich dann an Kriterien anderer Disziplinen oder übernimmt für die eigene Arbeit gesellschaftspolitische oder andere als wichtig empfundene Anliegen. Diese Strategie hatte bereits in den neunziger Jahren ihre Vorläufer, als Künstler:innen damit begannen, Praktiken und Regeln kunstferner Bereiche in Kunsträume zu überführen, wo dann etwa Rirkrit Tiravanija Essen kochte oder Christine Hill Aerobic-Kurse anbot. Bei diesen meist unter dem Begriff »Relational Aesthetics« zusammengefassten Ansätzen ging es aber wie schon bei Readymades vor allem darum, Nicht-Kunst als Kunst und damit bewusster als sonst in Szene zu setzen. Man nutzte den verbliebenen Nimbus der Kunst, um in ihr etwas Neues, Unerwartetes bieten und erörtern zu können, aber es kam zu keinen Kooperationen gleichberechtigter Partner, nicht dazu, seinerseits über die Grenzen der Kunstwelt hinauszugehen und Anerkennung in den Bereichen zu suchen, die man adaptiert hatte.

Das aber hat sich mittlerweile geändert. Wer heute als Künstler:in zusammen mit anderen Projekte für sozial schwache Menschen durchführt, kriminologische Recherchearbeit leistet, eine umweltverträgliche Lampe entwirft oder digitale Filter entwickelt, will damit auch jenseits der Kunstwelt – oder sogar gerade dort? – Anerkennung finden. Zumal für diejenigen, die unter dem Kriteriennotstand in der Kunst leiden, ist es attraktiv, sich in einem Feld bewähren zu können, in dem ziemlich klare Maßstäbe herrschen – und aus dem man dann auch Autorität schöpfen kann. Damit aber wird das grenzüberschreitende Agieren zu einem Wettbewerbsvorteil, drohen Werke, die weiterhin nur als Kunst konzipiert sind, im Gegenzug doch umso beliebiger und damit auch belangloser zu wirken. Selbst autonome Kunst, die den Vergleich mit den großen Namen ihrer Tradition nicht zu scheuen bräuchte, ja, die durchaus geschätzt, vielleicht sogar bestaunt wird, läuft zunehmend Gefahr, im Vergleich zu postautonomer Kunst weniger ernst genommen zu werden. Das aber sorgt erst recht für Druck, andere Felder einzubeziehen und den Artefakten zusätzliche Eigenschaften oder Inhalte zu verpassen, um ihnen mehr Geltung zu verschaffen. Hatte Danto noch eine »Bevormundung der Kunst durch die Mode oder die Politik« für möglich gehalten, ist mittlerweile also im Gegenteil zu beobachten, dass Kunst sich von sich aus an Kriterien anderer Bereiche orientiert, um wieder als relevant wahrgenommen zu werden.[14]

Das Prinzip, das sich seit Beginn des 21. Jahrhunderts neu etabliert hat, scheint dem der Moderne bei oberflächlicher Betrachtung ähnlich zu sein, weist aber eine andere Struktur auf. Lautete die Formel in der Moderne »Als Kunst gilt, was die bisherigen Kriterien für Kunst nicht erfüllt«, so lautet sie nun »Als Kunst gilt, was zugleich nicht Kunst ist«. Das »zugleich« statt des »bisherig« signalisiert, dass es nicht mehr darum geht, den Begriff von Kunst in eine paradoxe Unruhe zu versetzen, sondern dass etwas, damit es als Kunst Erfolg haben kann, mehr als nur Kriterien von Kunst zu erfüllen hat. Der Begriff von Kunst bleibt damit – in all seiner Unschärfe – erhalten, es gibt aber immer neue Möglichkeiten der Kombination mit anderem, das nicht Kunst ist und anders als bei Readymades und »Relational Aesthetics« auch nicht Kunst werden soll. Die Entwicklung läuft nicht mehr auf einen Nullpunkt zu, an dem alle Kriterien, die jemals eine Rolle spielten, negiert oder zumindest relativiert sind, sondern führt im Gegenteil zu einer fortlaufend neuen Kombination, Addition und Kumulation von Kriterien verschiedener Provenienz, denen ein Artefakt im besten Fall gleichermaßen genügt.

Beide Prinzipien zeugen aber von einem Ungenügen am jeweils aktuellen Begriff von Kunst. Doch während es als Manko des Autonomie-Paradigmas galt, dass der Begriff immer noch zu objektivierbar und damit zu wenig unendlich-transzendent war, wird er jenseits dieses Paradigmas als zu unverbindlich und unterbestimmt wahrgenommen. Sollte er einst gestört und aufgebrochen werden, geht es mittlerweile darum, eine neue Verbindlichkeit durch das Hinzuziehen kunstexterner Bestimmungen herzustellen. Damit verlagert sich das künstlerische Streben aber auch auf diese anderen Bereiche, nicht nur, weil sie, ausgehend von der Kunst, erst eigens erschlossen werden müssen, sondern vor allem, weil in ihnen aufgrund klarerer Kriterien gewisse Standards nicht unterboten werden dürfen. Hier entscheidet sich, ob etwas letztlich anerkannt wird und genügend Autorität entwickelt, um frei vom Verdacht des bloß Willkürlichen zu sein.

Um nicht ganz in Design, Politaktivismus oder Journalismus überzuwechseln, ja um eine Stellung innerhalb der Kunstwelt zu behalten, sind aber auch deren Erwartungen weiterhin zu erfüllen. Da diese jedoch vage sind, seitdem sämtliche Definitionsmerkmale von Kunst unterlaufen wurden, bleibt erst einmal gar nichts anderes übrig, als ungefähr das zu bieten, was einer allgemeinen Vorstellung entspricht. Diese Vorstellung davon, was Kunst können und wie sie aussehen soll, besteht aus einigen ziemlich austauschbaren Elementen, die in der Moderne über alle Umbrüche hinweg – oder gerade in ihnen – eine Rolle spielten und daher zu neuen Konventionen geworden sind: Kunst soll irritieren, soll verfremden, darf sich nicht anbiedern, soll einen unverständlichen Rest enthalten. Solange etwas dem ein oder anderen genügt – was meist auch bedeutet, dass man sich formalästhetisch aus dem großen Repertoire der Moderne bedient –, wird es als Kunst akzeptiert. Dazu passt die Diagnose des Galeristen Jörg Johnen, die Kunst der Moderne sei »in eine Phase der Zweit- und Drittverwertungen eingegangen«, nachdem »die Zeit der Regelverletzungen […] fast erschöpft« sei. Anders als in der Moderne würden »die oft hoch abstrakten, hermetischen Positionen« nun »geöffnet für biografische, politische, spielerische, ironische, erzählerische oder performative Erweiterungen«.[15]

Gerade in einem Bereich, in dem lange Zeit großer Veränderungsehrgeiz existierte, um der ersehnten Unendlichkeit näherzukommen und Autorität beanspruchen zu können, begnügt man sich mittlerweile also mit Variationen bereits erprobter Praktiken. Das Kennzeichen und zugleich Problem vieler heutiger Artefakte besteht somit darin, dass sie als Nicht-Kunst verbindlicher sind denn als Kunst und dass sie vor allem aufgrund ungewöhnlicher Kombinationen von Eigenschaften und Funktionen interessant und innovativ sind.

Das lässt sich exemplarisch an Sterling Ruby zeigen. Er begann als Künstler, arbeitete dann, meist in Kooperation mit dem Modedesigner Raf Simons, für große Marken und besitzt mittlerweile das eigene Mode-Label S. R. STUDIO. LA. CA. Einige der dafür produzierten Stücke führen gewissermaßen ein Doppelleben, werden sie doch zugleich als Kunst präsentiert. Dazu gehört *Veil Flag* (2020), ein Teil aus verwaschenem Jeansstoff, das entweder in ausgebreiteter Form wie ein Bild an die Wand gehängt oder als Kleidungsstück über die Schultern gelegt werden kann. [Abb. 8] Es handelt sich um eine Paraphrase auf die US-Flagge, allerdings ohne »stars and stripes« und ohne Farben. Das verleiht *Veil Flag* einen fast minimalistischen Charakter, und als Kunstwerk folgt das Stück dem modernistischen Prinzip, möglichst viel zu verweigern und zu verfremden. Bezüglich des Motivs kann man sich an Jasper Johns' Enkaustik-Bilder erinnert fühlen, die ab 1955 entstanden und bei denen manchmal, etwa bei *White Flag*, ebenfalls schon das Blau und Rot der Flagge fehlt; Johns kratzte lediglich in die reliefartige monochrome Oberfläche.

Überrascht *Veil Flag* an einer Galeriewand also kaum, so weckt dasselbe Teil als Kleidungsstück mehr Neugier. Dass man es sich umhängen kann, wie sich sonst Fußballfans oder Olympiasieger in eine Fahne hüllen, macht es zu einem Objekt für emotionale Bekenntnisse. In einem Video Rubys zur Pariser Fashion Week erhebt sich ein Mensch, der zuerst vom Stoff bedeckt, ja beinahe davon erdrückt wird, langsam und breitet die Flagge dabei immer weiter aus. Es ist, als würde er sie umso stolzer präsentieren, je mehr er sich von ihr befreit. Dass es sich um einen Schwarzen handelt, gibt der Performance eine klare Aussage: Zur Geschichte der USA gehören Sklaverei und Unterdrückung genauso wie die Ideale von Freiheit

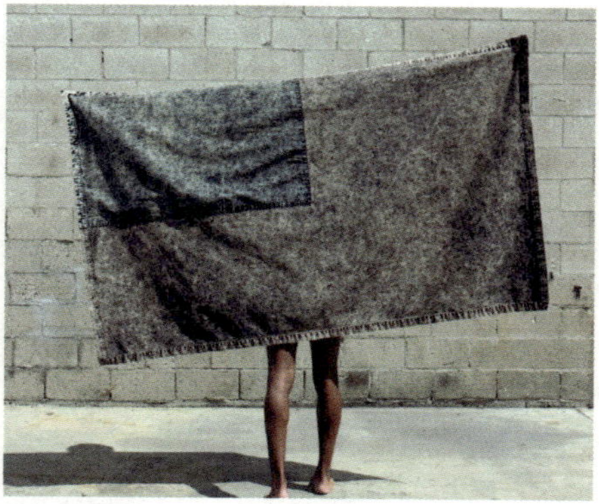

8 Sterling Ruby/S. R. STUDIO. LA. CA.: *Veil Flag*

und gleichen Rechten für alle. Dieselbe Flagge steht also für Repression und Emanzipation, sie erinnert an eine gewaltsame Vergangenheit und lässt auf eine bessere Zukunft hoffen. Doch noch ist nichts entschieden, und deshalb fehlen Farben und Sterne, so als wolle Ruby mit seinem Design sagen, dass das Land sie sich noch nicht verdient habe.

Die politische Aussage von *Veil Flag* wurde dadurch bekräftigt, dass die Käufer:innen der auf fünfzig Exemplare limitierten Flaggen als Zugabe ein Buch mit der Verfassung der USA erhielten, herausgegeben von der *American Civil Liberties Union* (ACLU), einer mehr als hundert Jahre alten NGO. Damit ließ sich für die 650 US-Dollar, die ein Exemplar von *Veil Flag* kostete, auch gleich noch ein Beitrag für mehr Bürgerrechte leisten. Ruby verlieh seiner Flagge auf diese Weise eine Brisanz, die sie als Mode sehr forsch erscheinen lässt – und die zugleich kompensiert, dass Kunst von sich aus kaum noch relevanten Stoff zu bieten vermag.

Es erscheint als Bedeutungsverlust, wenn Kunst nicht mehr aus eigener Kraft genügend Geltung erzielen kann und dafür der Autorität anderer Bereiche bedarf. Allerdings waren die zweihundert Jahre der westlichen Moderne und die Autonomie-Idee auch ein historischer Sonderfall, wurden Werke doch nur in diesem Zeitraum allein deshalb ernst genommen, weil sie als Kunst beeindruckend originell, radikal oder konsequent waren, also mit deren eigener Geschichte brachen und ihren Begriff erschütterten. Mit ihrem Willen zur Negation konstituierten Künstler:innen die Autonomie ihrer Werke, konnten selbst über die Regeln von deren Beurteilung bestimmen und diese auch durchsetzen. Autonom zu sein und Autorität zu besitzen, war für die Kunst der Moderne also dasselbe.

Hingegen erlangte vorautonome – vormoderne – Kunst Autorität, weil sie mit etwas assoziiert war, das seinerseits unumstößlich anerkannt, Teil einer unumstrittenen Realität war. Dass Kunstwerke oft aus raren Rohstoffen – seltenen Pigmenten oder Edelmetallen – bestanden oder sich Techniken, Fähigkeiten oder Begabungen verdankten, die ihrerseits knapp und daher teuer waren, genügte schon, damit sie Anerkennung fanden und man ihnen mit Ehrfurcht begegnete. Neben der ökonomischen Ordnung verhalf der Kunst aber vor allem der gesellschaftliche Status von Auftraggebern und Stiftern zu Autorität. Wenn sie etwa mit all ihren Machtinsignien als Figuren auf mittelalterlichen Altargemälden auftauchten, konnten diese ihrerseits umso mehr Ehrfurcht wecken und die in ihnen veranschaulichte Religion umso besser beglaubigen. Auch sonst stand Kunst jahrhundertelang fast immer in Verbindung mit Macht und Geld und wurde gerade deshalb ernst genommen.

In der postautonomen Gegenwart ist es ähnlich, sind es nun doch ein hoher Preis oder ein prominenter Sammler, die einem Stück Kunst ein Gewicht verleihen, das es sonst kaum erlangen könnte. Aber statt nur durch Annäherung an Mode oder Design kann Kunst genauso dadurch an Autorität gewinnen, dass sie sich auf Themen einlässt, die kontrovers diskutiert werden, die also Dringlichkeit besitzen, weil viele Menschen sie für wichtig halten und ihnen Zeit und Engagement widmen. Statt einer aristokratischen, vormodernen Autoritätslogik zu folgen, profitiert Kunst dann von einer demokratischer fundierten Geltungsmacht; sie ist nicht mit dem Namen eines Milliardärs assoziiert, sondern auf ein breit artikuliertes gesellschaftspolitisches Anliegen ausgerichtet und wird genau deswegen von Kurator:innen für eine Biennale ausgewählt oder kann in Form aktivistischer Projekte auf starke Resonanz hoffen.

Da Artefakte die längste Zeit nur Geltung besaßen, weil sie an etwas rückgebunden waren, das seinerseits Autorität besaß, braucht man angesichts der Rückkehr heteronomer Geltungsgründe nicht gleich nostalgische Klagegesänge anzustimmen. Es ist nichts Neues, dass Kunst nicht nur Kunst ist, sondern zugleich etwas anderes. Sie orientiert sich dann an den Maßstäben und Anforderungen von etwas, das bereits Autorität hat, und aus der langen Geschichte lässt sich lernen, wie viele Möglichkeiten es gibt, Kunst zu Geltung zu verhelfen.

Um zu würdigen, dass unter den Bedingungen der Autonomie entstandene Kunst einen anderen Status hatte als alles, was davor oder danach entstanden ist, könnte es sinnvoll sein, den Begriff »Werk« allein für Artefakte der Moderne zu reservieren. Wie Heidegger unterschiede man Werke dann zugleich von allem anderen und attestierte allein ihnen das Vermögen, aus sich heraus Welt zu erschließen und umstürzende Erfahrungen und Erkenntnisse zu bereiten. Kein Material und kein Auftraggeber, keine Religion und keine staatliche Macht bestimmen darüber, wie viel Autorität ein Werk entwickelt. Diese hängt allein davon ab, wie radikal es selbst ist. Nochmals in

Heideggers Worten: »Je einsamer das Werk, festgestellt in die Gestalt, in sich steht, je reiner es alle Bezüge zu den Menschen zu lösen scheint, um so einfacher tritt der Stoß, daß solches Werk *ist*, ins Offene, um so wesentlicher ist das Ungeheure aufgestoßen und das bislang geheuer Scheinende umgestoßen«.[16] Je autonomer, je weniger mit anderem verbunden ein Werk ist – so könnte man diese Aussage paraphrasieren –, desto mehr kann es verändern, desto mehr Geltungskraft vermag es zu entwickeln. Ein Werk kann dann sogar seinerseits anderem Autorität verleihen, es selbst benötigt hingegen keine fremde Autoritätszuschreibung.

Zwar unterschied Heidegger nicht zwischen der Moderne und anderen Epochen, suggerierte also, sein Werkbegriff sei zeitlos, aber das ist vor allem ein Indiz dafür, wie fest verankert die Idee autonomer Kunst – das Prinzip »Autorität durch Autorschaft«, wie Bazon Brock es nennt[17] – im Zeitalter der Avantgarden war. Erst im Nachhinein wird sichtbar, dass eine solche Idee alles andere als selbstverständlich ist, und daher kann auch das Bedürfnis aufkommen, den Werkbegriff zeitlich enger zu fassen. Er passt zu Mondrian, Matisse und Modersohn-Becker, aber weniger zu Cranach, Rubens oder Fragonard – und noch weniger zu Ai Weiwei, Ólafur Elíasson oder den Guerrilla Girls. In all diesen – noch so unterschiedlichen – Spielarten von Kunst verdankt sich deren Autorität keiner Verheißung radikaler Differenz, keiner »Abdichtung [...] gegen die empirische Realität«, wie es Adorno vom Kunstwerk verlangte. Sie resultiert im Gegenteil aus der Fähigkeit, sich so mit anderen Instanzen zu verbünden, dass man deren Macht, Reichweite oder Brisanz für sich und die eigene künstlerische Arbeit nutzbar machen kann.[18] (Retrospektiv wurde auch vormoderne Kunst oft so betrachtet, als sei sie autonom, und hinsichtlich ihrer Stellung innerhalb der Kunstgeschichte erscheint ebenfalls einiges als Konventionsbruch und Neuanfang. Allerdings wurden Diego Velázquez oder Giovanni Battista Tiepolo in dem, was sie machten, zu Lebzeiten gerade auch deshalb ernst genommen, weil sie von vornherein als Hofkünstler oder durch mächtige Auftraggeber unter der Obhut fremder Autorität standen.)

Die Artefakte prä- und postautonomer Kunst könnte man, eine Charakterisierung Adornos aufgreifend, auch als »Realien« bezeichnen.[19] Damit ist ausgedrückt, dass in ihnen Bezüge zur realen Welt – zum Geld, zur Macht, zur Gesellschaft und ihren Interessen und Debatten – gerade nicht gelöst, sondern im Gegenteil besonders eng geknüpft werden. Künstlerischen Arbeiten wird dadurch Gewicht verliehen, dass man sie mit politischen Themen auflädt, in die Mechanismen der Märkte einbindet oder auf andere Weise mit etwas assoziiert, das zu groß und zu selbstverständlich ist, um wegdiskutiert werden zu können. Verbindungen zur harten Realität garantieren ontologische Zugewinne.

Einige Künstler:innen affirmieren diese geltungsstiftende Imprägnierung ihrer Arbeit mit Realität ausdrücklich, so etwa Signe Pierce, die sich als »reality artist« bezeichnet und für ihre feministischen Performances und Installationen in Anspruch nimmt, »Realität als Medium zu nutzen«.[20] Ihre Dringlichkeit bekommen die Arbeiten also dadurch, dass sie, statt unabhängige Schöpfungen zu sein, inmitten der Lebenswirklichkeit ihren Ort haben. Nichts ist bloß Fiktion oder nur Inszenierung, sondern »echt« insofern, als es – wie etwa in ihrem Performance-Video *American Reflexxx* (2013) – zu ganz realen Bedrohungen und Verletzungen führt.

Könnte man viele aktivistische oder an Wissenschaft, Journalismus oder Design orientierte Künstler:innen genauso als »reality artists« bezeichnen, so erscheint, wer sich noch der Tradition der Autonomie verpflichtet fühlt, im Gegenzug geradezu als »unwirklich«. Entsprechend wird die reine Kunst – der schöne Schein – schnell für zu leicht befunden; anders als in der Moderne klingt der Anspruch, in einem Werk jede ernste und schwere Realität zu transzendieren und eine eigene Wirklichkeit zu konstituieren, nicht mehr verheißungsvoll. Im Gegenteil ist die Neigung zu beobachten, dass gerade wohlwollende Interpret:innen einer Kunst, die heute noch als autonom in Erscheinung tritt, zugleich eine politische Dimension oder eine andere Art von Realitätsbezogenheit zusprechen wollen: als wäre sie von vornherein ungenügend und zu langweilig, wenn sie sich den »Realien« entzöge.

Zur Schwächung der Autonomie wäre es jedoch kaum ohne weitere Faktoren gekommen. Zwei Entwicklungen der letzten Jahrzehnte seien im Folgenden genauer betrachtet. So sollen die Auswirkungen der wachsenden Globalisierung sowie der Sozialen Medien auf die Kunst und ihre Institutionen analysiert werden. Damit wird zugleich die rein westliche Perspektive auf das Kunstgeschehen aufgegeben.

2 Die Globalisierung der Institutionen der Kunst

Als Christie's 2017 das Gemälde *Salvator Mundi* versteigerte, wurde zwar viel über den Rekordpreis diskutiert, aber kaum darüber, dass dieses auf die Zeit um 1500 datierte Werk ausgerechnet in einer Auktion für »Post-War and Contemporary Art« unter den Hammer kam. [Abb. 9] Das wirft jedoch ein Schlaglicht darauf, wie sehr offenbar das Interesse an dem im Westen lange hochgehaltenen Begriff von Kunstgeschichte schwindet. Wäre eine derart falsche Einordnung vor zwanzig, dreißig Jahren nicht noch als skandalös debattiert worden? Und das nicht umso mehr, als dasselbe Auktionshaus nur zwei Wochen zuvor ebenfalls in New York eine für das Gemälde passende Versteigerung der Rubrik »Old Masters« ausgerichtet hatte?

Wie Christie's die kunsthistorische Periodisierung suspendierte, machte es Konkurrent Sotheby's in derselben Saison mit der Unterscheidung zwischen *freier Kunst* und *Design*. Ebenfalls in der Kategorie »Contemporary Art« kam der Ferrari unter den Hammer, mit dem Michael Schumacher 2001 zwei Formel-1-Rennen, in Monaco sowie in Ungarn, gewonnen hatte. [Abb. 10] Der Rennwagen brachte rund 7,5 Millionen Dollar – und damit mehr als die benachbarten Lose mit Werken von Andy Warhol, Robert Indiana und Ed Ruscha. Zugleich war der Ferrari dank seines berühmten Vorbesitzers eine Realie im reinsten Sinne – und damit eine aufregende Alternative für

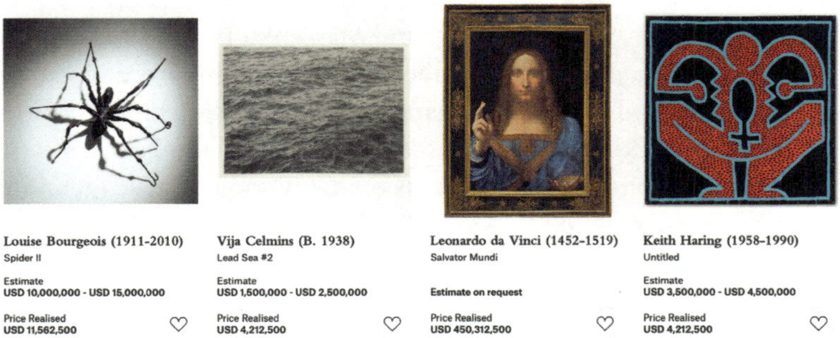

9 Screenshot der Christie's-Auktion, bei der *Salvator Mundi* als »Post-War and Contemporary Art« versteigert wurde

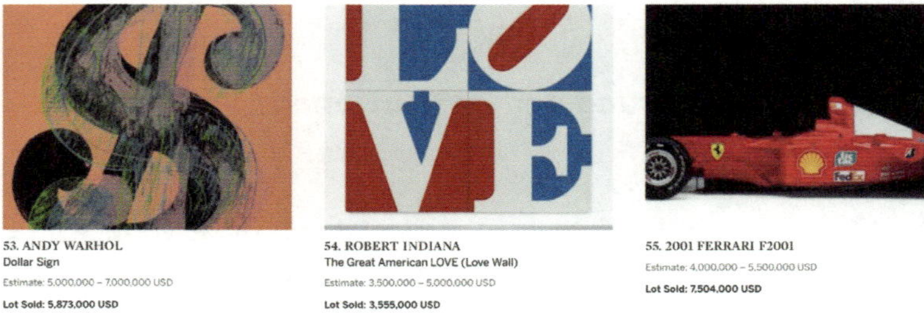

10 Screenshot der Sotheby's-Auktion, bei der ein Ferrari als »Contemporary Art« versteigert wurde

diejenigen, denen sich der Wert eines Werks moderner Kunst – oder der Sinn der gesamten Kunstgeschichte – nur schwer erschließt.

Dass Christie's im Oktober 2020 das Skelett eines 67 Millionen Jahre alten Tyrannosaurus rex inmitten von Kunst des 20. Jahrhunderts versteigerte, brach mit noch mehr Konventionen. Vor allem unterlief man die Unterscheidung zwischen Kunst und Natur. Damit ging man weit hinter die Moderne zurück und näherte sich Praktiken der alten Kunst- und Wunderkammern an, für die einst auch allein das Seltene, Kuriose und Exemplarische eines Objekts zählte – sein Status als Realie, nicht als Werk. Begründet wurde diese Grenzüberschreitung nicht, aber die Zuordnung des Skeletts zum 20. Jahrhundert erklärten die Verantwortlichen der Auktion damit, dass der Dinosaurier als »Archetyp, Kinostar und Popkultur-Promi« eine Ikone der modernen Massenmedien und globales Faszinosum sei.[1] Repliken des versteigerten Skeletts (das 1992 geborgen worden war) gibt es nicht zuletzt in Freizeitparks. Christie's ignorierte also auch die Grenze zwischen Hoch- und Massenkultur und verschaffte einer Attraktion, die bisher vor allem in Kinderzimmern und Naturkundemuseen zuhause war, Zugang zu einem der wichtigsten Orte der Kunstwelt. Dort brachte *Stan*, so der Name des Dinosauriers, fast 32 Millionen Dollar ein (weniger als ein Cy Twombly, aber mehr als ein Mark Rothko bei derselben Auktion).

Dass gerade die umsatzstärksten und bekanntesten Auktionshäuser über zentrale Merkmale des westlichen Kunstverständnisses hinweggehen können, ohne ihren guten Ruf zu riskieren, ist eine Folge der wirtschaftlichen Globalisierung, die schon in den achtziger Jahren, spätestens aber seit Ende des Kalten Kriegs eine enorme

Beschleunigung erfahren hat. Selbst Global Player geworden, haben die Auktionshäuser – ebenso wie Kunstmessen und große Galerien – ein anderes Publikum als noch am Ende des 20. Jahrhunderts. Kam ihre Kundschaft damals vor allem aus den USA und Europa und nur vereinzelt aus Ländern wie China, Japan und Saudi-Arabien, gehören asiatische und arabische Länder mittlerweile zu den wichtigsten Märkten. Neben New York und London sind nun auch Hongkong, Shanghai, Singapur und Dubai die Orte, an denen Erfolg haben muss, wer eine globale Größe sein will.

Viele, die bei einer Auktion mitbieten oder eine Kunstmesse besuchen, blicken also nicht mehr mit einem westlichen Begriff von Kunst auf die angebotenen Objekte. Und mochte sie früher noch die Befürchtung abgeschreckt haben, sich auf dem Kunstmarkt nur behaupten zu können, wenn sie die Geschichte der abendländischen Kunst kennen, ja waren sie infolge des westlich-hegemonialen Blicks auf die Kunst dilettierende Außenseiter, so signalisieren ihnen kategorienüberschreitende Auktionen, dass das Offerierte auch und gerade jenseits der alten kunsthistorischen Logik Bedeutung haben kann. Für Defizitgefühle oder Schwellenangst gibt es somit keinen Grund mehr.

Statt Leonardos *Salvator Mundi* als Gemälde christlicher Ikonografie der Vorreformationszeit deuten zu müssen, darf man es nach Faktoren wie Prominenz oder Renditeerwartung beurteilen oder sich einfach deshalb dafür interessieren, weil es ein weithin wiedererkennbares Statussymbol mit großer Distinktionskraft ist. In dieser Hinsicht erscheint ein Leonardo als gutes Investment, und ein Ferrari genauso, hat beider Image doch mindestens so viel Strahlkraft wie das eines berühmten Avantgardisten oder eines global erfolgreichen Kunst-Stars der Gegenwart. So unterschiedlich die einzelnen Angebote für einen traditionellen Kunstliebhaber aus dem Westen sein mögen, so vergleichbar können sie also für diejenigen sein, die nicht mit dessen Weltsicht und Klassifikationen aufgewachsen sind oder die diese im Zuge der Globalisierung (ähnlich wie die Auktionshäuser) zu verlernen begonnen haben.

Verlieren herkömmliche Kategorien einzelner Kulturen (nicht nur des Westens) auf den globalisierten Märkten an Geltung, so gibt es aber vor allem gemeinsame neue Kategorien dadurch, dass alle dort gehandelten Objekte nicht nur allgemein als Waren, sondern spezieller als Markenprodukte betrachtet werden. Im Begriff der Marke kommen genau die Faktoren zusammen, um die es gerade bei großen Auktionen geht. So hängt der Wert einer Marke davon ab, wie bekannt sie ist, über was für ein Image sie verfügt und welches ökonomische Potenzial man ihr zuspricht. Wie ein Ferrari als Kunst versteigert wird, wird nun also umgekehrt – und erst recht – Kunst wie ein Ferrari verkauft: als Luxusmarke und nicht mehr als Kunst im Sinn der westlichen Moderne. Leonardo offenbart sich dabei als noch wertvolleres Super-Label als Pablo Picasso oder Jean-Michel Basquiat, denn da er über Jahrhunderte präsent geblieben ist, erscheint die Marke Da Vinci als besonders robust und vital und daher erst recht aktuell – oder »contemporary«. (So gesehen ist die Entscheidung des saudischen Prinzen für den vermeintlichen Leonardo, so verrückt und zynisch sie aus westlicher Sicht anmuten mag, doch ziemlich rational.)

Was sich als Markenprodukt präsentieren lässt, wird mit vielem anderen vergleichbar und zugleich tauglich für den globalen Markt. Da sich auf ihm mehr Akteure einfinden als auf lokalen Märkten, er aber vor allem die Reichen aller Länder und Regionen anzieht, die sich hier miteinander messen, lässt er auch höhere Preise erwarten. Allein deshalb war es eine ökonomisch kluge Entscheidung, den Leonardo nicht in der Kategorie »Old Masters« anzubieten, in der die auktionierten Werke stärker unter den rein westlichen Kriterien von Kunst als unter globalen Marken- und Investment-Kategorien bewertet werden (und wo die unklare Provenienz viel eher zum Problem geworden wäre). Genauso hätte ein Ferrari bei einer Auktion, bei der allein Autos im Angebot sind, vermutlich einen schlechteren Preis erzielt, wäre er dann doch auf ein Spezialistenpublikum getroffen, das ihn nicht nur als Markenprodukt, sondern auch hinsichtlich seines Stellenwerts für die Entwicklung der Motorentechnik oder in seiner Bedeutung für die Geschichte der Formel-1 beurteilt und daher eher etwas Wertminderndes entdeckt hätte.

Da sich der Kunstmarkt und insbesondere der Markt für moderne und zeitgenössische Kunst ziemlich früh globalisierte, stiegen die Preise hier nicht nur stark, sondern traten die angebotenen Werke umso mehr als Markenprodukte in Erscheinung. Damit veränderte sich aber auch ihre Einschätzung. So erwartet man von ihnen, dass sie sich »auf ein Image verdichten lassen« und daher »einen rasch erkennbaren Ausschnitt oder ein gut identifizierbares Verfahrensprinzip, Kondensat oder Zeichen« besitzen, wie Thomas Hecken schreibt.[2] Nicht alles, was als Werk überzeugt, eignet sich daher gleichermaßen gut als Markenprodukt (und umgekehrt), doch nachdem es erst einmal üblich geworden ist, nicht mehr nur gemäß der traditionellen Kategorien der eigenen Kultur zu urteilen, lässt sich auch anderes entdecken, das ähnlich gut in Markenprodukte zu verwandeln ist oder deren Logik sogar von vornherein nähersteht als Kunst. So drängen immer neue Objektgruppen auf den globalisierten Kunstmarkt, der damit ebenso zu einem Markt für Design, Mode, Architektur oder Uhren wird. Das wiederum bedeutet, dass sich vor allem Superreiche nicht mehr damit begnügen, nur Kunst zu kaufen, sondern genauso an exklusiven Markenprodukten anderer Bereiche interessiert sind (und das umso eher, wenn sie nicht noch von alten westlichen Kunstvorstellungen gehemmt sind). In ihren Sammlungen manifestiert sich also die Auflösung der Grenzen, die lange Zeit zwischen (westlicher) Kunst und allem anderen bestanden. Prägend geworden ist eine »globale Käuferschicht, die

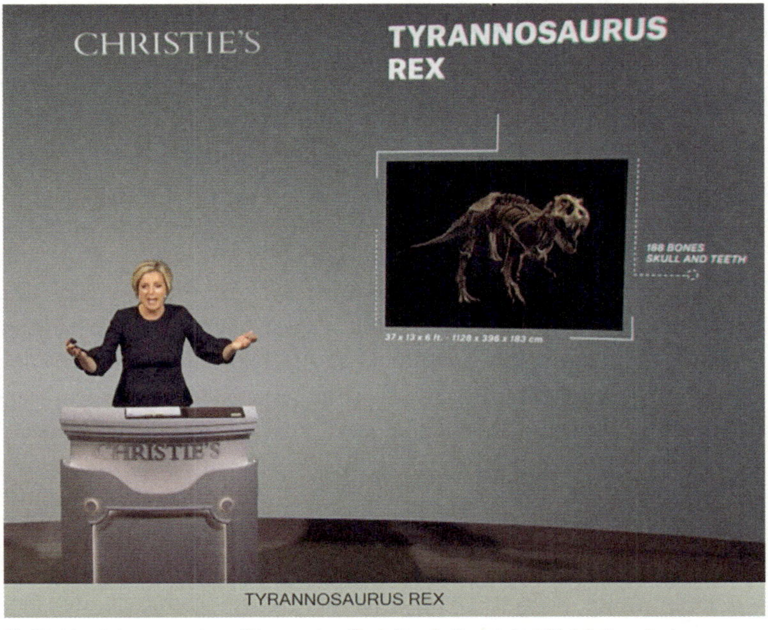

11 Die Versteigerung eines Dinosaurier-Skeletts als Kunst des 20. Jahrhunderts

für die Verknüpfung von Bildender Kunst mit Mode, industriell gefertigten Luxusgütern und prominenter Provenienz besonders empfänglich« ist, wie es Dirk Boll, einer der Präsidenten von Christie's, formuliert. Diese Käuferschicht macht er dafür verantwortlich, dass »die Preise für Wein, Handtaschen, historische Automobile, Vintage Fashion, aber auch für mechanische Armbanduhren [...] substanziell gestiegen« sind.[3]

Die Markenlogik wird selbst für ein Objekt wie das Dinosaurier-Skelett angewendet. Ausdrücklich präsentierte Christie's den Tyrannosaurus rex vor der Auktion als »Marke«, die »ganz natürlich« neben anderen großen Marken wie Picasso, Koons oder Warhol stehe.[4] [Abb. 11] Allerdings regte sich in diesem Fall auch Widerstand. Zahlreiche Wissenschaftler:innen kritisierten, eine Auktion, die darauf angelegt sei, »das Image von Fossilien als Luxusgütern [zu] fördern«, werde nicht nur die Preise nach oben treiben und solche Objekte für Museen und Forschungsinstitute künftig unbezahlbar machen, sondern schaffe auch Anreize dafür, »gut erhaltene Fossilien aufzuspüren und zu verkaufen, anstatt sie Paläontologen zur Untersuchung zu überlassen«. Das aber sei »schrecklich für die Wissenschaft«, die so den Zugang zu immer mehr Objekten verliere und ihre Forschungen nur stark eingeschränkt fortsetzen könne.[5]

Die Folgen der globalisierungsgetriebenen Markenlogik sind aber auch für die Kunstwelt gravierend. Da die gerade bei Auktionen für moderne und zeitgenössische Kunst oft spektakulär hohen Preise einer breiteren Öffentlichkeit präsent sind, verstärkt sich der Eindruck, Kunst bestehe nicht anders als Mode oder Autos aus Labels, fungiere gar als Vorbild und Muster für die Markenkultur. Damit aber vollzieht sich schleichend – denn von niemandem wird ja eigens ein Paradigmenwechsel verkündet – eine Verwandlung der bevorzugten Eigenschaften von Kunst, weit über die Artefakte hinaus, die einmal bei einer großen Auktion landen oder auf einer internationalen Messe gehandelt werden. Wer früher mit erbaulichen oder kritischen, zu Reflexion oder Entschlüsselung anspornenden oder einfach nur stimmungsvollen Werken künstlerischen Erfolg suchte, achtet nun wohl eher darauf, dass sich die Kunst für repräsentative Zwecke eignet, ein cooles, erhabenes, ausdrücklich freundliches oder aber ein auf interessante Weise unsympathisches Image vermittelt und bestenfalls geradezu Logo-Qualität besitzt. Außerdem fällt es leichter, sich anderen Bereichen anzunähern oder Kooperationen über vermeintlich klare Grenzen hinweg einzugehen, wenn man dabei im selben Kosmos der Marken bleibt. Immerhin verfolgt man dann – zumindest ungefähr – dieselben Ziele wie die Kooperationspartner.

Noch zu Beginn des 21. Jahrhunderts waren Kooperationen etwa zwischen Kunst und Mode davon geprägt, dass beide Partner als unterschiedlich, gar als unvereinbar angesehen wurden. Innerhalb der damals noch westlich dominierten Kunstwelt galt es sogar als frivol, wenn Künstler:innen sich auf ein stark kommerzielles Feld begaben; umgekehrt riskierten auch die Mode-Labels ihre Reputation, wenn sie ihre Produkte der Kunst überließen. Wurde diese ohnehin schon als schwierig oder provokant empfunden, musste sie in einer solchen Kooperation nämlich umso mehr Unabhängigkeit beweisen, trat also erst recht spröde, aggressiv oder geschmacksverletzend in Erscheinung.

Als Richard Prince 2008 Handtaschen für Louis Vuitton entwarf, für die er unter dem Titel *Monogram Jokes* ausdrücklich schlechte und sexistisch-misogyne Witze aus Trash-Magazinen der siebziger Jahre verwendete, die er davor bereits in Gemälden verarbeitet hatte, war das im Umfeld der Haute Couture noch verstörender als innerhalb der Kunst, wo man derartige Transfers von der Massen- in die Hochkultur bereits gewohnt war. [Abb. 12] Prince tat also nie mehr für sein Image als ruppiger und abgebrühter, vor allem aber autonomer Künstler als bei dieser Kooperation, und Louis Vuitton wurde infolge dieser Aktion exklusiver denn je wahrgenommen: als eine Marke, die selbst schon fast Kunst ist und die sich traut, ihren Kund:innen einiges abzuverlangen, sie dafür aber auch damit belohnt, ihrerseits mutig und avantgardistisch-cool zu erscheinen.

Eine Kooperation zwischen Louis Vuitton und Jeff Koons im Jahr 2017 fand hingegen bereits unter anderen Vorzeichen statt. Auf Handtaschen und Rucksäcken applizierte der Künstler jeweils ein berühmtes Motiv aus der Kunstgeschichte und setzte darüber in großen Buchstaben die Namen der Künstler: Da Vinci,

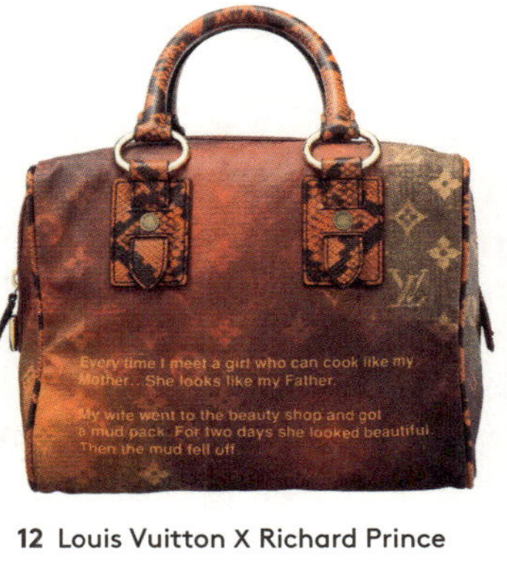

12 Louis Vuitton X Richard Prince

Rubens, Van Gogh. [Abb. 13] Etwas kleiner ist das Logo von Louis Vuitton zu sehen sowie im selben Stil – als miteinander verbundene Initialen von Vor- und Nachname – sein eigenes Logo. Hier treffen Mode-Label und Künstler also von vornherein als Marken aufeinander: als zwei Luxus-Labels, die nicht auf das Provokationspotenzial ihres Zusammentreffens setzen, sondern sich wechselseitig mit ihrem jeweiligen Glamour-Faktor bereichern. Die Künstler, deren Motive Koons verwendet, erscheinen aber als dritte Marke, noch berühmter als die beiden anderen. Indem Koons Gemälde als Markenprodukte präsentiert, löst er sie jedoch einmal mehr aus der Kunstgeschichte, ja hilft dabei, sie als Celebrities wahrzunehmen. Egal ob ein Leonardo als »Contemporary Art« versteigert oder eines seiner Motive (bei Koons die *Mona Lisa*) als Luxusprodukt verkauft wird: Beides entspricht genau derselben Markenlogik.

Die Überwindung kunsthistorischer Kategorien ist bei Koons auch sonst Programm. So ließ er seit 2014 für die Serie *Gazing Ball Paintings* berühmte Gemälde der Kunstgeschichte detailgetreu und in einheitlicher Faktur abmalen und jeweils zentral, als dreidimensionale Zugabe und Markenzeichen, eine blaue Kugel darauf applizieren. [Abb. 14] Sie soll an die in Vorgärten beliebten Schmuckkugeln erinnern, die Koons als freundliche Geste gegenüber Nachbarn oder Spaziergängern empfindet. Entsprechend signalisiert die Kugel auf einem Gemälde, dass Rezipient:innen und Käufer:innen nicht mit Kunstgeschichte eingeschüchtert, auch nicht auf einen Kanon verpflichtet werden sollen, sondern ganz entspannt herantreten dürfen.

In einem Interview mit dem Kurator Hans Ulrich Obrist sprach Koons darüber, wie sein Interesse für Kunst bei seinem ersten Museumsbesuch als Schüler fast erloschen sei, weil ihm klar wurde, dass er keine Ahnung von Kunstgeschichte hatte und selbst so berühmte Künstler wie Cézanne nicht kannte (»I was never brought up with a background in art history«). Viele Menschen würden deshalb resignieren (»a lot of people *don't* survive that moment«), und daher wolle er etwas anbieten, das niemanden verunsichere, sondern die Botschaft an die Leute sende, dass mit ihnen alles in Ordnung sei (»everything is perfect«).[6] Gewiss denkt

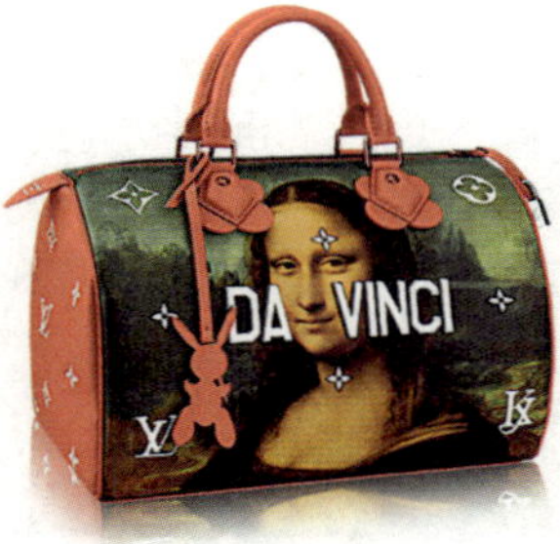

13 Louis Vuitton X Jeff Koons

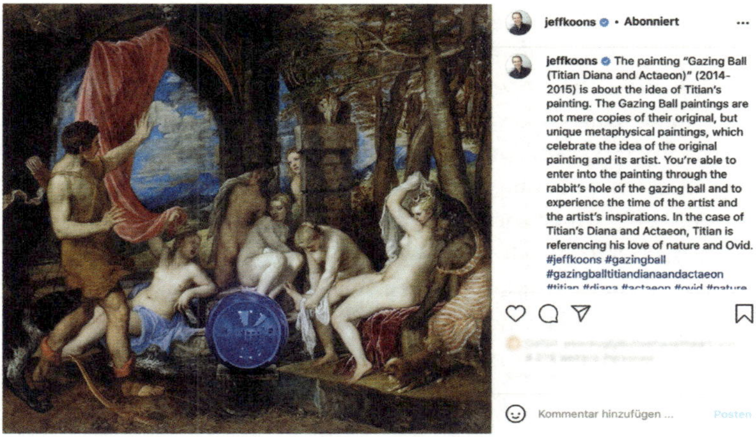

14 Jeff Koons: *Gazing Ball (Titian Diana and Actaeon)* (2014)

Koons dabei aber weniger an sozial schwächere Milieus, in denen man sich seine Werke ohnehin nicht leisten könnte, als an eine globalisierte Öffentlichkeit, in der gerade auch reiche Menschen wenig Ahnung von der westlichen Kunstgeschichte haben, als potenzielle Käufer:innen jedoch nicht abgeschreckt werden sollen. Wenn er alte Kunst mit blauen Kugeln in Produkte der Marke »Koons«, in eine repräsentative Vorgarten-Variante von Kunstgeschichte verwandelt, benimmt er sich also genauso wie ein professioneller Dienstleister, der seinen Kund:innen ein gutes Gefühl und ein paar Gefälligkeiten bereiten will. Ein Markenlabel zu sein bedeutet für ihn, sich kompromisslos auf die Bedingungen der Konsumwelt einzulassen und einer global tauglichen Ästhetik des Verführens und Schmeichelns zu entsprechen. Dafür mag er von Kunstfreunden im Westen gescholten werden, die nach wie vor einem autonomen Künstlerbild verhaftet sind, und ein paar mögen ihm Ironie unterstellen, um ihn für sich weiter als Künstler akzeptieren zu können, aber vermutlich interessiert ihn das alles nicht, solange er auf dem globalen Markt zu den angesagtesten Labels gehört.

Auch Loïc Gouzer, der 2017 bei Christie's für die Versteigerung des *Salvator Mundi* verantwortlich war, bestätigte in einem Interview, wie »unermesslich groß« die »Macht der Marken« auf dem globalen Kunstmarkt geworden sei. Die Leute würden »in Galerien und

Auktionshäusern kaufen, als handle es sich dabei um *Hermès* oder *Gucci* oder *Tom Ford*«. Daher hätten sich auch die Gespräche mit Kund:innen innerhalb eines Jahrzehnts grundlegend verändert. Habe man früher über den Stellenwert eines angebotenen Werks innerhalb des Gesamtwerks diskutiert und dafür den jeweiligen *Catalogue Raisonné* herangezogen, wollten heute »höchstens noch acht Prozent« über Kunst sprechen oder kunstspezifische Fragen erörtern. Selbst zwanzig oder dreißig Millionen würden für Werke ausgegeben, von denen die Käufer:innen nichts weiter als eine Abbildung auf Instagram gesehen hätten. Entsprechend gehe es Sammler:innen nicht mehr darum, sich in die Kunstgeschichte einzuarbeiten und etwa die Entwicklung der Moderne nachzuvollziehen. Früher hätten gewissenhafte Kund:innen Jahrzehnte gebraucht, um von Renoir zu Robert Ryman oder Bruce Nauman zu gelangen, heute würden »chinesische Sammler« Werke des einen nur »sechs Monate« nach dem anderen erwerben.[7]

Im selben Interview bezeichnet Gouzer die Entwicklung auf dem Kunstmarkt als »nicht gerade gesund«; sie stimme ihn traurig, stellt er nostalgisch fest.[8] Allerdings ist er selbst alles andere als unschuldig daran, denn dass kunsthistorische Kriterien und Betrachtungsweisen im Kunstbetrieb an Bedeutung verloren haben, ist auch die Folge der von ihm verantworteten Auktionspolitik. So gilt Gouzer als Erfinder, zumindest aber als Meister der »kuratierten Auktion«, die darin besteht, Kunstwerke gerade nicht nach Gesichtspunkten der Kunstgeschichte aufeinander zu beziehen, sondern überraschend miteinander zu kombinieren.[9] Im Jahr 2015 organisierte er etwa eine Auktion mit dem programmatischen Titel *Looking Forward to the Past*, der suggerierte, die zum Kauf angebotene Kunst habe noch viel vor sich, ja es gebe gute Gründe, sich »auf die Vergangenheit zu freuen«, egal von wann die Werke stammten, also unabhängig von kunsthistorischen Kategorien. Entsprechend brachte Gouzer einen Claude Monet, der in einer Impressionismus-Auktion kaum für Aufsehen gesorgt hätte, mit Mark Rothko und Alberto Giacometti zusammen, Egon Schiele gab es in Verbindung mit Elizabeth Peyton, Piet Mondrian neben On Kawara.

Für den Werbefilm einer Auktion, die 2014 unter dem – aus einem Gemälde von Richard Prince bezogenen – Titel »If I Live I'll See You Tuesday…« stattfand, verpflichtete Gouzer den bekannten Skateboarder Chris Martin. Vier Minuten lang rast er waghalsig durch die Räumlichkeiten des Auktionshauses, jeweils knapp an einzelnen Losen vorbei. [Abb. 15a–e] Zwischendurch flirtet er mit einer Angestellten, die sich im Keller um ein pornografisches Gemälde von John Currin kümmert, macht High-Five mit einem *art handler* – und stürzt schließlich beim Versuch, einen Transportwagen zu überspringen, mit dem ein Martin-Kippenberger-Gemälde in seiner Transportkiste vor eine Ausstellungswand gefahren wurde. Statt eine Kunsthistorikerin oder zumindest einen Sammler für die Werke sprechen zu lassen, wird also der Vertreter einer Sportart zum Testimonial, die kaum jemand aus dem Auktionspublikum betreiben könnte. Dafür erscheint Kunst (ähnlich wie im Fall mancher Sneakers) als cooles Hobby für Draufgänger (nur zwei der 33 versteigerten Werke der Auktion stammten von Frauen), als etwas zum Angeben und Repräsentieren, als Summe ebenso exklusiver wie global bekannter Top-Marken. Der Werbefilm siedelt Kunst also ganz weit weg von Kennerschaft und historischer Bildung und ganz nah an einem sportlich-extrovertierten Luxus-Lifestyle an. Einmal mehr vermittelt man damit die Botschaft an das globale Publikum, die angebotene Kunst stamme zwar aus

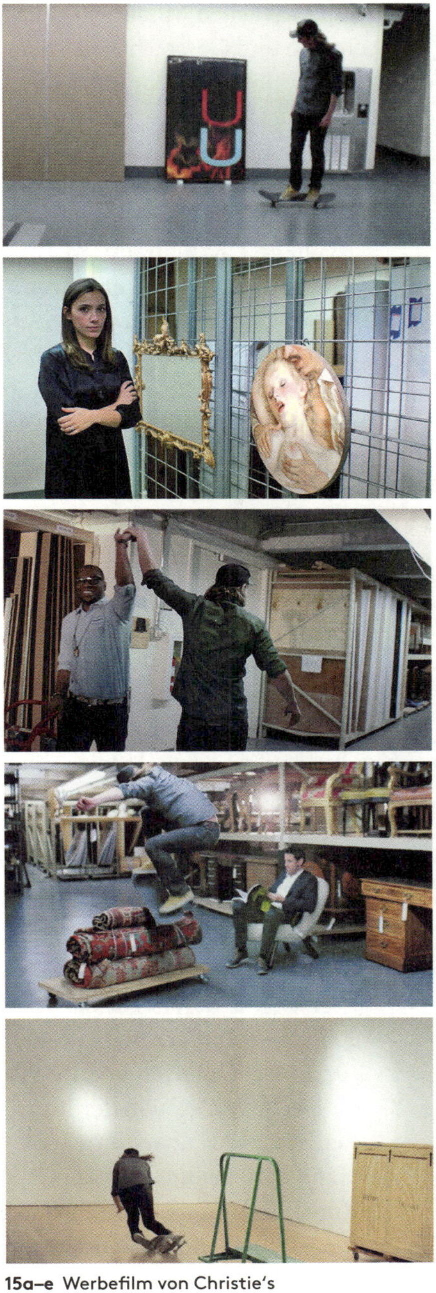

15a–e Werbefilm von Christie's

der westlichen Moderne, es sei aber nicht nötig, sich mit deren Eigenheiten und Geschichte auszukennen.

Es gibt auch Vorläufer der Idee kuratierter Auktionen, dies aber unter anderen Vorzeichen. So wurde in etlichen Museen schon seit den Nullerjahren damit experimentiert, das Prinzip der chronologischen Sammlungspräsentation zu relativieren und nicht länger das Bild einer einheitlichen Geschichte der Kunst zu vermitteln. Dabei spielten Denkfiguren und Debatten der Postmoderne der achtziger und neunziger Jahre eine große Rolle, durch die Singularbegriffe und lineare Großerzählungen wie *die* Geschichte in den Verdacht geraten waren, zu hierarchisch und hegemonial-exklusiv zu wirken. Parallel zu dem Versuch, sie zu dekonstruieren, setzte man auf Strategien der Pluralisierung und Egalisierung. Dazu gehörte es auch, herkömmliche Unterscheidungen – vor allem Dichotomien wie zwischen »frei« und »angewandt« – zu ignorieren, um Material nach alternativen Kriterien ordnen und unter anderen Aspekten als bisher wahrnehmen zu können. Wenn mittlerweile die Auktionshäuser Unterscheidungen zwischen Epochen, Gattungen und Objekttypen unterlaufen, so hatten das also einige Museen vorgemacht, in Deutschland etwa das von den Künstlern Thomas Huber und Bogomir Ecker 2001 neu eingerichtete Städtische Kunstmuseum Düsseldorf.[10]

Die Suspendierung tradierter Unterscheidungen – »replace the distinctions« lautete die Losung des postmodernen Philosophen Richard Rorty[11] – sollte in diesem Fall aber nicht den Weg freimachen für eine globale und ihrerseits extrem hierarchisierende Markenkultur, sondern im Gegenteil die Chance eröffnen, gerade auch die Menschen und Artefakte ins Licht der Aufmerksamkeit zu stellen und neu wahrzunehmen, die infolge der bisherigen Begriffe und Klassifikationen marginalisiert worden waren. Indem man die lange herrschenden Kategorien dekonstruierte, wurde es überhaupt erst möglich, Minderheiten stärker anzuerkennen, aber auch den Blick für andere Kulturen und ihre Dinge zu schärfen.

Der Abschied von der Kunstgeschichte fand dann aber noch deutlicher statt als zuerst erwartet. Hatte etwa der Kunstwissenschaftler Hans Belting 1995 bemängelt, dass »die sogenannte Geschichte der Kunst [...] immer eine solche der europäischen Kunst« gewesen sei, und deshalb eine »Weltkunstgeschichte« gefordert, »in der alle Erdteile und Kulturen vertreten sind«, so erwies sich allein schon die

Orientierung an geschichtlichen Kategorien als zu voraussetzungsreich.[12] Immerhin müsste man für jede Kultur eigene Begriffe berücksichtigen und zahlreiche sehr unterschiedliche Geschichten miteinander verbinden – ein unübersichtliches und selbst für Museen, Kurator:innen und Wissenschaftler:innen kaum zu bewältigendes Verfahren.

Im Westen wurde die Überwindung *der* Geschichte vielerorts aber auch als Befreiung empfunden. Die Aussicht auf neue Möglichkeiten der Sinnstiftung und das Kuratieren von Werken unabhängig von historischen Gesichtspunkten stimulierte eine geradezu alchemistische Neugier. Museen müssten nicht länger eine »Rekonstruktionsfähigkeit des Vergangenen« unter Beweis stellen, meinte Bogomir Ecker in Antwort auf den Deutschen Museumsbund, der das Düsseldorfer Museum wegen seiner epochenunabhängigen Sammlungspräsentation heftig kritisierte, sondern könnten »vielmehr die Fähigkeit [entwickeln], Bildzusammenhänge und Dialoge zu erstellen«.[13]

Neue Einsichten und frische Blicke auf vielleicht schon längst bekannte Werke lassen diese oft attraktiver erscheinen, was im Weiteren aber auch ihre Absatzchancen steigert. Deshalb war es nur eine Frage der Zeit, bis sich das ahistorische Kuratieren – selbst unabhängig von der Globalisierung – auch auf dem Kunstmarkt etablierte. Zur Erläuterung seiner »kuratierten Auktionen« beschrieb Loïc Gouzer Konstellationen von Kunstwerken als »Moleküle«; sie ungewohnt und überraschend in Beziehung zueinander zu bringen führe zu sonst nicht möglichen, neuen Geschmackserlebnissen. Ferner sprach er davon, Werke könnten sich »wechselseitig aktivieren«, wenn man sie zusammenbringe.[14] Vielleicht entfalten sie Qualitäten, die man ihnen nicht zugetraut hätte; auf jeden Fall aber werden sie umso mehr zu Spekulationsobjekten, wenn man sie vor allem daraufhin betrachtet, in welchen Kombinationen sie am besten – am imageträchtigsten oder besonders gewinnbringend – zur Geltung kommen könnten.

So selbstkritisch das postmoderne Denken gegenüber den Begriffen des Westens war und sosehr es dessen Machtansprüche relativieren wollte, so sehr hat es also dem Kunstmarkt zu neuen Impulsen verholfen, nachdem es über Leute wie Loïc Gouzer erst einmal auf dessen internationalen Bühnen angekommen war. Dass dort immer mehr Akteure nicht-westlicher Kulturen aktiv wurden und alles in den Kategorien von Marken gehandelt wird, begünstigte und verstärkte umgekehrt die Erosion des westlichen Begriffs von Kunst und von Kunstgeschichte. Intellektuelle und sozioökonomische Entwicklungen lassen so gemeinsam vieles verschwinden, was im Westen lange Zeit unumstößlich schien.

Doch fand eine Abkehr von der Kunstgeschichte nicht nur auf dem globalisierten Kunstmarkt und in einigen Museen statt. Vielmehr spielen kunstspezifische Fragen, kunsthistorische Genealogien oder ein Begriff von Werk auch auf den seit den neunziger Jahren weltweit boomenden Biennalen, bei anderen kuratierten Kunst-Events sowie innerhalb des Kunstaktivismus eine immer geringere Rolle. Dass dort stattdessen große Themen, politische Konflikte, soziale Probleme und ökologische Krisen, Phänomene wie Gewalt und Unterdrückung verhandelt werden, lässt sich aber ebenfalls als Konsequenz postmoderner Dekonstruktionen und Wahrnehmungsverschiebungen interpretieren. Denn nachdem man erst einmal eine Ahnung davon bekommen hatte, wie vieles durch Singularbegriffe, strikte Grenzen und hierarchische Ordnungen ausgeschlossen, diskriminiert oder fremdbestimmt worden war, lenkte man den Blick vermehrt auf einzelne Formen von Ungerechtigkeit und Grausamkeit. Gerade auch Kurator:innen erklärten es zu ihrer Aufgabe, lange Übersehenes und Unterdrücktes zu zeigen und Debatten über angemessene Weisen der Anerkennung zu ermöglichen. Zugleich bemühte man sich, einen Sinn für Pluralitäten und Unschärfen zu entwickeln und an einer Sprache zu arbeiten, mit der die »Pathologisierung aller Formen von Dissidenz« überwunden werden kann, wie sie etwa der Philosoph und Kurator Paul B. Preciado beklagt. Er spricht davon, dass »das Ancien Régime der politischen, sexuellen und rassifizierten Hierarchien [...] alle Übergangspraktiken [kriminalisiert]«, und seinen Gegner sieht er wie viele andere Intellektuelle und Kurator:innen in dem »patriarchalen Kolonialismus«, der einen »Krieg« gegen »ungezählte Minderheiten« geführt habe.[15]

Aus ganz anderen Gründen als Auktionshäuser versuchen also auch Kurator:innen, lange gültige Trennungen zwischen *high* und *low* oder zwischen Klassen zum Verschwinden zu bringen und Unterscheidungen zwischen Geschlechtern oder Rassen sogar grundsätzlich infrage zu stellen. Sich von Singularbegriffen wie »Kunst« und »Geschichte« zu distanzieren bedeutet in der Konsequenz aber auch, bisher Übersehenes nicht nachträglich in die Kunstgeschichte und ihren Kanon einfügen zu wollen; vielmehr soll bewusst werden, dass es keinen Platz in ihr gefunden hat, weil es in irgendeiner Hinsicht anders war. Und diese Andersheit soll eigens gewürdigt werden. Im Unterschied zu den Hotspots des Kunstmarkts, wo nach wie vor viel Westliches in andere Kontinente exportiert wird, heißt Globalisierung im kuratierten Teil der Kunstwelt daher auch, Artefakte von diversen Peripherien in die westlichen Kunstinstitutionen zu importieren. An die Stelle traditioneller Kunstkriterien treten politisch-moralische Gesichtspunkte, sodass sich etwas als Exponat qualifizieren kann, wenn es etwa besonders anschaulich von einer Unterdrückungs- oder Minderheitengeschichte erzählt und für deren Erfahrungen von Marginalisierung sensibilisiert.

Adam Szymczyk, 2017 künstlerischer Leiter der *documenta 14*, die als Meilenstein postautonomen, postkolonialen Kuratierens gelten kann, erklärte in einem Interview, »die Auswahl der Künstler« sei »mit wenigen Ausnahmen politisch begründet«. Ausschlaggebend war nicht, ob jemand einen neuen Stil entwickelt, ein bisher kunstfremdes Medium erschlossen oder sich intelligent von vorhergehenden künstlerischen Werkformen abgesetzt hat. »Politisch Stellung zu beziehen« sei wichtiger, und für Szymczyk ist Aktivismus auch mehr als »nur irgendein -ismus«, darf also gerade nicht in eine Abfolge von Ismen gebracht und damit doch wieder in einen kunstgeschichtlichen Rahmen gestellt werden.[16]

Daher passierte bei der *documenta 14* aber etwas Ähnliches wie bei großen Auktionen mit »Post-War and Contemporary Art«. Denn obwohl eigentlich dazu bestimmt, einen Überblick über die zeitgenössische Kunst zu liefern, enthielt sie genauso Artefakte vergangener Epochen. Diese waren allerdings nicht aktuell, weil sie Markenkunst waren, sondern weil in ihnen extreme Erfahrungen von Diskriminierung und Gewalt zum Ausdruck kommen, die auch dann noch erschüttern können, wenn sie weit zurückliegen.

Die historischen Beispiele auf der *documenta 14* sollten aber ebenso bewusstmachen, wie lange Artefakte schon dazu dienen, leidvolle, schmerzhafte oder traumatisierende Erfahrungen zu bewältigen. So zeigte man in der Neuen Galerie in Kassel als Leihgaben aus dem

Berliner Museum für asiatische Kunst (mittlerweile im Humboldt Forum) vier Buddha-Darstellungen – Gandhara-Skulpturen – aus dem 2. Jahrhundert. Präsentiert wurden sie als Zeugnisse einer synkretistischen Kultur, die sich Migrationsbewegungen verdankt habe.[17] Auf einem Relief wird Buddha etwa von seinem Gegenspieler Mara und dessen Gefolgsleuten bedrängt und muss sich gegen diverse Attacken, ja gegen von allen Seiten drohende Gewalt wehren, um seine spirituelle Reife zu beweisen und voranzubringen. Die Buddha-Darstellungen platzierte man aber in der Nähe von Exponaten vor allem des 19. und 20. Jahrhunderts, in denen es um Hungersnöte, Deportation und Vergewaltigung geht. Diese Formen von Gewalt erschienen damit ihrerseits als Bewährungsproben, die Werke, in denen sie verarbeitet wurden, als Ausdruck einer um Wahrheit und Gerechtigkeit bemühten Haltung.

Wurden Kunst und Religion damit zu bevorzugten Medien der Auseinandersetzung mit Leid und Gewalterfahrungen erklärt, so leiteten Szymczyk und sein Team daraus aber keinen neuen Kunstbegriff ab und beschworen erst recht keine alte Kunstreligion, sondern achteten vielmehr darauf, verschiedene Formen von Marginalisierung zu erfassen. Multiplen Benachteiligungserfahrungen widmeten sie dabei besonderes Augenmerk, bedingt eine Diskriminierung doch oft weitere Spielarten von Unterdrückung. Auf Anregung von Paul B. Preciado, der zum kuratorischen Team der *documenta 14* gehörte, wurden daher etwa posthum Fotos, Mund- und Fußmalereien sowie Dokumente von Lorenza Böttner ausgestellt, über die auf der Website zu lesen ist, dass ihr infolge eines Unfalls als Kind beide Arme amputiert werden mussten, worauf eine »Internierung und Ausgrenzung« als »Behinderter« folgten; eine »weibliche Transgender-Position« machte sie noch mehr zur Außenseiterin, schließlich starb sie 1994 an einer AIDS-Erkrankung. [Abb. 16] Ziel der kuratorischen Entscheidung war es aber auch hier nicht, eine Künstlerin endlich – posthum – in die Kunstgeschichte aufzunehmen; vielmehr sollte eine Person, die lebenslang »aktiv gegen die Prozesse von Entsubjektivierung, Betreuung, Entmündigung, Internierung, Entsexualisierung und Kastration« gekämpft hatte, eine späte Würdigung erfahren.[18]

Das kuratorische Team der *documenta 14* dürfte dem Resümee der Kunstkritikerin Sabine B. Vogel sogar zustimmen, die in einer Rezension schrieb, es sei »viel Engagiertes ausgestellt, Archive, Requisiten

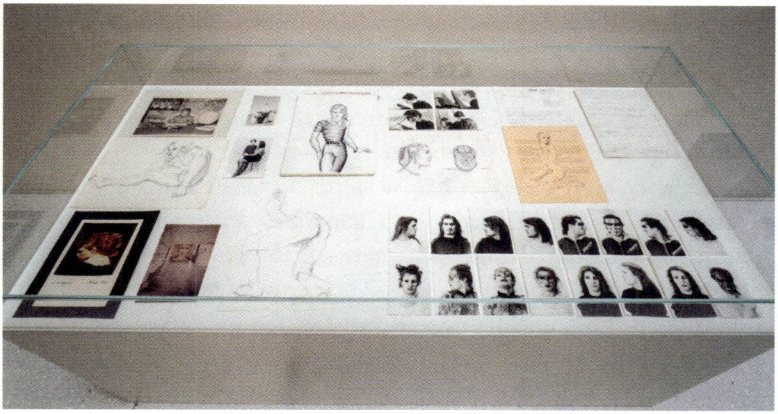

16 Lorenza Böttner auf der *documenta 14*

von Erlebnissen, Recherchematerial – aber kaum Kunst im kunsthistorischen Sinn«.[19] Doch wenn sie weiter beklagt, »kaum ein Beitrag erinnert an den früheren Anspruch, ein Kunstwerk im Sinne einer letztgültigen, verdichteten Formulierung zu sein«, dann würde Szymczyk es vermutlich als überholt oder sogar als unverantwortlich bezeichnen, Exponate an einem idealistischen Werkbegriff zu messen. Eine »alternative Kartografie, ein alternatives Register zum herrschenden künstlerischen Kanon« zu bieten, diesen also gerade nicht zu korrigieren, sondern abzuschaffen und durch andere Leitkategorien zu ersetzen, war sein erklärtes Ziel.[20]

Wird Kunst nicht mehr im Kontext ihrer Geschichte betrachtet, da diese als Grundlage des westlich-modernen Kunstbegriffs sowie als Machtinstrument zum Problem geworden ist, dann wird sie also entweder als Markenprodukt bewertet oder zum Medium von Anklage und Empörung, zum Beitrag für ihrerseits oft global geführte Debatten. Vordergründig mögen die luxuriöse Kunst des globalen Markts (mit ihrem Fokus auf Starkult) und die politisierte Kunst globaler Events (mit ihrem Blick auf Marginalisiertes) wenig miteinander zu tun haben. Beide Sparten treffen sich jedoch darin, dass in ihnen an die Stelle der im Westen lange Zeit favorisierten autonomen Kunstwerke Realien treten. Während im einen Fall hohe Preise, Kooperationen mit Luxusmarken und ein starkes Image dafür sorgen, dass die Arbeiten feste Bestandteile einer mächtigen ökonomischen und sozialen Ordnung sind und als solche Autorität und Stärke besitzen, sind es im anderen Fall die dringlichen gesellschaftspolitischen Themen, ja ist es die Vergegenwärtigung von Ungerechtigkeit und Grausamkeit, von »echtem« Leid, wodurch sich bloße Werke in geradezu letztgültige Zeugnisse verwandeln.

Nur aber, weil vieles dessen, was bei Veranstaltungen wie einer *documenta* ausgestellt wird, den Charakter von Realien besitzt, ist damit zugleich der dringende, unaufschiebbare Appell verbunden, alles zu tun, damit die künftige Welt besser werden möge: friedlicher, offener, gerechter, nachhaltiger. Kunst erlangt mit den schweren Themen, die in ihr verhandelt werden, also nicht nur Geltung, sondern verfügt damit zugleich doch auch wieder über utopisches Potenzial. Anders als in der Moderne, in der die Verheißungen oft auf eine metaphysische – absolute – Wahrheit oder eine völlig neue Weltordnung gerichtet waren, geht es diesmal darum, einen diesseitigen Glauben an eine humane Gesellschaft zu stärken und Wege zu ihr aufzuzeigen.

Allerdings ist die Konzentration vieler Kurator:innen auf politisierte Themen nicht unumstritten, besteht doch der Verdacht, der Kunstbetrieb könnte so erneut hegemonial werden und vieles von vornherein ausschließen. In einem (im *documenta*-Jahr) 2017 publizierten Text mit dem polemischen Titel »Schafft die Kuratoren ab!« bezeichnete der Kunst- und Medienwissenschaftler Stefan Heidenreich das Kuratieren als »undemokratisch, autoritär und korrupt«. So würden »längst überwunden geglaubte Auftragsverhältnisse« zurückkehren, und die Künstler:innen seien nur noch »formell [...] autonom«, würden doch allein Kurator:innen »entscheiden, was ausgestellt wird«.[21] Dagegen erklärte Bettina Steinbrügge, selbst Kuratorin, die Verlagerung kuratorischen Interesses hin zu politisch-moralischen Themen damit, dass man es in diesem Beruf »heute oft mit ausgebildeten Kulturwissenschaftlern oder Philosophen« und kaum noch mit Kunsthistoriker:innen zu tun habe. Zudem gebe es mittlerweile eine eigene »Geschichte des Kuratorischen – und damit einen höheren Grad an Selbstreflexion«.[22] Kurator:innen positionieren sich also auch hinsichtlich ihres eigenen Metiers und sind in der Kunstwelt im Übrigen so fest verankert, dass die Forderung, sie abzuschaffen, ebenso illusorisch ist wie die (ebenfalls gelegentlich erhobene) Forderung, den Kunstmarkt zu sanktionieren. Wer solche Forderungen erhebt, hat aber immerhin erkannt, dass dafür, wie sich das Verständnis von Kunst in den letzten Jahrzehnten verändert hat, vor allem die großen Institutionen der Kunst verantwortlich sind.

Trotz der prägenden Macht der globalisierten Kunstinstitutionen gibt es aber nach wie vor viele Künstler:innen, die der Idee autonomer Kunst und damit auch einer bestimmten Idee von Kunstgeschichte folgen. Sie haben es jedoch von Jahr zu Jahr schwerer, Aufmerksamkeit auf sich zu ziehen. Welche Kurator:innen stellen sie noch aus? In welche Ausstellungen sollten ihre Werke passen? Welche Sammler:innen, die auf Thrill, Status oder Rendite bedacht sind, interessieren sich noch für sie? Und wie wird sich das in den nächsten Jahren entwickeln? Werden sie höchstens noch in kleinen lokalen Galerien und Ausstellungsräumen zu sehen sein? Werden sie damit gar zu einer neuen Spielart von Heimatkunst, abgekoppelt von den globalisierten Orten der Kunstwelt? Und werden sich daraus Retro-Bewegungen entwickeln, in denen Autonomes als besonders authentisch und wider Zeitgeist und Mainstream gerichtet gefeiert (und vermarktet) wird?

Wenn es noch schlimmer für autonome Künstler:innen kommt, wird man sie hingegen nicht nur übersehen, sondern ihnen zudem vorhalten, ihr Verständnis von Kunst – ihr Beharren auf formalen Problemen oder auf dem Unterschied zwischen freier und angewandter Kunst – zeuge von Ignoranz oder Bequemlichkeit. Sie werden sich dann anhören müssen, wie egozentrisch und weltfremd, wie unreflektiert privilegiert und verharmlosend es sei, angesichts von aktuellem Leid und großen kommenden Krisen über Stilmittel, Ikonografien und die eigene Position in der Kunstgeschichte reden zu wollen. Eventuell wirft man ihnen sogar vor, infolge der blinden Flecken und Ausschlussmechanismen, die ihre Haltung mit sich bringt, selbst zu Ungerechtigkeit und Elend beizutragen. Zumindest aber dürfte man ihnen zu verstehen geben, dass ihr Festhalten an Autonomie, ihr Beharren auf gesellschaftlicher Sonderstellung, ihr unbekümmertes Plädoyer für die eigene unumschränkte Freiheit, ihr Glaube an neue Formen der Welterschließung allein aus der Kunst heraus ähnlich antiquiert und borniert erscheinen wie Salonmalerei im Jahr 1910, die damals so tat, als gebe es die Avantgarden und deren ernsthafte Arbeit an Form und Fortschritt nicht.

Und wie die etablierte Kunst damals nicht nur von außerhalb, sondern vor allem von einer jüngeren Künstlergeneration angegriffen wurde, kommt die heutige Kritik an der Autonomie-Idee auch nicht nur von Kurator:innen oder Philosoph:innen, sondern genauso von anderen Künstler:innen. Eine der schärfsten Distanzierungen vom Konzept autonomer Kunst stammt etwa von der Medienkünstlerin Hito Steyerl. Süffisant-polemisch deklariert sie ausgerechnet das, was heutzutage als Hochpreis- und Markenkunst in Zollfreilagern deponiert wird und vornehmlich globalen Spekulationszwecken dient, zu einer »Neuauflage der alten Idee von autonomer Kunst«. Damit reduziert sie diese auf den fragwürdigen Anspruch, »die staatliche Souveränität [zu] umgehen«, und statt mit zumindest ein wenig Sentimentalität an Autonomie-Ideale der Avantgarden zu erinnern, wirft sie eben diesen sogar noch vor, »elitär [...] und blind für ihre eigenen Produktionsbedingungen« gewesen zu sein. Im Vergleich zu dieser der Moderne unterstellten Naivität erscheint die von Steyerl zur »Duty Free Art« erhobene freie Kunst, die in den Freilagern jeglichem Zugriff, aber auch jeglichem Diskurs entzogen ist, aber konsequenter und radikaler, ja als »das, was die traditionelle autonome Kunst hätte sein können«.[23]

Da die Idee der Autonomie infolge solcher Verknüpfungen und Analogieschlüsse auch rückwirkend diskreditiert wird, ist nicht auszuschließen, dass der Typus des autonomen Künstlers schon bald noch unattraktiver wird. Bereits jetzt dürfte er nur für wenige derer, die ein Studium an einer Kunsthochschule beginnen, ein erklärtes Vorbild, ja schon zu sehr mit Attributen wie »verschroben«, »rücksichtslos«, »störrisch« assoziiert sein, und das erst recht, weil einige meist Ältere gegen ihren Statusverlust protestieren und mit aggressiv-selbstherrlichen Parolen alles nur noch schlimmer machen. Vor allem aber ist dieser Typus zu wenig präsent im Vergleich zu den Stars am Markt, den Lieblingen der Kurator:innen und den Aktivistengruppen im öffentlichen Raum oder in den Sozialen Medien, um sich als *role model* überhaupt noch anzubieten. Auch im Westen dürfte also erstmals eine Generation heranwachsen, die das, was sie macht, zwar nach wie vor als Kunst begreift, aber ohne den in den letzten Jahrhunderten üblichen Begriff von Kunst und von Kunstgeschichte agiert.

Wer die Kunstgeschichte nicht mehr als Referenz hat, also auch nicht den Blick für größere Zeiträume trainiert und nicht daran gewohnt ist, die eigene Arbeit in Kategorien von Entwicklung und Originalität zu betrachten, wird wohl auch keine Idee von Gesamtwerk – von Œuvre – mehr haben. Ein solcher Begriff war für autonome Künstler:innen schon alleine deshalb unabdingbar, weil es für das, was jeweils entstand, sonst keinen Rahmen und damit auch keine Verbindlichkeit – keine Legitimation – gegeben hätte. Nur dank einer Idee von Œuvre ließ sich jedes neue Werk einordnen: als Fortschritt, Bruch oder Rückfall in der individuellen künstlerischen Entwicklung beurteilen und im Weiteren in Beziehung zur größeren Kunstgeschichte setzen. Erst mit Blick auf ein Œuvre, das man schaffen wollte, ließen sich auch künstlerische Ansprüche und Ziele definieren.

Die Motivation einer jüngeren und nächsten Generation von Künstler:innen dürfte sich dafür vor allem aus Einladungen von Kurator:innen, aus Aufträgen sowie aus Markterfolgen und Followerzahlen ergeben. Doch insofern diese Impulse von außen kommen, sind sie häufig kontingent, was der jeweiligen künstlerischen Arbeit ihrerseits einen kontingenteren Charakter verleiht (was dann wiederum mit größeren Realien-Anteilen zu kompensieren versucht wird). Einzelne Projekte stehen in loserer Verbindung zueinander als zu Zeiten, als Künstler:innen zur Förderung ihrer Autonomie nach einem Gesamtwerk strebten und – wie etwa Paul Klee – schon zu Lebzeiten jedes Blatt katalogisierten. Damit aber erfährt der Werkbegriff eine (weitere) Erosion. Geht es darum, einer Aufgabe, Einladung, Nachfrage nachzukommen, eine Idee situationsbedingt zu modifizieren und etwas zu machen, das im jeweiligen Moment akut und aktuell zu wirken vermag und viel Resonanz findet, sind Reaktionsfähigkeit und -schnelligkeit eher gefragt als Hartnäckigkeit und Kompromisslosigkeit. Damit wird ein anderer Typus von Begabung begünstigt, und auch deshalb dürfte sich innerhalb von ein bis zwei Generationen das öffentliche Bild von Künstler:innen verändern. Für die wenigsten, die heute in der Kunstwelt erfolgreich sind, wird es einmal einen *Catalogue Raisonné* geben, da gar nicht mehr zu klären sein wird, wo die Grenzen der spezifisch künstlerischen Tätigkeit zu ziehen sind.

Wer keiner Idee von Geschichte mehr verpflichtet und daher freier darin ist, sich immer wieder andere Bezugspunkte zu suchen, wird auch eher lernen, sich verschiedenen Umgebungen und

Herausforderungen anzupassen. Das aber begünstigt die Annäherung der Kunst an andere Bereiche, sodass sie einmal aus der Kooperation mit einem Mode-Label entsteht, ein anderes Mal zu Design wird, sich als Start-up oder NGO begreifen lässt oder eine Bereicherung durch investigative Methoden erfährt. Künstler:innen können sich bis zur Unkenntlichkeit anpassen, aber gerade deshalb robust und erfolgreich werden, weil sie nicht auf Eigenständigkeit beharren, sondern die Potenziale verschiedener Bereiche in sich vereinen. Ihre Flexibilität verschafft ihnen daher weitere Vorteile gegenüber denjenigen, die noch auf Autonomie beharren. Sie sind angepasst gerade auch in dem Sinne, in dem die Evolutionstheorie davon spricht: Sie gehören zu den »fittest«.

3 Der Sog der Sozialen Medien

Was Kunst in der westlichen Moderne ausmachte, wird erst recht dort konterkariert, wo sie mittlerweile besonders präsent ist: in den Sozialen Medien. Seit diese sich im zweiten Jahrzehnt des 21. Jahrhunderts etabliert und an Reichweite gewonnen haben, sind die Folgen für die Institutionen der Kunstwelt gravierend. Museen, Galerien, Auktionshäuser und Messen, die ihre Programme und Angebote auf den großen Plattformen posten, sind den Reaktionen von Followern und Usern ausgesetzt; vor allem aber haben Künstler:innen die Chance, Aufmerksamkeit für ihre Arbeiten zu erzeugen und unabhängig von Institutionen wahrgenommen zu werden. Voraussetzung dafür ist jedoch, dass sie sich auf die Logik der jeweiligen Plattform einlassen und in der Lage sind, deren Kriterien für Erfolg zu genügen.

In Anlehnung an Instagram, das für Bilder wichtigste Soziale Netzwerk, hat sich bereits der Terminus »instagramable« eingebürgert, um die Eignung von Postings zu beschreiben. Gemeint ist damit, dass etwas fotogen zu sein hat und auf einem fotografischen Bild sowie als Reproduktion gut zur Geltung kommen soll. Vor allem aber sollte es innerhalb des Sozialen Netzwerks auch zahlreiche Reaktionen auslösen. Denn nur Beiträge, die oft gelikt und kommentiert werden, gelangen angesichts der Algorithmen, mit denen Plattformen programmiert sind, in so viele Feeds, dass sie nennenswert auffallen und dann zu weiteren Reaktionen veranlassen können. Der Impuls, auf einen Beitrag zu antworten, entsteht aber am ehesten dann, wenn dieser emotional zu berühren vermag oder so stark überrascht, dass man reflexhaft darauf reagiert. »Instagramable« sind also Bilder, die witzig, niedlich, frech, verblüffend sind, die durch eine Pointe oder etwas Außergewöhnliches bestechen oder die ein existenzielles Thema vergegenwärtigen. Oft sind sie zudem durch Filter oder andere digitale Bearbeitungstechniken stilistisch überhöht, wodurch eine »Mischwirklichkeit« entsteht, wie die Literaturwissenschaftler Moritz Baßler und Heinz Drügh die in den Sozialen Medien übliche Ästhetisierung nennen.[1]

Diese ästhetisch-stilistischen Standards aber gelten für alle Typen von Bildern gleichermaßen. Wer als Künstler:in Fotos eigener

Arbeiten postet, ist auf der Plattform also denselben Regeln unterworfen wie diejenigen, die mit Reisefotos als Influencer Erfolg haben wollen, als Aktivist:innen Bilder von Demonstrationen teilen, eine neue Mode-Kollektion in Szene setzen oder einfach nur mit Selfies auf sich aufmerksam zu machen versuchen. Damit aber haben sich die Bilder von Usern unterschiedlicher Bereiche innerhalb weniger Jahre immer stärker einander angenähert. Aufgrund ihrer ähnlichen ästhetischen Eigenschaften sind sie mittlerweile sogar oft keiner bestimmten Sparte mehr zuzuordnen, selbst wenn mit ihnen jeweils höchst unterschiedliche Absichten verfolgt werden. Was lange Zeit klar getrennt war und in herkömmlichen Institutionen bis heute nicht zusammenfinden würde, wird in den Sozialen Medien also verwechselbar. Warum aber sollte man dann noch an Grenzen zwischen Bereichen festhalten wollen? Warum sollte man nicht sogar ausloten, ob die eigenen Beiträge nicht auch jenseits der eigenen Profession Erfolg haben können? Warum sollte man nicht versuchen, zusätzlich auf die Inhalte und Codes anderer Bereiche Rücksicht zu nehmen und sich breiter zu vernetzen?

Je unterschiedlicher aber die User sind, die man dann erreicht, desto heterogener fallen auch die Reaktionen auf einzelne Beiträge aus. Das kann darin bestärken, sich in der weiteren Arbeit bevorzugt in die Richtungen zu entwickeln, aus denen die meiste Resonanz kommt. Wer sich zuerst noch eindeutig als Designer oder als Künstlerin verstanden hat, wird also vielleicht darauf gebracht, sich genauso am Bereich »Mode« zu orientieren oder User anzusprechen, die bestimmten weltanschaulichen Szenen angehören und entsprechende gesellschaftspolitische Ziele verfolgen. Traditionelle Unterscheidungen zwischen Disziplinen verlieren damit umso mehr ihre Berechtigung; durch wechselseitige Annäherungen wird es aber auch leichter, die Kräfte und Potenziale bisher getrennter Bereiche miteinander zu verbinden. Das wiederum kann die Wettbewerbsfähigkeit auch jenseits der Sozialen Medien stärken, was im Weiteren diejenigen, die diese nicht nutzen, unter Druck setzt und nach und nach dazu bringen könnte, ihrerseits die Vorstellung voneinander geschiedener Professionen preiszugeben.

Zusätzlich zur »Instagramability« der Beiträge verlangt Erfolg in den Sozialen Medien aber noch weitere Aktivitäten. Auf Postings anderer zu reagieren, vielen Accounts zu folgen und sich stärker zu vernetzen, indem man die eigenen Beiträge mit Hashtags versieht, hilft dabei, häufiger angezeigt und in unterschiedlichen Feeds sichtbarer zu werden. Regelmäßige Präsenz auf der Plattform, Fleiß bei der Interaktion sowie die soziale Intelligenz, mit passgenauen Kommentaren Sympathie zu wecken und neue Follower zu gewinnen, gehört zu den Eigenschaften, über die verfügen muss, wer eine Aufmerksamkeitskarriere auf Instagram oder einem vergleichbaren Sozialen Netzwerk anstrebt.

Diese Eigenschaften unterscheiden sich aber zum Teil deutlich von dem, was lange Zeit mit Künstler:innen assoziiert wurde. Für sie konnte es von Vorteil sein, sich sozialen Standards zu verweigern, und man wünschte sich sogar, dass sie, statt sich in Routinen zu verschleißen, allein ihren schöpferischen Launen folgten, so unvorhersehbar diese auch sein mochten. Ihr autonomer Status dispensierte sie also von der Einhaltung vieler Konventionen. Es genügte, wenn sie von einzelnen Sammler:innen oder einer einflussreichen Galerie entdeckt und gefördert wurden. Die ein oder andere Persönlichkeit aus der Fachwelt zu beeindrucken war für den künstlerischen Erfolg wichtiger, als sich in täglichem Kleinklein um zahlreiche Kontakte zu kümmern.

Heute hingegen suchen auch Galerien, Sammler:innen und Kurator:innen auf Instagram nach neuen Talenten, und bevor sie in Kontakt treten, prüfen sie, wer einer Person noch folgt und in welchen sozialen Milieus sie vernetzt ist. Das lässt die Chancen einer Zusammenarbeit von vornherein besser einschätzen. Wer also viele – und darunter auch interessante – Follower vorweisen kann, erscheint als Geschäftspartner:in attraktiv, besuchen jene doch vielleicht auch eine Ausstellung oder kaufen Arbeiten. Eine fünf-, gar sechsstellige Zahl an Followern kann daher mittlerweile genauso zu einer Einladung oder einem Engagement führen wie die Empfehlung eines einzelnen mächtigen Mitglieds der etablierten Kunstwelt.

Was in Galerien und bei Ausstellungen gezeigt wird, ist somit immer häufiger durch eine Plattform der Sozialen Medien zertifiziert und verdankt sich einem breiteren Votum als bisher. Da dadurch dem Eindruck von Willkür, den Entscheidungen ohne halbwegs verbindliche Kriterien in den zurückliegenden Jahrzehnten oft hinterließen, entgegengewirkt wird, können sich aber auch mehr Menschen in der Kunstwelt und ihren Institutionen wiederfinden, gar für das

Gezeigte begeistern. Der Klagetopos der Moderne, Kunst und Leben hätten sich zu weit voneinander entfernt, erscheint damit als überholt. An seine Stelle tritt die Sorge vor allem etlicher Gate-Keeper des herkömmlichen Kunstbetriebs, so viel Demokratisierung könnte der Kunst schaden. Sie mutmaßen, diese werde auf Gags und Oberflächliches reduziert, wenn sie sich den Wirkweisen der Sozialen Medien anpasse.

Einschneidender für die Form und den Status der Kunst – kein bloß gradueller Unterschied – dürfte es jedoch sein, dass sie in den Sozialen Medien nicht nur anders als in einer Ausstellung, wo man den Originalen begegnet, in Erscheinung tritt, sondern gerade auch anders als in bisherigen Medien, also etwa in einem Bildband oder Film. So sind die Inhalte der Sozialen Medien immer eigens gesendet und adressiert (deshalb spricht man auch von »posten«) und nehmen den Charakter einer Botschaft an. Was von einem großen (institutionellen) Account gepostet wird oder auf den eigenen Bildschirm gelangt, weil man nach einem bestimmten Hashtag gesucht hat, hat man zwar nicht persönlich zugeschickt bekommen, aber selbst in solchen Fällen mag man dazu neigen, das Präsentierte als Zuwendung zu empfinden. Kommen die Postings von einem Prominenten-Account, erlebt man das umso mehr als Gunst und Privileg, fühlt sich einbezogen und als Teil einer Community von Followern. Und was eine befreundete Person schickt, wird erst recht als an einen selbst gerichtet erlebt, kaum anders als ein Brief oder Anruf.

Ein Posting ist damit etwas grundsätzlich anderes als ein Werk. So ist ein Werk gerade nicht adressiert, sondern steht für sich. Anspruch auf eine gewisse Allgemeingültigkeit kann es sogar nur erheben, soweit es unabhängig von Publikumserwartungen entstanden ist. Ihm gegenüber ist die Frage »Was bedeutet das?« angebracht, wohingegen zu etwas, das in den Sozialen Medien gepostet wird, die Frage »Was bedeutet das für mich?« passt. Mit dem »White Cube«, dem aseptisch reinen Ausstellungsraum, stellte man in der Moderne sicher, dass Werke unabhängig von sozialen Belangen rezipiert werden, sich also niemand spezifisch angesprochen fühlen kann und man sogar von einer künstlerischen Intention zu abstrahieren vermag, um sich auf Eigenschaften und Qualitäten des Ausgestellten zu konzentrieren. Die Werke werden dann nach formalen oder ikonografischen

Parametern ausgedeutet, kunstgeschichtlich eingeordnet, in ihrer Wirkung reflektiert, aber gerade nicht als persönliche Botschaften wahrgenommen.

Da sich hingegen in den Sozialen Medien nicht davon absehen lässt, dass jemand die Inhalte gesendet hat, entsteht – auch unabhängig davon, wie emotional sie sind – der Wunsch, für manche sogar das durch die Anlage der Plattformen noch forcierte Pflichtgefühl, etwas zurückzusenden, zumindest aber zu signalisieren, dass man sich freut, etwas geschickt bekommen zu haben. Aus einer Reaktion erwächst im Weiteren vielleicht ein Dialog, da darauf wieder geantwortet wird – oder weil Dritte sich einschalten und ihrerseits etwas kommentieren. Eingebunden in vielfältige Spielarten des Austauschs werden die Postings aber umso mehr zu Botschaften – und kaum anders als in einem Gespräch oder Briefwechsel als Meinungs- und Befindlichkeitsäußerungen aufgefasst. Und wenn Postings zugleich mit gewissem gestalterischem Ehrgeiz getätigt werden, glauben Follower sogar, dass ihnen etwas besonders nachdrücklich mitgeteilt werden soll. Gerade werkhaft ambitionierte Beiträge verstehen sie daher auf einmal als Bekenntnisse oder Manifeste. Auch Hashtags, zuerst nur eingesetzt, um ein Posting besser zu vernetzen, werden programmatisch gelesen und verstärken dessen vermeintlich appellativen Charakter. In ihrer Infrastruktur sind Soziale Medien wie Instagram also darauf ausgerichtet, Postings generell – und gerade auch im Bereich der Kunst – in Botschaften zu verwandeln und damit aussagekräftiger und verbindlicher werden zu lassen, als es in der Absicht derer stand, die sie gemacht und gesendet haben.

Der Blick auf die Genese und Entwicklung eines einzelnen Hashtags mag verdeutlichen, wie aus den Sozialen Medien heraus ein Trend und neuer Stil entstehen kann, der nicht mehr einem bestimmten Bereich zuzuordnen ist, sondern bei dem Kunst zugleich zu Mode und Design wird, sich aber vor allem in politischen Aktivismus verwandelt und damit Werkhaftigkeit zugunsten appellativer Formen preisgibt.

Im November 2018 postete die aus Ungarn stammende Make-up-Künstlerin Eszter Magyar auf ihrem zwei Monate zuvor eröffneten Instagram-Account @makeupbrutalism das Foto einer wild geschminkten Augenpartie und versah es mit dem Kommentar »UGLY MAKEUP is the new KIMKARDASHIAN«. [Abb. 17] Das war gegen

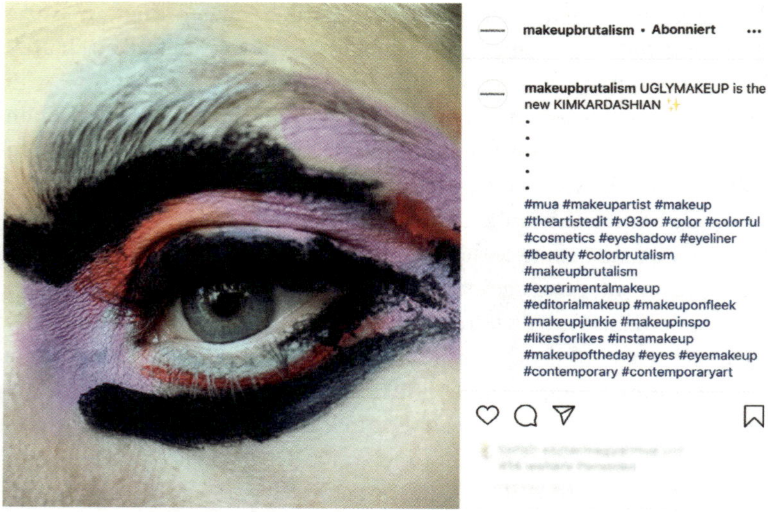

17 »Ugly Makeup« als Revolution?

Reality-TV-Star und Model Kim Kardashian gerichtet, die mehr als irgendjemand sonst den in den Sozialen Medien entstandenen Typus des Influencers verkörpert und insbesondere für die Macht normierter und normierender Schönheits- und Weiblichkeitsideale steht. Diesen Idealen stellt Magyar ein Konzept gegenüber, das, wie der Name ihres Accounts bereits deutlich macht, ähnlich wie der Brutalismus als architektonische Stilrichtung darauf ausgerichtet ist, Materialien roh einzusetzen. Make-up soll nicht länger Unreinheiten verdecken und Illusionen erzeugen, die bestehende Schönheitsvorstellungen affirmieren, sondern soll dekonstruiert und konterkariert werden, indem man sämtliche Puder, Cremes und Eye-Liner in übertriebenen Mengen verwendet. [Abb. 18] Als wäre das Gesicht ein Malgrund und Make-up eine Spielart von Abstraktem Expressionismus, trägt Magyar die Kosmetik so dick auf, bis sie klumpt, tropft, verklebt und verschmiert. Dieses von ihr ausdrücklich als hässlich etikettierte Make-up soll als Anti-Influencer-Ästhetik (vergleichbar mit den Sneakers von *Estileras*) subversiv und befreiend wirken. Sowohl aufgrund ihrer formalen Eigenschaften als auch wegen der kritisch-provokanten Absicht, die damit verbunden ist, steht Magyars Make-up-Art somit in der Tradition moderner Kunst von Fluxus bis zu »bad painting«, wo es auch jeweils um die Verletzung des »guten«

Geschmacks ging. (Und auch wenn Magyar immer wieder mutmaßt, ihre Postings würden deshalb von den Algorithmen benachteiligt, dürfte gerade das Hässliche so außergewöhnlich und überraschend sein, dass es genügend Reaktionen auslöst und die Bilder daher in vielen Feeds angezeigt werden.)

Im Kommentarbereich zu jenem Posting entspann sich eine Konversation mit einem Follower (@joannasilandr), die Magyars Konzept begeistert aufgriff, sich zuerst ein T-Shirt mit der Losung wünschte und dann den Vorschlag machte, man solle doch den Hashtag *#uglymakeuprevolution* einführen. Magyar begrüßte die Idee, worauf beide den Hashtag in den Tagen darauf mehrmals verwendeten. Von da aus verbreitete er sich schnell, und zusammen mit dem Hashtag begannen auch andere, sich im Stil Magyars zu schminken; sie selbst fing an, auf einem weiteren Account (@uglymakeuprevolution) die Beiträge verschiedener User zu sammeln. Dass sich Lippenstift und Lidschatten auf einmal mit feministischem Impetus verwenden lassen und man Teil einer Community werden kann, die die Gesellschaft ein Stück weit zu verändern vermag, sorgte für große Dynamik. Und da mit dem Hashtag sogar eine »Revolution« beschworen wurde, durften die Mitwirkenden sich erst recht vorstellen, bei einer bedeutsamen, folgenreichen Sache mitzuwirken. Magyar selbst bezeichnete die von dem Hashtag ausgehende Bewegung in einer Bilanz nach zwei Jahren – ihr Account hatte da bereits mehr als 100 000 Follower – als »Gegenkultur« und äußerte die Hoffnung, dass die Menschen durch deren Präsenz toleranter würden.[2]

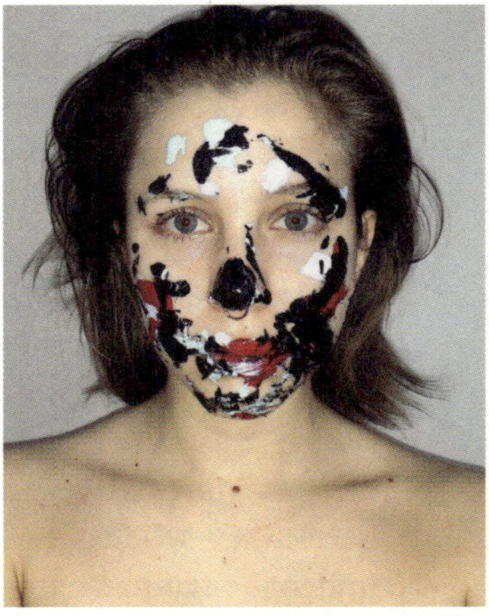

18 Eszter Magyars »makeupbrutalism«

In dem Maß, in dem der Hashtag *#uglymakeuprevolution* als Handlungsanweisung verstanden wird, fungieren Magyars Postings als Vorbilder für die Inszenierung von »ugly makeup«, verwandeln sich also von Make-up-Art in aktivistische Protestbilder. So erwächst aus Gleichgesinnten eine Stilgemeinschaft, innerhalb derer man sich gegenseitig in seinem Engagement bestärkt, wodurch schließlich alle zusammen politisch aktiver – lauter – werden, als sie es sonst geworden wären. Zugleich bestärken sich verwandte aktivistische Bewegungen wechselseitig. So passt Magyars Dementi von Schönheitsidealen etwa zur »Body Positivity«-Bewegung, die dafür kämpft, dass nicht nur normschöne Körperformen anerkannt werden.[3] Aber sie setzt auch fort, was netzfeministische Aktivist:innen beispielsweise mit Fotos ihrer unrasierten Beine versucht hatten.[4] Die unterschiedlichen Projekte und Konzepte zeugen von einem offensiveren Selbstverständnis von Frauen und Vertreter:innen von Minderheiten, die selbst bestimmen wollen, wie sie gesehen werden, was sie schön finden und was mit ihren Looks zum Ausdruck kommt.

Wie im Fall von *#uglymakeuprevolution* dürften die Sozialen Medien generell der stärkste Treiber aktivistischer Projekte sein, und ohne sie wäre der Aktivismus kaum zu einem der prägendsten Phänomene seit den Zehnerjahren des 21. Jahrhunderts geworden. Denn nur sofern in den Sozialen Medien alles zur Botschaft wird und zudem alle Sender sein können, lassen sich relativ schnell Gemeinschaften mit starken Überzeugungen bilden. Je mehr Aktive es gibt, desto wichtiger werden aber auch noch Aktivere, die ästhetische Programme entwickeln und Anleitungen geben, wie sich der eigene Standpunkt wirkungsvoll demonstrieren lässt. Damit bekommen Künstler:innen und insbesondere Leute aus Bereichen wie Make-up-Art, Body-Art oder Performance-Kunst, die lange als »bloß angewandt« oder »zu temporär« abgewertet wurden, verstärkt Aufmerksamkeit, werden geradezu dazu gedrängt, politisch-aktivistisch nutzbare Inszenierungen zu entwickeln und zu teilen. Ihnen als Kreativen steht also nicht länger ein bloß rezipierendes Publikum gegenüber, vielmehr inspirieren sie andere zu eigenen gestalterischen Tätigkeiten. Gerade Kunst wird in den Sozialen Medien daran gemessen, wie gut sie zum Auslöser für soziales und politisches Engagement, als Ausgangspunkt und Motor von Community-Bildung geeignet ist.

Eszter Magyar reagierte auf aktivistische Wünsche nicht nur insofern, als sie den Vorschlag eines Hashtags aufgriff. Seit ihrem Start auf Instagram wurden ihre Postings feministischer, politischer, kämpferischer; zustimmende sowie ablehnende Rückmeldungen schärften das Profil ihrer Make-up-Art. Das stimulierte ihren Ehrgeiz, auch im Bereich der Mode oder innerhalb des Kunstbetriebs Anerkennung zu finden. So nahm sie im Herbst 2020 ein Angebot von Gucci an und machte Vorschläge für Looks von Lippen und Augen. In einem aus diesem Anlass geführten Interview, in dem sie als »Make-up-Aktivistin« vorgestellt wurde, präsentierte sie sich dann aber so, wie man es von einer durchaus noch autonomen Künstlerin erwarten würde, nämlich kritisch gegenüber der kommerziellen Welt und ihren ästhetischen Standards. In den meisten Schmink-Tutorials, so etwa ihr Vorwurf, gehe es immer nur um das Wie, aber nie um das Warum. Indem sie gegen die vorgegebenen Schönheitsideale kämpfe, wolle sie »heilend« wirken.[5]

So wie sie bei Interviews in mehrere Rollen schlüpft, so lässt sich auch für ihre Tätigkeit als Make-up-Artist keine Grenze zwischen Kunst und anderem ziehen: Was sie macht, ist genauso Mode wie Feminismus, Rebellion und Malerei. Dabei entwickelt Magyar ein Make-up auch nicht zuerst für einen Bereich, um es dann in einem nächsten Schritt in einen anderen Bereich zu transferieren. Soweit sie ihre Inhalte auf Instagram postet und sich auf die Logik dieser Plattform einlässt, können ihre Gestaltungen vielmehr für Follower verschiedener Szenen Bedeutung haben. Und da sie deren jeweilige Erwartungen durchaus eigens berücksichtigt, werden ihre Postings nach und nach dichter, erfüllen die Kriterien unterschiedlicher Bereiche besser.

Demgegenüber droht Kunst, die nur Kunst sein soll und die allein auf den »White Cube« ausgerichtet ist, schwach zu wirken. Manche Rezipient:innen fühlen sich von ihr zudem in eine unbefriedigende Rolle gebracht, denn je mehr sie sich angewöhnen, von Postings mit künstlerischem Anspruch inspiriert und zu eigenen Aktivitäten angeleitet, oft sogar zur Partizipation an Projekten animiert zu werden, desto weniger reicht es ihnen, sich auf die bloße Kunstbetrachtung und das Ausdeuten von Werken zu beschränken. Das weckt die Empfindung, als ginge es bloß darum, den Ruhm derer zu mehren, die die Werke geschaffen haben, also eine Art von Götzendienst zu leisten. Ist es da nicht besser, Zeit und Kreativität darauf zu verwenden, an einem zukunftsorientierten Projekt mitzuwirken oder Teil einer aktivistischen Bewegung zu werden?

Wer sich als Teil einer Community fühlen will, kann sich oft zudem konsumistisch engagieren. Geld für etwas auszugeben hat einen ähnlichen Bekenntnischarakter wie die Teilnahme an einer Demonstration oder die Mitwirkung an einer Kampagne, vor allem dann, wenn man dafür etwas erwirbt, das seinerseits aktivistische

Signalwirkung besitzt und sich zu Inszenierungen eignet. Außerdem unterstützt man damit diejenigen, die eine Bewegung initiiert haben oder weiter voranbringen – und die zusätzliche Gelder benötigen, um ihre Arbeit auch über die Sozialen Medien hinaus fortsetzen zu können. Nahezu alle aktivistischen Strömungen haben also Objekte im Angebot: Kleidungsstücke oder andere Produkte, die von den jeweiligen Überzeugungen und Zielen künden.

Auch Eszter Magyar hat inzwischen einen Online-Shop, in dem man sich mit Material für *#uglymakeuprevolution* eindecken kann.[6] Dort sind (entsprechend jenem Follower-Vorschlag!) vor allem T-Shirts zu kaufen, ebenso Taschen und Poster mit Motiven erfolgreicher Instagram-Postings. Eigene Kosmetikprodukte gibt es hingegen nicht, hat Magyar doch offenbar die Sorge, sich sonst zu stark Geschäftsmodellen von Influencern anzunähern – und ihrerseits in den Verdacht zu geraten, mehr am Wie als am Warum interessiert zu sein. So aber steht für Follower und Unterstützer:innen zumindest ein Minimum an Fan-Artikeln zur Verfügung, dank derer die Anliegen von Magyar und ihren Mitstreiter:innen auch jenseits von Instagram noch präsenter werden können.

Dass Follower in den Sozialen Medien sich oft wie Fans verhalten, also jede Aktivität auf einem Account verfolgen, viel liken, kommentieren und shoppen, aber auch Chancen auf Teilhabe nutzen, erscheint für den Bereich bildender Kunst zunächst als überraschend. In popkulturellen Sparten mag es Fans und Fan-Praktiken bereits seit Längerem geben. Im hochkulturell-elitären Feld der Kunst haben sie hingegen wenig bis gar keine Tradition. Und während man mit Fans bereits rein semantisch Fanatismus assoziiert, war es über die gesamte Moderne hinweg – nicht erst bei Adorno, sondern schon seit Immanuel Kants Theorie des ästhetischen Urteils – üblich, für den Umgang mit Kunst im Gegenteil ein »Wohlgefallen ohne alles Interesse«, also ein gelassen-distanziertes, von starken Emotionen freies Verhalten anzustreben.[7] Nur wer nicht von eigenen Gefühlen eingenommen sei, sich ihm nicht in identifikatorischer Absicht nähere, könne offen sein für ein Werk und die von ihm jeweils geforderte Art der Wahrnehmung. Entsprechend war eine gemäße Rezeption von Kunst am besten in einem Museum oder einer Ausstellung gewährleistet, wo man die rezipierten Werke nicht besitzt, also weder Angst um ihren Erhalt haben muss, noch von Gefühlen wie Eitelkeit oder Stolz geleitet ist. Fans hingegen definieren sich gerade über Besitz und Nähe, sie sehnen sich nach starken Gefühlen und suchen daher nach möglichst vielen Gelegenheiten, sich mit Fan-Objekten zu identifizieren und von ihnen repräsentieren zu lassen.

Im Fall der bildenden Kunst führten die explodierenden Preise seit den neunziger Jahren dazu, dass sie ihrerseits zu einem Pop-Phänomen wurde. Rekorde und Superlative sorgten für Glamour und Schlagzeilen bis hinein in die Boulevard-Presse. Dass teure Kunstwerke zudem wie Luxus-Labels präsentiert werden, macht sie noch begehrter. Auf einmal träumen auch viele, die sich millionenschwere Kunst nie leisten könnten, davon, irgendwie doch daran teilzuhaben. Sie wären gerne Fans. Und seit einigen Jahren haben einige globale Kunst-Stars erkannt, dass sich mit diesem Potenzial an Fans ein eigener Markt entwickeln lässt. Wie (andere) Luxusmarken machen sie sich dabei das Prinzip der Markendehnung zunutze. Gibt es von Porsche Lesebrillen und Daunenjacken für diejenigen, denen ein Auto zu teuer ist oder die eingefleischte Fans der Marke sind, so offeriert etwa Damien Hirst Produkte seiner Motive in allen Preisklassen von einem Dollar bis zu mehreren Millionen.

Allerdings wurde ihm offenbar auch bewusst, dass die Motive nicht mehr über dieselbe Distinktionskraft verfügen, wenn sie nur noch einen Bruchteil kosten. Bilder aus seiner Serie von *Spot-Paintings* mögen für ein paar hunderttausend Euro cool, radikal und provokant sein, auf einer Tasse aber sind die Punkte nur nettes Dekor – zu wenig, um Fans an sich zu binden, ja, um sich diese als neuen Typus von Publikum (zusätzlich zu Rezipient:innen und Sammler:innen) überhaupt erst heranzuziehen. Daher ging Hirst dazu über, sein Programm zu differenzieren und Fans etwas anderes anzubieten als den reichen Sammler:innen. Ohne die Sozialen Medien hätte sich daraus aber wohl kaum eine eigene Dynamik entwickelt, und auch hier ist vor allem Instagram ursächlich dafür, dass das Institutionengefüge der Kunst durcheinandergeraten ist und sich mit dem Aufkommen von Fans zugleich neue Objekttypen und Vertriebsformen etablieren.

Wirkte Hirsts 2014 gestarteter Account in den ersten Jahren wie eine anonyme Pressestelle, da in den Postings von ihm nur in der dritten Person die Rede war, so spricht er seit Januar 2018 selbst zu seinen Followern und (potenziellen) Fans. Gleich der erste Beitrag im neuen Stil verriet den grundsätzlichen Richtungswechsel. [Abb. 19] Auf dem Foto legt Hirst seine Hand auf eines seiner Bilder, als wolle er versprechen, nicht länger unpersönlich, als Produzent serieller Ware in Erscheinung zu treten. Im Kommentar dazu bietet er, dazu passend, einen autobiografischen Rückblick. Er erwähnt sein erstes *Spot-Painting* von 1986, das ihm bald zu expressionistisch gewesen sei, woraufhin er sich um minimalistischere und kältere Bilder bemüht habe. Nun aber sei er älter geworden und interessiere sich wieder für Kunst, die »more emotional« sei.[8] Fortan postete er auch immer wieder Bilder, die ihn farbverschmiert beim Malen im Atelier zeigen. Gewährte er seinen Followern damit intimer wirkende Einblicke in ein vermeintlich bohemienhaftes Künstlerleben, so beantwortete er im Frühjahr 2020 (während des ersten Lockdowns) per Video sogar hundert ihrer Fragen. Seither veranstaltet er auf seinem Account zudem kleine Wettbewerbe, bei denen Arbeiten von ihm zu gewinnen sind. Von dem groben, demonstrativ arroganten Künstler, der Hirst war, solange allein die Superreichen seine Klientel waren, ist nichts geblieben.

Wie sehr aus Followern bereits Fans geworden waren, erprobte er im Frühjahr 2021 erstmals in großem Stil. Rund zwei Jahre lang hatte er Gemälde mit Kirschblütenmotiven gemalt, deren Serialität an die *Spot-Paintings* erinnert, mit deren expressionistischer Malweise er aber genau umsetzt, was er im Januar 2018 angekündigt hatte. Nun bot er seinen Followern hochauflösende Fotodrucke von acht dieser Gemälde an. [Abb. 20] Jeder Druck ist handsigniert, pro Motiv sollten so viele Exemplare gedruckt werden, wie in sechs Tagen nachgefragt wurden – das Stück für 3 000 Dollar oder das Äquivalent in einer Kryptowährung. Sechzehn Drucke verschenkte Hirst an Follower, die besonders gut begründen konnten, was ihnen an Kirschblüten gefalle. Deren Kommentare, in denen Kirschblüten Kälte und Winter entgegengesetzt oder als Signal für das Ende des Corona-Lockdowns gedeutet werden, postete er noch mal eigens, verlinkte ihre Accounts und bot damit, was Fans sich am meisten wünschen: Aufmerksamkeit durch das Idol und die Chance, von anderen Fans wahrgenommen und beneidet zu werden. Nach Beendigung der Aktion teilte Hirst stolz mit, die Drucke hätten sich »wie verrückt« verkauft (in 67 Länder).[9] [Abb. 21] Rechnet man nach, wird klar, dass er bei dieser Aktion mehr als 22 Millionen Dollar eingenommen hat. Davon bekommt der Drucker einen Anteil, auch der Versand hat

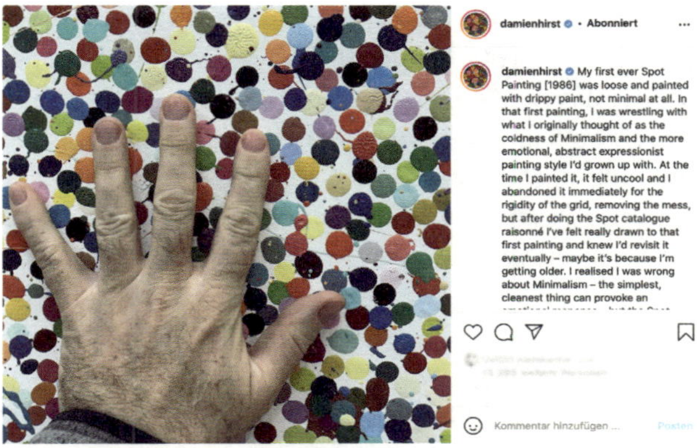

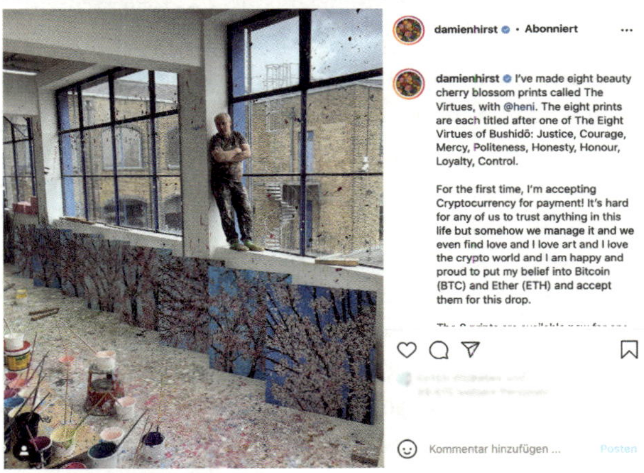

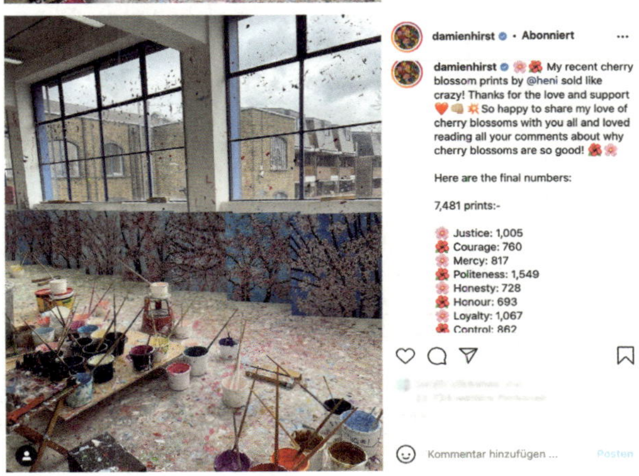

19–21 Damien Hirst wendet sich an seine Follower und Fans

etwas gekostet, aber kein Galerist und kein Auktionshaus verdient daran, vielmehr verbleibt der größte Teil der Summe beim Künstler.

War es für das westlich-moderne Verständnis von Kunst zentral, dass die Werke unabhängig von Bedürfnissen und Wünschen eines Publikums autonom – rücksichtslos – entstehen, so sind Objekte der Fan-Kultur stark vom Wunsch nach Markterschließung bestimmt und an der Nachfrage orientiert. An ihr richtete Hirst nicht nur die Auflagenhöhe der Fotodrucke aus, vielmehr bediente er auch sonst die Erwartungen von Fans. So sind die Kirschblütenmotive nicht nur unverfänglich-freundlich, sondern zudem in Ländern wie Japan und Korea ausnehmend populär – so wie auch Emojis, in denen Hirst auf Instagram offensiv kommuniziert. Seine Aktion richtete sich also gerade an Fans aus Asien, wo anders als im Westen nicht erst ein strikt hochkultureller Kunstbegriff zu überwinden ist und sich eine entsprechende Fan-Kultur schon länger und mit größerer Selbstverständlichkeit etabliert hat. Hirst hatte die Aktion sogar so angelegt, dass die Fotodrucke gerade zur Zeit der Kirschblüte in Asien ankamen und auf den Accounts der Fans nun direkt neben Fotos von realen blühenden Kirschbäumen auftauchen.

Schließlich lassen sich auch die Titel der Drucke als Reverenz gegenüber dem Fernen Osten interpretieren. So bezieht Hirst sich damit auf Bushido, eine aus dem alten japanischen Adel stammende Ethik, die im späten 19. Jahrhundert im Westen bekannt wurde und Tugenden wie Tapferkeit, Treue und Höflichkeit umfasst. Jeder der acht Drucke ist nach einer dieser Tugenden benannt. Mit der Wahl eines Motivs bekannte man sich also zugleich zu einer Tugend, was umso stärkere emotionale Zugehörigkeit ermöglichte und oft eine weitere Motivation für den Kauf gewesen sein dürfe (»Höflichkeit« verkaufte sich übrigens am besten, »Ehre« am schlechtesten).[10] Angesichts von 3 000 Dollar, für viele eine nicht unerhebliche Summe, wird ein derartiger ideeller Mehrwert, zumal von einem Kunstwerk, auch erwartet. Entsprechend stolz posteten Hunderte ihre Neuerwerbung, wobei ein ganzes Spektrum an Funktionen für derartige Fan-Kunst sichtbar wurde. Für manche ist der Druck ein schönes Sofabild (wobei sie früher in einer lokalen Galerie oder bei einem Postershop eingekauft hätten, was zeigt, dass Aktionen wie die von Hirst erhebliche Folgen für die traditionellen Märkte haben und der Erfolg von Markenkunst auf Kosten kleinerer Anbieter geht). Andere hoffen, dass ein fröhliches Motiv eines berühmten Künstlers sie aufbauen könnte. Wieder andere nahmen den Druck fast wie ein Haustier bei sich auf, fotografierten ihn also zusammen mit ihrem Hund oder ihrer Katze. Doch egal ob er als Seelentröster, Talisman oder cooles Markenprodukt fungiert: Es ist vor allem etwas, dessen Sinn sich im Besitz und nicht in der Betrachtung erfüllt.

Dass eine Plattform wie Instagram ein Follower-Modell etabliert hat, hilft Prominenten generell, eine engere Verbindung zu Menschen aufzubauen, die sich für sie interessieren. Doch wenn so auch in Bereichen wie der bildenden Kunst eine eigene Fan-Kultur entsteht, betrifft das keineswegs nur die Stars der Szene. So wird das, was sie ihren Fans und Followern anbieten, auch für andere Künstler:innen stilbildend, beeinflusst aber erst recht eine jüngere Generation, in der man sich von vornherein darauf ausrichtet, selbst einmal Fans zu haben. Schon jetzt beginnen auf Instagram ebenso wie auf YouTube oder TikTok viele kleine und große Karrieren junger Stars, deren Artefakte gemäß der Logik dieser Plattformen sowohl als Kunst wie auch als Design oder Mode oder Aktivismus oder als alles zusammen begehrt werden. Manche werden über Nacht berühmt, andere bemühen sich neben ihrer Karriere im traditionellen Kunstbetrieb um zusätzliche Vertriebsmöglichkeiten und eine neue Käuferschaft. Wieder andere hatten schon lange vor den Sozialen Medien Fans, waren jedoch allein innerhalb der Popkultur berühmt, werden nun aber dank der Auflösung strikter Grenzen auch in der Kunstwelt wahrgenommen und mit Ausstellungen und Auktionsrekorden verwöhnt.

Einer von ihnen ist der US-Amerikaner Brian Donnelly, der unter dem Namen KAWS auftritt und so in den neunziger Jahren als Graffiti-Sprayer bekannt wurde, der gerne auch Werbetafeln übermalte. Später erlangte er aber globalen Erfolg mit Figuren – *Art Toys* –, die er in diversen Spielarten vertreibt: als Bilder, Skulpturen, Aufdrucke, Multiples. Oft kooperiert er dabei mit anderen Marken, ist also aus einer konsumkritischen Subkultur in die hochkommerzielle Massenkultur gewechselt. Seine Ästhetik ist von Comics, Zeichentrickfilmen und Werbefiguren geprägt, immer wieder variiert er berühmte Vorbilder wie die *Simpsons*, das *Michelin*-Männchen oder *Mickey Mouse*.

Auch seine erfolgreichste Figur *Companion*, die er seit 1999 in zahlreichen Versionen auf den Markt gebracht hat, paraphrasiert mit großen Füßen und ausladenden, knochenförmigen Ohren den Disney-Vorläufer. [Abb. 22] Allerdings handelt es sich um ein ernstes, introvertiertes Gegenstück dazu: meist in Grau- und Beigetönen statt in quietschbunten Farben, ohne grinsenden oder aufgerissenen Mund und ohne Kulleraugen. An ihrer Stelle finden sich bei KAWS zwei Kreuze, die er auch sonst so oft verwendet, dass sie als sein Logo gelten können. Da die meisten Varianten des *Companion* außerdem eine gebückte oder schlaffe Haltung einnehmen oder sich die Hände vor den Kopf halten, schafft er innerhalb des pauschalen Daueroptimismus der Konsumwelten einen Platz für die Momente, in denen Menschen sich klein, schwach, erschöpft, traurig fühlen. Die Schwäche wirkt aber nicht als Scheitern, vielmehr ergibt sich eine eigene Schönheit dadurch, dass die Figuren perfekt anmuten und ihre Oberflächen aus Vinyl, Holz oder Bronze glatt schimmern. So wird *Companion* seinem Namen gerecht und eignet sich als Begleiter und Seelentröster: als ideale Projektionsfläche, um Empfindungen zur Geltung zu bringen, die sonst verdrängt werden.

So wie manche Fußballfans gerade auch Vereine lieben, die öfter verlieren als gewinnen oder die immer wieder absteigen, weil ihnen das erlaubt, eigene Misserfolge zu verarbeiten und zu überhöhen, verleiht auch KAWS Erfahrungen von Niederlagen oder Enttäuschungen eine Form und verwandelt sie für die Fans in Ereignisse, denen eine eigene Würde zuteilwird. Umso emotionaler sind viele von ihnen: Sie reisen zu Events, bei denen KAWS-Figuren auftreten, stehen nächtelang an, um ein Teil einer besonderen Edition zu ergattern, oder drehen begeistert Unboxing-Videos, wenn ein Art Toy ihres Idols angeliefert wird. Dabei gibt es nicht nur Objekte für drei- oder vierstellige Summen, sondern ebenso für sechsstellige Beträge, und seit KAWS von der Kunstwelt entdeckt wurde, erzielten einzelne Arbeiten sogar zweistellige Millionenbeträge. Das ist umso überraschender, als man mit dem Einsatz von so viel Geld zwar innerhalb der Fan-Community zu besonderem Ansehen gelangen kann, aber gerade kein Sieger-Image

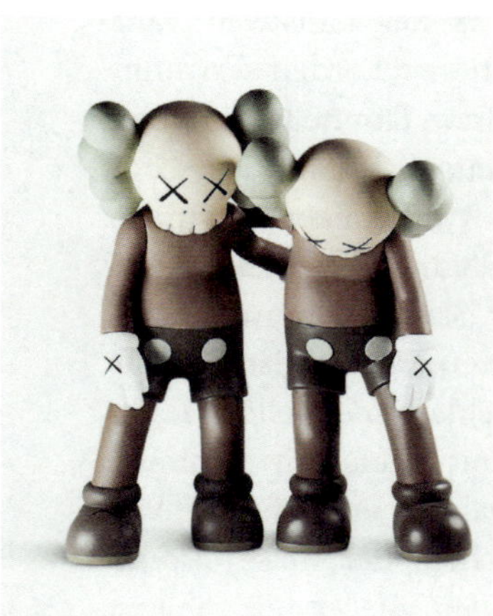

22 KAWS: Zwei *Companions*

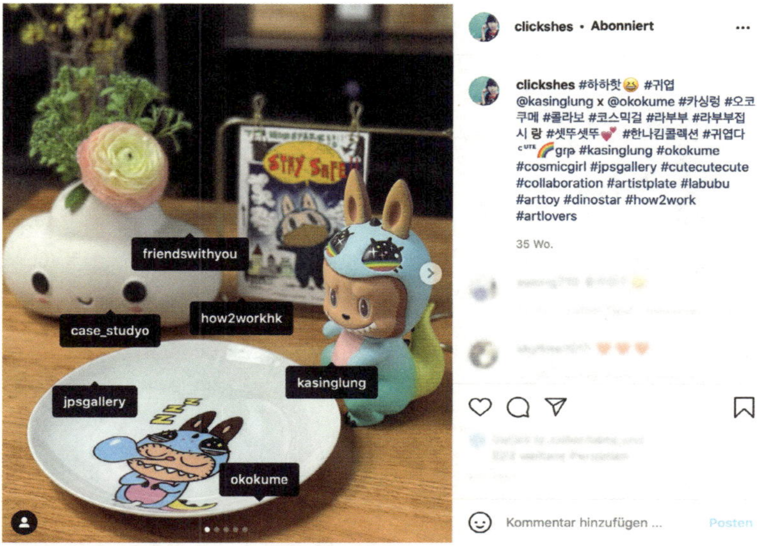

23 Fans werden zu Influencern, die verlinken, was sie besitzen

erwirbt, sondern eher als jemand erscheint, der oder die kostspieligeren Trost als andere braucht.

Daher dürften traditionelle Kunstsammler:innen für Arbeiten von KAWS nach wie vor kaum solche Rekordsummen locker machen, erwarten sie von Kunst doch mehr Distinktionskraft. So deuten die hohen Kunstmarktpreise darauf hin, wie sehr Fans bereits das Geschehen auch der etablierten Institutionen des Kunstbetriebs mitzubestimmen beginnen. Museen, immer um Steigerung ihrer Besucherzahlen bemüht, dürften bald nachziehen, müssen dann allerdings sicherstellen, dass sie Objekte von KAWS und anderen nicht nur in Ausstellungen zeigen, sondern auch in ihren Shops anbieten. Denn Fans wollen sie vor allem *haben*, für sie ist ein Museum umso attraktiver, je mehr man in ihm kaufen kann. Dabei sammeln viele ein größeres Spektrum an Art Toys. Statt Fans einzelner Künstler:innen zu sein, beweisen sie ihre emotionale Bindung lieber dadurch, dass sie begehrte limitierte Editionen erwerben oder sich um aufwändige Anordnungen und unkonventionelle Inszenierungen ihrer Stücke bemühen.

Auch hier wirken die Sozialen Medien anspornend, kann man die eigene Sammlung durch das Posten von Fotos doch mehr Menschen als früher vorführen. Außerdem befindet man sich dann im direkten

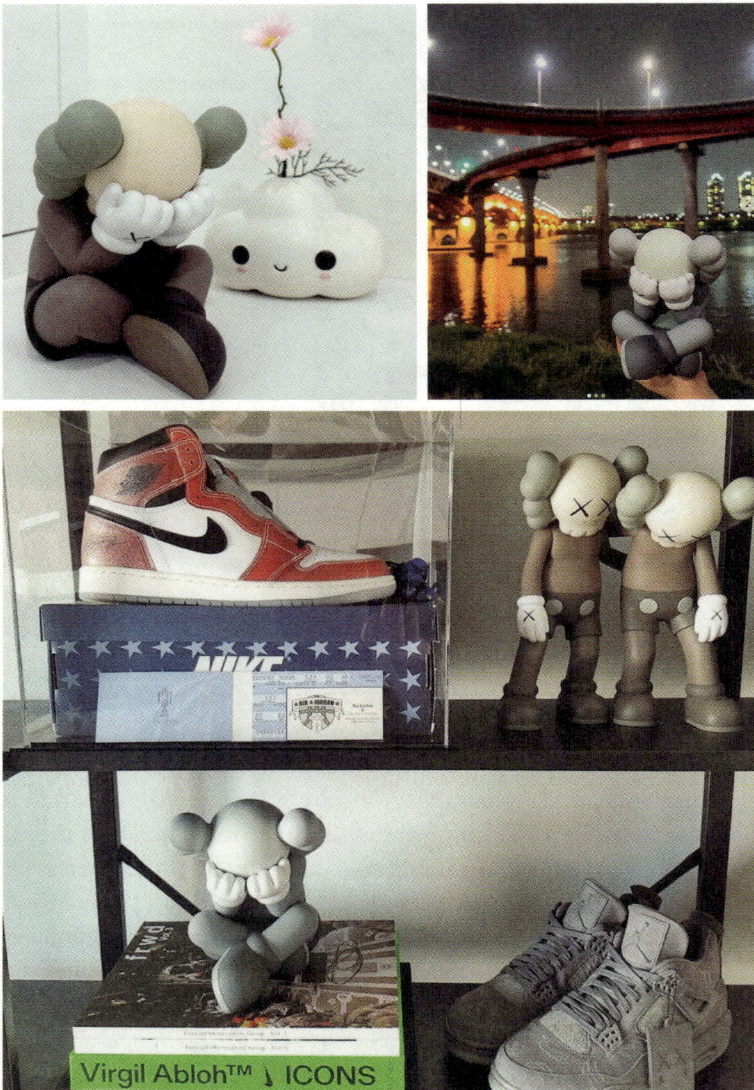

24a–c *Companions* werden inszeniert

Austausch, aber auch im Wettbewerb mit anderen Fans, gegenüber denen man sich zu behaupten sucht – durch eine größere, wertvollere oder individuellere Sammlung oder dadurch, dass man zu den Ersten gehört, die etwas Neues sammeln, das viele andere dann ebenfalls haben wollen. Der Besitzerstolz wird durch das Zeigen der eigenen Objekte erst ganz lebendig, und für viele dürfte das Fan-Sein seine Vollendung finden, wenn sie andere mit ihrer Leidenschaft anstecken.

Auf den meisten Fan-Accounts werden die Art Toys daher auch nicht nur in Szene gesetzt, sondern akkurat verlinkt – mit den Accounts der Künstler:innen, Produktionsfirmen und Shops. [Abb. 23] Damit macht man sie als Konsum- und Markenprodukte kenntlich, und wer will, kann mit wenigen Klicks herausfinden, von wem sie stammen und wo sie zu erwerben sind. Wie zuerst aus Followern Fans wurden, werden diese also auf ihren eigenen Accounts zu Influencern, die dazu beitragen, dass sich bestimmte Art Toys gut verkaufen oder gar viral gehen, dass aber auch die Zahl an Fans weiter ansteigt.

Mit verschiedenen und immer wieder anderen Inszenierungen rechtfertigen Fans auch den Begriff *Art Toys*, durch den die Objekte als Sonderform von Spielzeug klassifiziert werden. Denn während man mit einer *Companion*-Figur oder einem anderen Objekt nicht wie mit einer Puppe spielt (meist sind die einzelnen Teile gar nicht beweglich), versetzt man die Art Toys je nach Konstellation, in die man sie bringt, dennoch in andere Rollen und verleiht ihnen so eine jeweils andere Bedeutung, eine spezifische emotionale Anmutung. [Abb. 24a–c] Beansprucht man eine Figur einmal als Tröster oder als lustiges Maskottchen oder als Symbol für eine Freundschaft, kann man das mit der nächsten Inszenierung gleich wieder überschreiben. Mit den Inszenierungen der Figuren in der eigenen Wohnung oder für Fotos betreibt man eine Art von Fan-Fiction, verleiht also seinen eigenen Phantasien Ausdruck, was dadurch begünstigt wird, dass Art Toys von ihren Urheber:innen fast nie eine eigene Geschichte oder Gebrauchsanweisung mitbekommen.

Damit unterscheidet sich ein Art Toy auch von einem Kunstwerk. Zwar waren Werke – nach westlich-modernem Verständnis – ebenfalls auf keine bestimmte Bedeutung fixiert, verweigerten oft auch erzählerische Motive, aber ihre semantische Vielseitigkeit wurde als eigene Qualität gewürdigt, oft sogar als Vielschichtigkeit verehrt. Entsprechend wurden die verschiedenen Deutungen, die Rezipient:innen vornahmen, als Beleg für die Komplexität und Überlegenheit des jeweiligen Werks aufgefasst und letztlich dessen Urheber:innen zugeschrieben. Da diejenigen, die das Werk interpretierten, es im Allgemeinen nicht besaßen, durften sie also auch ihre Deutungen nicht für sich, nicht als ihre Leistung beanspruchen. Dass Fans hingegen durch den Kauf eines Art Toys ein Besitzverhältnis eingehen, berechtigt sie, damit zu spielen, sich durch Inszenierungen und Verwendungsweisen einzubringen und sich auch als Urheber:innen eines Teils der auf diese Weise entwickelten Bedeutungen anzusehen. So werden Fans Anteilseigner:innen an der Geschichte eines Art Toys.

Soziale Medien verwandeln Werke also entweder in aktivistische Instrumente oder begünstigen ihre Eignung als Art Toys für Fans. Die streng gehütete Grenze zwischen denen, die Kunst schaffen, und denen, die sie rezipieren, wird damit durchlässig, vielleicht sogar obsolet. Insofern aus Rezeption Konsum oder Aktivismus (oder beides zugleich) wird, werden die Artefakte von Werken zu Werkzeugen. Im Umgang mit ihnen ist daher viel mehr und anderes als ein interesselos-distanziertes Auf-sich-wirken-Lassen möglich. Und es scheint, als würde durch die Sozialen Medien gesteigert und vollendet, was durch die Krise des westlich-modernen Kunstbegriffs und infolge der Globalisierung der Kunstwelt schon manifest geworden war: Autonome Kunst ist zu einem historischen Sonderfall geworden.

Teil II
Wie sieht die neue Kunst(welt) aus?

4 Einige Eigenschaften und Funktionen nicht mehr autonomer Kunst

Die verschiedenen Spielarten, in denen Kunst heute in Erscheinung tritt, schließen sich gegenseitig nicht aus. Vielmehr gehört es zu den Eigenheiten eines nicht mehr um Reinheit und Autonomie bemühten Kunstverständnisses, dass in den Artefakten unterschiedliche und immer wieder andere Qualitäten miteinander verbunden werden können und dass dasselbe Artefakt auch wechselnden Zwecken dienen kann. Was Realie ist, kann also zugleich Markenprodukt oder Art Toy sein. Und warum sollte es nicht sogar ein neues Ideal sein, so viele Eigenschaften wie möglich zu vereinen? Dann tritt an die Stelle des autonomen Kunstwerks ein Objekt, das ein gut wiedererkennbares, global gehandeltes Markenprodukt ist, vielleicht auch ernste – politische, soziale, ökologische, emotionale – Themen anspricht oder aktivistische Energien freisetzt, dabei aber nicht nur als Einzelstück in einem Ausstellungsraum existiert, sondern in vielen Varianten und Versionen verfügbar ist, die jeweils andere Eigenschaften und Nutzungsmöglichkeiten in den Vordergrund rücken. Dass es Gegenstand verschiedener Kooperationen ist, lässt es zugleich Design oder Mode sein, ebenso kann es Symbol einer politischen Haltung oder Demonstrationsequipment sein oder aber als Fan-Objekt eine soziale Funktion erfüllen.

Artefakte, die unterschiedliche Eigenschaften besitzen und über Offenheit und partizipative Anknüpfungspunkte verfügen sollen, werden daran gemessen, wo sie überall auftauchen und wie welthaltig und dringlich sie wirken. Sie auf einen bestimmten Bereich – auf ihren Kunststatus – reduzieren zu wollen hieße hingegen, sie einzuhegen und in ihrer möglichen Wirkung einzuschränken. Die Frage, ob Eszter Magyars Make-up-Brutalismus oder die Figuren von KAWS, Damien Hirsts Kirschblütendrucke oder Lorenza Böttners Fußmalereien denn auch wirklich Kunst seien, erschiene daher auch wenig sinnvoll oder gar als engstirnig. Wer auf einer solchen Frage beharrt, mag zwar die Absicht haben, zwischen künstlerisch Gutem und weniger Gutem zu trennen, bewacht aber wohl zunehmend die Grenzen eines Geisterreichs.

Mittlerweile gehört es auch weitgehend der Vergangenheit an, Werke der Moderne mit nahezu unendlicher Hingabe immer wieder neu auszudeuten, nur weil sie dank ihrer Autonomie verheißen, in sonst unzugängliche ontologische Tiefen vorzudringen. Die dafür notwendigen kunstreligiösen Überzeugungen sind – auf allen Seiten – abhandengekommen, und an das Genie, an eine Sonderform künstlerischer Erkenntnis, glaubt kaum noch jemand. Dafür erstaunt im Rückblick, wie sehr gerade diejenigen, die großen exegetischen Aufwand betrieben, in einer dienenden Rolle waren. Sie nahmen es hin, dass ihre Interpretationen nur als Partikel galten, die zusammen mit anderen Deutungen desselben Werks dessen unerschöpfliche Größe offenbaren sollten. Die Rätselhaftigkeit vieler Kunst machte sie bescheiden und demütig, das Verrätseltste lockte aber zugleich die meisten Interpretationswilligen an.

Ein Werk wie *Das große Glas* von Marcel Duchamp, zwischen 1915 und 1923 entstanden, suggeriert bereits mit seinem paradoxen Titel *Die Braut wird von ihren Junggesellen entkleidet, sogar* (*La Mariée mise à nu par ses célibataires, même*) geheimnisvolle Vorgänge, und da jedes Element auf der zweiteiligen Glasplatte seinerseits Rätsel aufwirft, ist man im Nu einem Gewirr von Assoziationen und Hypothesen ausgeliefert, das zu ordnen noch schwieriger wird, wenn man die diversen Andeutungen und Kommentare mitberücksichtigt, die der Künstler selbst im Lauf von Jahrzehnten hinzugefügt hat. [Abb. 25] Dass es nicht gelingt, über Mutmaßungen hinauszugelangen, wurde aber geradezu selbstverständlich als Beweis für den Rang des Werks und die Genialität

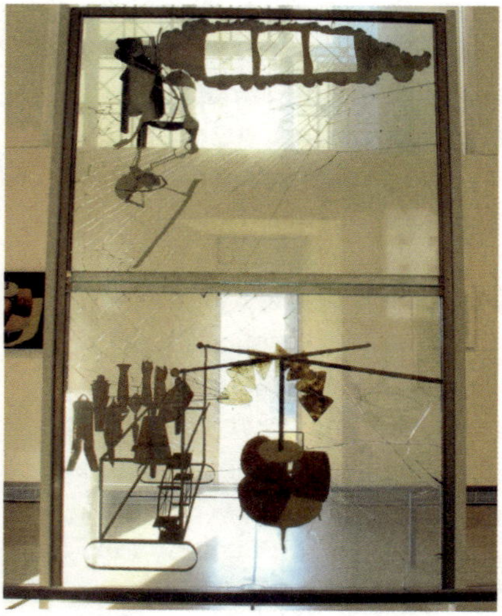

25 Marcel Duchamp: *Das große Glas* (1915–23)

des Künstlers akzeptiert. Ihr zu huldigen galt als die erste und letzte Aufgabe der Interpretationen.

Duchamp selbst hat 1957 in einem Vortrag über den kreativen Prozess in der Tradition des Genie-Diskurses argumentiert und den Künstler zum Medium erklärt, der nie wisse, »was er tut und warum er es tut« (»what he is doing or why he is doing it«). Entsprechend gebe es immer einen »Unterschied zwischen der künstlerischen Absicht und ihrer Verwirklichung, einen Unterschied, dessen sich der Künstler gar nicht bewusst« sei (»a difference between the intention and its realization, a difference which the artist is not aware of«). Und deshalb brauche es auch »den Betrachter«, der anstelle des Künstlers die »innere Verfasstheit« des Werks zu »entschlüsseln« und dessen Stellenwert zu bestimmen, es in Verbindung mit der äußeren Welt zu bringen habe (»the spectator brings the work in contact with the external world by deciphering and interpreting its inner qualification«).[1] Zwar wurde Duchamps Zugeständnis, dass auch diejenigen, die ein Werk betrachten und deuten, einen »Beitrag zum schöpferischen Akt« lieferten, in der Folgezeit gerne so verstanden, als habe er schon eine Idee von Partizipation propagiert oder im »Betrachter die ausschlaggebende Instanz« gesehen, die »das Werk schafft bzw. ›*raffiniert*‹«, doch lässt weder sein Vortrag noch sein gesamtes Auftreten als Künstler Zweifel daran, dass Interpret:innen für ihn nur die Aufgabe haben, die möglichen Bedeutungen eines Werks auszuloten und bestenfalls als seine Apostel gegenüber der profanen Welt zu fungieren.[2] So ambitioniert und geistreich ihre Exegesen auch sein mögen, so gelten diese doch nur als Explikationen dessen, was bereits im Werk steckt, werden also allein ihm und im Weiteren dem Künstler gutgeschrieben.

Der Schriftsteller Octavio Paz, der in den siebziger Jahren seinerseits eine umfangreiche Deutung von Duchamp und dem *Großen Glas* vorgelegt hat, bezeichnete es mit kunstreligiöser Radikalität sogar noch als »naiven Nihilismus«, wollte man dem rezipierenden Publikum eine eigenständige, für das Werk und seine Bedeutung konstitutive Rolle zugestehen. Für ihn ist »ein Werk […] eine Maschine, die Bedeutung produziert«, und »abhängig vom Betrachter« nur insofern, als dieser »den Apparat von Zeichen, der jedes Werk ist, in Gang zu setzen vermag«. So notwendig die Rezeption auch sein mag, ist sie bloß eine zweitrangige Tätigkeit: Wer sie vollzieht, bedient die

Maschine und wirkt nur subaltern bei der Bedeutsamkeitsproduktion mit, ist also nicht selbst schöpferisch.[3] »Exegese« meint lediglich »Ausführung«, stellt aber keine Eigenleistung dar.

Für Paz ist *Das große Glas* sogar »das letzte wirklich bedeutsame Werk des Okzidents«, weil Duchamp die Kunst damit noch einmal als »ein Geheimnis« zelebriert habe, das »geteilt und weitergegeben werden« müsse »wie eine Botschaft unter Verschworenen«, in großer Distanz zu allem anderen, ohne Zugeständnis an Versuche einer Popularisierung.[4] Darin klingt nochmals starkes Misstrauen gegenüber der Rolle des Publikums an: Nicht jede:r darf an die Maschine gelassen werden, vor allem dürfen nur Eingeweihte die von ihr produzierten Bedeutungen vermitteln, die das darin liegende Geheimnis anerkennen und zu wahren wissen.

Vergegenwärtigt man sich die Kunstfrömmigkeit der westlichen Moderne, erscheint das meiste dessen, was heute in der Kunstwelt passiert, je nach Standpunkt entweder als Profanierung oder als Befreiung. Allerdings liegt die Klassische Moderne mittlerweile vielleicht schon so weit zurück, dass auch eine dritte, weniger wertende Sichtweise möglich ist. Dann vergleicht man ein postautonomes Artefakt und ein autonomes Kunstwerk so miteinander, wie man sie Artefakten anderer Epochen oder Kulturen gegenüberstellen würde: in der Erwartung, dadurch die jeweiligen Eigenheiten besser zu erkennen, aber ohne die Versuchung, entweder eine große Fortschritts- oder eine große Verfallsgeschichte zu erzählen.

Die Eigenschaften einer Kunst, die Art Toy, Markenprodukt und Realie ist, werden also vielleicht besonders gut im Kontrast zu einem Werk wie Duchamps *Großem Glas* deutlich. Zum Vergleich eignet sich dafür etwa *Little Cloud* von FriendsWithYou, einem Kunst-Label, das 2002 von Samuel Albert Borkson aus Florida und dem Kubaner Arturo Sandoval III gegründet wurde. Die beiden treten öffentlich als Sam und Tury in Erscheinung, und die abgekürzten Vornamen passen zu ihrem Unternehmen, das schon mit seinem Namen Freundschaft und einen locker-vertraulichen Umgangston signalisiert. Immer wieder versichern sie in einem New-Age-Sound, sie wollten Liebe verbreiten und alles tun, damit ihr Gegenüber sich wohlfühle.[5] Sie gehen dabei noch weiter als Jeff Koons mit seinen blauen Kugeln, sind ihre Arbeiten doch durchwegs in einer Ästhetik gehalten, die mit Adjektiven wie »niedlich«, »kindlich« oder »fröhlich« zu beschreiben ist. *Little Cloud*, in Vorläufern seit der Anfangszeit des Labels im Programm, ist dafür ein gutes Beispiel. Die rundlich-breite, symmetrische Form, mit der eine weiße Wolke zum Logo abstrahiert wird, wirkt wie ein heiter-gutmütiges Gesicht: mit zwei schwarzen Punkten als Augen und einem lächelnden Mund, der durch einen einfachen, klammerartig gebogenen Strich entsteht. In manchen Versionen ist unter jedem Auge noch ein pinkfarbener Punkt platziert, der das Wolkengesicht rosig-pausbäckig erscheinen lässt.

Little Cloud folgt einer »Media Mix«-Strategie, dieselbe Grundform gibt es also in unterschiedlichen Medien und Materialien, in immer wieder anderen Formaten, Preisklassen und Kontexten. Eine solche Strategie ist nicht nur Ausdruck des Wunschs, ein Motiv durch variierende Wiederholung zum Markenzeichen zu machen, sondern verdankt sich auch dem Ehrgeiz, es verschiedenen Artefakttypen anzupassen und so jeweils andere Eigenschaften auszuprägen. So wird *Little Cloud* als Plüschtier, als Plastikfigur, als Lampe oder als Amulett in limitierter Auflage zu einem Art Toy. [Abb. 26a–d] Speziell für Fans gibt es auch ein Puzzle oder eine Version als Krypto-Kunst (NFT), dank der sich *Little Cloud* wie andere digitale Bilder und Animationen sammeln lässt und zum Spekulationsobjekt von Nerds und Digital Natives wird. Für Sammler:innen, die noch mit

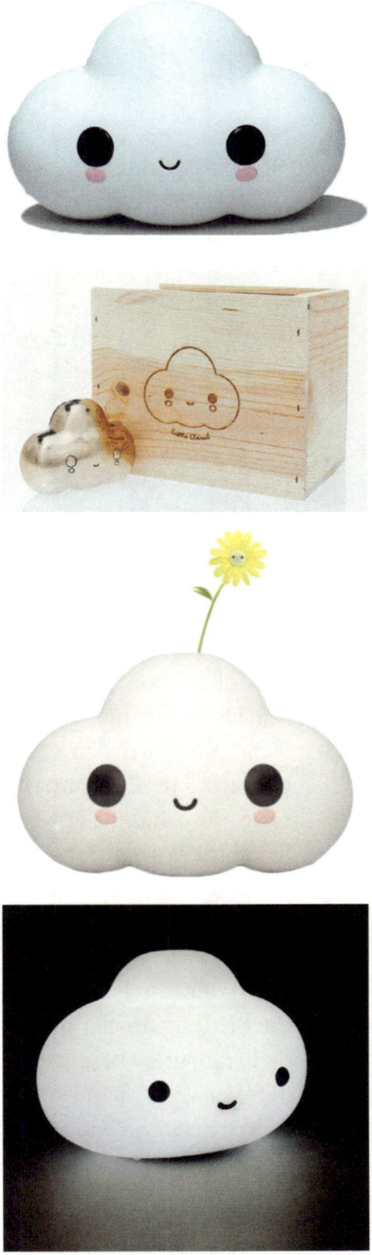

26a–d FriendsWithYou: *Little Cloud*

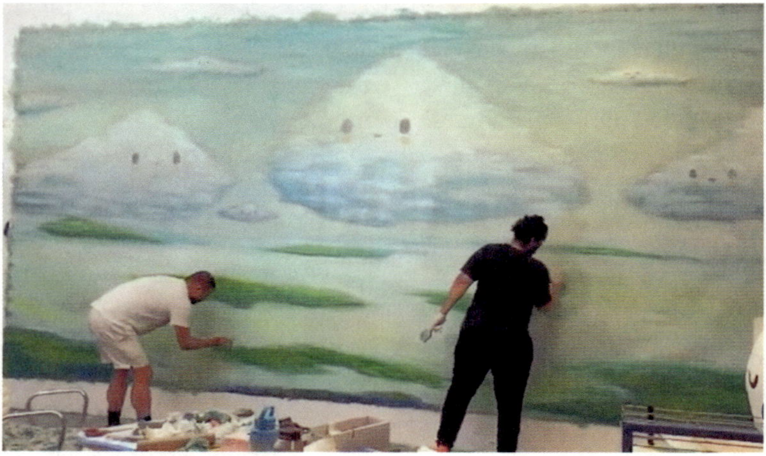

27 FriendsWithYou malen *Little Cloud*

einem Bein im traditionellen Kunstbetrieb stehen, gibt es *Little Cloud* hingegen als große bemalte Bronzeskulptur mit mehreren hundert Kilo Gewicht oder sogar als Gemälde – und damit Unikat – in spätimpressionistischem Stil. [Abb. 27]

Wer das langweilig findet, weil es nur Kunst ist, kann vielleicht mit Produkten von Kooperationen zwischen FriendsWithYou und anderen Unternehmen mehr anfangen. Sowohl mit Guess als auch mit Hello Kitty wurden etwa *Little Cloud*-Handtaschen auf den Markt gebracht, in Zusammenarbeit mit Netflix entstand eine Trickfilmserie für Kinder (*True and the Rainbow Kingdom*), und besonders berühmt wurde das Motiv durch ein 6-minütiges Video, das 2012 für den YouTube-Channel des Hip-Hop-Musikers und Produzenten Pharrell Williams entstand, der seither auch wiederholt als Fan von FriendsWithYou in Erscheinung getreten ist.[6] In einem von ihm mitinitiierten Buch über das Label und seine Gründer spricht er davon, die beiden würden mit ihrer Arbeit eine »nachhaltig weltverändernde Erfahrung« bereiten, indem es ihnen gelinge, das »innere Kind zu befreien«.[7]

Wird *Little Cloud* schon als Markenprodukt und in Verbindung mit anderen großen Namen zu einer Realie, dann umso mehr, wenn sich politische Anliegen damit verknüpfen. So kam das Motiv bereits mehrmals in Form großer Ballons bei Umzügen oder Konzerten – etwa des Sängers J Balvin – zum Einsatz und warb für die

Unterstützung der LGBTQ+-Bewegung, meist in Kombination mit Regenbogenskulpturen, die ebenfalls zum Repertoire von Friends-WithYou gehören. [Abb. 28] In ihrerseits sanft politisierten Formulierungen schrieben Sam und Tury 2018 in einem Instagram-Post zu einem *Little Cloud*-Ballon bei einer Parade in New York, sie wollten dazu beitragen, dass »diese Welt ein besserer Ort« werde, an dem »wir aus unseren Unterschieden lernen«.[8]

In den zahlreichen Spielarten erfüllt *Little Cloud* also mustergültig sämtliche Ansprüche, die an nicht-autonome Kunst gestellt werden. Das Ziel der beiden Künstler ist dabei zumindest ein doppeltes: zunächst die Entwicklung einer prägnanten, wiedererkennbaren Form, in einem zweiten Schritt deren Übersetzung in viele Formate, in denen sie jeweils andere Funktionen erfüllt. Der Plural an Variationen ermöglicht aber nicht nur eine immer neue Anpassung an unterschiedliche Bedürfnisse, sondern soll auch sicherstellen, dass keine Funktion und keine Bedeutung vordringlich wird. Daher ist *Little Cloud* bis heute eine weitgehend unbelastete Projektionsfläche, muss also weder politisch interpretiert noch auf einen niedlichen Haustierersatz reduziert werden. Und wen würde es wundern, wenn das Motiv als Nächstes in einer Kampagne gegen den Klimawandel auftauchte oder auf Sneakers appliziert würde, die aus einem neuen leichten Material gefertigt sind?

Doch so vieldeutig *Little Cloud* in Inhalt und Charakter sein mag, so sehr unterscheidet sich diese Vieldeutigkeit von der, auf die man bei Werken westlich-moderner Kunst – wie dem *Großen Glas* – trifft. So entsteht die jeweilige Bedeutung von *Little Cloud* durch die äußeren Faktoren: das Material, die Größe, den Ort, den Preis oder die Art der Verwendung. Entsprechend ist die Bedeutung, anders als es für ein Kunstwerk unterstellt wird, eine bloße Zugabe und nichts, was schon in der Urform enthalten ist. Lassen sich die Anforderungen an Interpret:innen eines Werks immer noch weiter nach oben schrauben, da man ihnen, egal wie sehr sie sich anstrengen,

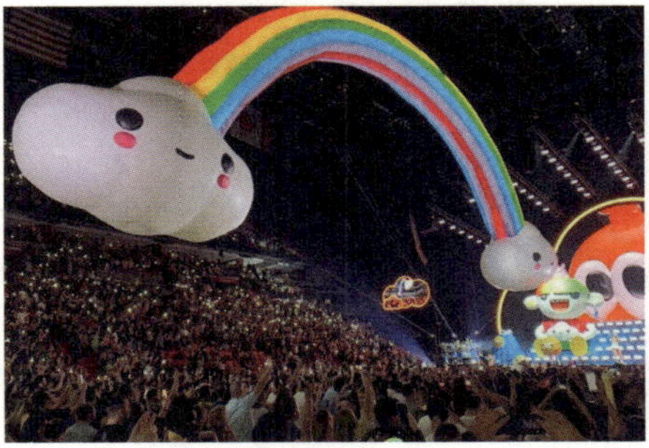

28 *Little Cloud* wird politisch

jederzeit vorhalten kann, sie hätten dessen Kern noch nicht erfasst, hätten es mit ihren Interpretationen sogar eher »verdeck[t], [...] als daß sie es freilegten«, wie es bilanzierend zu Deutungen des *Großen Glases* heißt, ja seien zu ungebildet oder zu voreilig, haben es diejenigen, die sich mit einer Version von *Little Cloud* befassen, einfacher.[9] Es genügt, dass sie sich irgendeine Verwendung für das Objekt einfallen lassen, es besonders witzig oder originell nutzen oder sich eine kleine Geschichte dazu ausdenken.

Da die Bedeutung sich aus dem Gebrauch ergibt, ist auch keine aufwändige – verbale – Interpretation zu leisten. Man könnte in der kindlich-süßen Ästhetik sogar einen Warnhinweis sehen, wonach von vornherein falsch ist, wer hier nach Tiefsinn sucht oder ihn selbst einzubringen versucht. Sosehr die oft spröde, verweigernde und verrätselnde Ästhetik moderner Kunst zum Appell wurde, sich interpretatorisch umso mehr ins Zeug zu legen, so sehr erfüllt die Niedlichkeit von Art Toys und Markenkunst eine apotropäische Funktion – als ginge es darum, die bösen Geister der Exegese abzuhalten. Das aber dürfte für diejenigen, die noch mit den Vieldeutigkeitshuldigungen und Interpretationspraktiken der Klassischen Moderne aufgewachsen sind, am befremdlichsten sein. Was bleibt denn noch, so fragen sie, wenn man keine Geheimnisse mehr lüften kann? Ist das dann nicht bloßer Kinderkram, provokant höchstens in seiner Banalität?

Aber ist es denn nicht ebenfalls eine besondere Qualität – so kann man zurückfragen –, dass eine Schöpfung wie *Little Cloud* mal tröstend wirkt, mal Entlastung bietet, mal Integration erleichtert? Man kann sich von der sanft-lieben Ausstrahlung einnehmen lassen. Die pausbäckig-breite Form von *Little Cloud* erinnert aber vielleicht auch an Buddha und vermittelt Gelassenheit und Stabilität. Manche anthropomorphisieren eine solche Figur, manche assoziieren Tiere, Monster oder andere nicht-menschliche Wesen damit. In jedem Fall aber dürfte man in *Little Cloud* eine Quelle für sonst vermisste Wohlgefühle sehen.

Dazu passt, dass FriendsWithYou es auf ihrer Website als ihre Ziele ausgeben, mit ihrer Arbeit »so viel wie möglich zu verbinden und zu heilen«, aber auch »Mitgefühl untereinander sowie mit unserem lebenden Planeten« zu erzeugen.[10] In einem Interview finden sie dafür die Worte, sie wollten keine Kunst machen, die »kalt« sei, vielmehr solle sie sich wie eine »warmherzige Umarmung« anfühlen.[11]

Das lässt sich als Gegenentwurf zu vielen Formen autonomer Kunst verstehen, ist aber weitergehend eine Kritik am Rationalismus der Moderne, die nicht zuletzt an die antimodernistische Kritik von Künstlern wie Joseph Beuys erinnert. Sein Konzept der »sozialen Plastik« umschrieb er selbst mit den Worten, »da, wo gegenwärtig die Entfremdung zwischen den Menschen sitzt – man könnte fast sagen als eine Kälteplastik –, da muß [...] die Wärmeplastik hinein«.[12] Ähnlich wie Beuys beklagen FriendsWithYou, die Moderne habe den Menschen »abgeschnitten von Gemeinschaften, abgeschnitten von gemeinsamem Gebet«. Daher sei ihre Kunst als »eine Art Sozialarbeit für Spiritualität« gedacht.[13]

Wegen der Parallelen zu Beuys könnte man Art Toys aber nicht nur als »soziale Plastiken«, sondern auch in Nachfolge zu den Multiples sehen, die in den sechziger Jahren vor allem innerhalb der *Fluxus*-Bewegung entstanden. Immerhin waren diese ihrerseits ausdrücklich gegen einen exklusiv-erhabenen Begriff autonomer Kunst, gegen eine Idee von Meisterwerk und Genie gerichtet und sollten für einen offeneren, demokratischeren Geist in der Kunstwelt sorgen. In Form von Multiples sollte Kunst, wie es George Maciunas als Leitfigur der *Fluxus*-Bewegung formulierte, »unbegrenzt verfügbar« sein, damit »allen de[r] Zugang dazu ermöglicht« werde. Um durch große Nachfrage aber nicht doch wieder steigende Preise zu provozieren und neue Exklusivität zu schaffen, experimentierte man sogar mit schlecht haltbaren Werkstoffen, war also darum bemüht, Multiples möglichst »keinen institutionellen oder Warenwert« zukommen zu lassen.[14]

Da die *Fluxus*-Bewegung sich damit gegen den herkömmlichen Kunstmarkt und weitergehend gegen Marktwirtschaft und Kapitalismus überhaupt richtete, sind ihre Multiples aber doch deutlich von heutigen Art Toys zu unterscheiden. Diese nämlich sollen nicht nur schon bestehende Märkte erweitern, sondern mit ihnen verbindet sich auch die Idee, dass sie ihre Qualitäten erst voll entfalten, wenn man sie erwirbt und besitzt. So paradox Multiples waren, weil diejenigen, die sie produzierten, zugleich ihren Status als käufliche Objekte missachteten, so konsequent sind Art Toys also von vornherein als Waren und individueller Besitz gedacht. Ihnen liegt ein völlig unkritisch-affirmativer Begriff von Konsum (und damit auch von Marktwirtschaft) zugrunde.

In der Ankündigung einer 2021 auf den Markt gebrachten Vasen-Version von *Little Cloud* sprechen Borkson und Sandoval III etwa sogar eigens deren »Besitzer und Freunde« an: Nur auf sie gehe die »spirituelle Essenz«, ja die Freude und Liebe über, die sie dem Produkt mitgegeben hätten.[15] Sich finanziell verausgabende Fans sollen also mehr als andere von der therapeutisch-wärmenden Kraft des Art Toys profitieren, und man darf sogar unterstellen, dass diese Kraft umso spürbarer wird, je teurer das Objekt war oder je mehr man tun musste, um es in seinen Besitz zu bringen. Wer es lediglich rezipiert, hat hingegen nicht so viel davon. Zwar kann schon der Anblick eines Artefakts wie *Little Cloud* die Laune aufhellen, aber erst wenn man sich bewusst dafür und zugleich gegen Alternativen entschieden hat, wenn es Teil der eigenen Lebenswelt wird, wenn man sich dazu bekennt, indem man etwas dafür gegeben hat, wenn man damit machen kann, was man will, ist es möglich, seine ästhetische Wirkung auf sich selbst zu beziehen und die davon ausgelösten guten Gefühle ihrerseits als die eigenen zu betrachten.

Wie man als Follower ein Posting (im Unterschied zu einem Werk im »White Cube«) als direkt adressiert und damit als verbindlich empfinden kann, gilt das also erst recht für ein Objekt, das man erwirbt. Mit allem, was es verheißt und bedeutet, steht man in einer unmittelbaren Beziehung. Man fühlt sich nutzungsberechtigt und kann sich von dem Artefakt nicht nur stimulieren oder umstimmen lassen, sondern kann es zugleich dazu verwenden, die von ihm ausgehende Wirkung gegenüber Dritten zu manifestieren. Das steigert die Wirkung, verstärkt aber auch die Bindung an das Artefakt, das damit zudem eine repräsentative Funktion zu erfüllen vermag. Dagegen kann man als Interpret:in eines Kunstwerks zwar dessen Wirkung reflektieren, begreift sich dabei aber eher als Resonanzkörper und empfängliches Subjekt und in entsprechend loserem Bezug dazu.

Wenn in Interpretationen zu Duchamps *Großem Glas* etwa darüber spekuliert wird, mit der Figur der Braut sei zugleich auf Darstellungen der Hindu-Göttin Kali angespielt, wird also erst einmal nur die semantische Komplexität des Werks ausgelotet und nicht etwa suggeriert, in ihm lebe die Göttin in irgendeiner Weise fort.[16] Die entlastende oder stimulierende – und damit therapeutische – Wirkung des Werks soll sich vielmehr daraus ergeben, dass es zu immer weiteren Reflexionen veranlasst, man sich also aus festgefahrenen

Wahrnehmungsroutinen zu befreien vermag und zu Erfahrungen und Einsichten jenseits der eigenen Alltagswelt gelangt. Dass das Werk in einem Museum steht, sperrig-groß ist und nicht berührt werden darf, schließt ohnehin aus, es wie einen Talisman oder ein Art Toy zu verwenden, ja sich Gebrauchsweisen und Rituale zu überlegen, durch die ein emotionaleres, individuelles Verhältnis entstehen könnte. Die Autonomie des Werks besteht, mit Adorno gesprochen, vielmehr gerade darin, dass es seine »kultische Funktion und deren Nachbilder abschüttelte«.[17] Das hermetisch-spröde Erscheinungsbild mag zwar Deutungsehrgeiz wecken, löst aber kein Habenwollen aus – anders als ein warenästhetisch konditioniertes Art Toy, das von vornherein darauf angelegt ist, begehrt, besessen, gebraucht und angefasst zu werden, ja in dem sich eine gegenüber der westlichen Moderne völlig andere Dingkultur verkörpert.

Auch viele animistisch-religiöse Praktiken beruhen darauf, dass diejenigen, die die einem Objekt attestierte Wirksamkeit für sich nutzen wollen, in einem exklusiven Nähe- und damit üblicherweise in einem Besitzverhältnis dazu stehen und spezifische Verwendungsweisen dafür haben. Wenn sie das Objekt erwerben oder in einem Zeremoniell übereignet bekommen, geht damit das Versprechen einher, dass an sich freischwebende, unverfügbare spirituelle Kräfte darin gebunden sind. Daran knüpfen FriendsWithYou an, sympathisieren immer wieder mit nicht-westlichen Formen von Religiosität, vor allem mit Spielarten von Animismus, den sie sogar als »Schlüsselthema« ihrer Arbeit bezeichnen.[18] Mit Blick auf *Little Cloud* erinnern sie etwa an den Glauben amerikanischer Ureinwohner:innen wie dem Pueblo-Volk der Zuni, wonach die Wolken Geister seien, die sich durch den Himmel bewegten; man müsse und könne sie aber in Talismane einfangen und so für sich nutzbar machen.[19]

Die Entwicklung vom autonomen Kunstwerk zum Art Toy bedeutet also auch eine Ablösung kunstreligiöser Hoffnungen zugunsten von religiös-animistischen Erwartungen. Sooft in der westlichen Moderne die Rezeption von Kunst mit dem Anspruch verbunden war, gerade deshalb eine geistige und damit potenziell auch spirituelle oder transzendente Dimension eröffnen zu können, weil das Werk allein mit dem Distanzsinn des Auges erfasst wird, beruht das Versprechen von Art Toys darauf, dass sie einem selbst gehören, also exklusiv und allen Sinnen zur Verfügung stehen. Entsprechend wird man von beiden auf unterschiedliche Weise bereichert. So verheißt das autonome Kunstwerk für die Zeit, in der es rezipiert wird, eine Suspendierung des profanen Alltags, ja einen psychischen oder geistigen Ausnahmezustand, in dem man vom Rest der Welt isoliert ist. Dagegen ist ein Art Toy immanenter Teil des Alltags, hilft bei seiner Bewältigung, prägt ihn atmosphärisch und kann dauerhaft stabilisierend wirken. Geht es einmal um Kairos oder Schock, so im anderen Fall um Verlässlichkeit, Treue und Trost.

FriendsWithYou beziehen sich aber nicht nur auf Traditionen, die im Westen meist als längst überholt – als Manifestationen magischen Denkens – klassifiziert werden, sondern genauso auf zeitgenössische Phänomene wie japanische Anime-Filme. Vor allem Hayao Miyazaki und dessen Film *Mein Nachbar Totoro* (1988) erwähnen Borkson und Sandoval III als großes Vorbild; er habe sie »dazu inspiriert, einfache, minimalistische Objekte zu entwickeln«, die sich »in den Köpfen der Betrachter verselbständigen«.[20] Die Einfachheit der Figuren lässt vieles offen, das individuell gefüllt werden kann (und muss), also je nach Anlass und Bedürfnis eine andere Ergänzung erfährt, wobei sich entweder die eigene Welterfahrung oder Inhalte aus der Phantasie auf die Leerstellen projizieren lassen. In jedem Fall werden die Figuren gerade dadurch verlebendigt; eine emotionale – nicht-kalte – Beziehung zu ihnen wird möglich, sie werden Teil der eigenen Lebens- oder Wunschwelt. Diese Erfahrung lässt sich aber auch in animistischen Termini beschreiben – FriendsWithYou sprechen in Bezug auf Miyazaki von einer »zugänglichen Form von Animismus«[21] –, und sie ist Grundlage dafür, dass sich um eine Figur herum Fan-Szenen bilden und eine Kommerzialisierung und Fetischisierung mit diversen Produktvarianten stattfindet.

In einer Studie über die in Japan in vielen Bereichen beliebten Figuren (*kyara*) hat der Medienwissenschaftler Lukas R. A. Wilde analysiert, wie diese als »private Imaginationsobjekte« fungieren. Sie seien »in keinen *bestimmten* und *als kohärent angenommenen* Werkwelten, keinen Storyworlds situiert«, sondern stellten »meta-narrative Knotenpunkte« dar, könnten also jederzeit neu in Erzählungen eingebettet werden – und das umso besser dank der auch und gerade in Japan schon seit den sechziger Jahren weit verbreiteten »Media Mix«-Strategien. Die einzelnen Narrative und Rollen, für die verschiedene Fans eine Figur verwenden, mögen einander mitunter widersprechen, sind aber dennoch miteinander vereinbar; sofern die Figur eine prägnant-minimalistische Bildlichkeit aufweise, sei ihre »intersubjektive Identifizierbarkeit« nicht gefährdet.[22] Dieselbe Figur könne also unterschiedliche Funktionen erfüllen und dabei nicht zuletzt »den Platz von Familienangehörigen, vertrauensvollen Freunden oder aus dem Haus gegangenen Kindern einnehmen«.[23] Als »Hauptmotivation« für den Erwerb von Figuren erkennt auch Wilde »ein religiöses Konzept, das in Zusammenhang mit New-Age-Populärreligionen steht und häufig mit ›Heilung‹ übersetzt wird«. Wie bei FriendsWithYou wird ein großes Bedürfnis diagnostiziert, »sich von den negativen Folgen einer Gesellschaft zu kurieren, die das Leistungsprinzip an die erste Stelle gesetzt hat und damit diejenigen ausgrenzt, die dem schnellen Tempo nicht folgen können.«[24]

In Japan sind Art Toys und Fan-Kulturen schon mindestens zwei Jahrzehnte vor Etablierung der Sozialen Medien zu einem relevanten Faktor des Kunstbetriebs geworden. Dabei fungierte bei Künstlern wie Yoshitomo Nara vor allem die Musikwelt als Vorbild. Dass viele Menschen sich mithilfe von Musik ihren Gefühlen hingeben können und zugleich Aufmunterung erfahren, wies ihm den Weg zu einer Kunst, die ihrerseits »spirituellen Trost und Ermutigung« stiften kann.[25] Seine Karriere begann er in den neunziger Jahren mit dem Entwurf von Plattencovern, sodass die Fans bestimmter Bands nach und nach auch zu seinen Fans wurden, die er dann mit Figuren wie verletzten Mädchen und traurigen Hunden weiter an sich und seine Arbeit binden konnte. [Abb. 29] Oft enthalten die Titel der Arbeiten oder Textfragmente auf den Bildern aber weiterhin Popmusik-Referenzen, sodass Nara seine Figuren, so rätselhaft und unbestimmt sie sein mögen, mit Erinnerungen an Musik-Erlebnisse verknüpft. Sie werden zu »Gedächtnisstützen«, die »individuell und selektiv miteinander verwoben werden

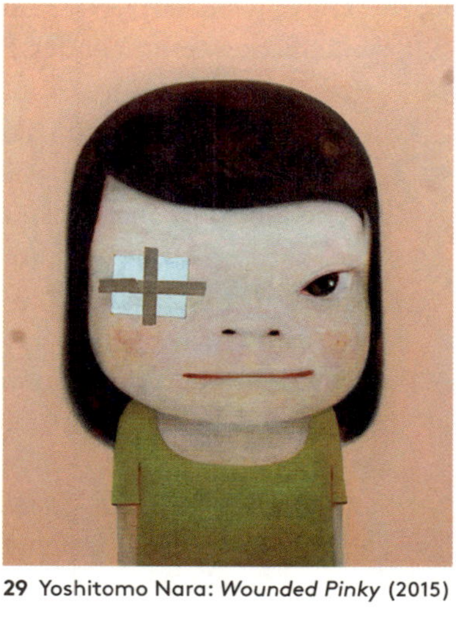

29 Yoshitomo Nara: *Wounded Pinky* (2015)

können«, was die Beschäftigung damit »zu einer intimen persönlichen Begegnung« mache; es komme zu »affektiven Reaktionen«, durch die »aus Zuhörern oder Betrachtern Fans« würden, wie die Kuratorin Miwako Tezuka erläutert.[26] Nara selbst merkte bereits im Jahr 2000 an, er sei »nicht durch die Akzeptanz seitens der Kritiker« des etablierten Kunstbetriebs, sondern »durch die Öffentlichkeit«, also durch Fans, »berühmt geworden«.[27]

Sowohl Tezukas Nara-Deutung als auch Wildes Untersuchung des japanischen Figuren-Booms sind von einer 2001 publizierten Studie des Philosophen Hiroki Azuma beeinflusst, die der schon eingangs im Zusammenhang mit Takashi Murakami erwähnten Otaku-Kultur als der leidenschaftlichsten und zugleich berüchtigtsten Fan-Kultur Japans gewidmet ist. Azuma erkennt in ihrem Verständnis von Figuren zentrale Elemente der Postmoderne ebenso wie eine Faszination für »okkultes Denken und die New-Age-Bewegung«.[28] Gemäß seiner Deutung konnte die Otaku-Kultur nur deshalb prägend werden, weil der noch bis in die siebziger Jahre vorherrschende Figurentyp, bei dem feste Bedeutungen und komplette Narrative vorgegeben und zu entschlüsseln waren, von Figuren mit frei wähl- und kombinierbaren erzählerischen Momenten und Motiven abgelöst wurde. Figuren, die »als ›Werke‹ diskutiert« werden konnten, verwandelten sich in Artefakte vom Charakter einer »Loseblattsammlung«.[29] Damit ist die Fan-Kultur auch nicht länger urheberfixiert, sondern konzentriert sich auf markante, oft niedliche Merkmale der Figuren wie die Größe ihrer Augen, ihre Kopfform oder Frisur, die von den Fans emotional aufgegriffen und immer neu ausgeschmückt werden.[30]

Während also etwa Mangas der sechziger Jahre noch fest umrissene Plots besaßen, was den Spielraum der Figuren-Rezeption weitgehend vorgab, ähnelt ihre Struktur ab den achtziger Jahren der von Reizwortgeschichten. Ihre Figuren enthalten eine Vielzahl jeweils für sich starker Elemente, mit denen man aber auch deshalb freier umgehen kann, weil sie gemäß den Praktiken der »Media Mix«-Strategie in zahlreichen Versionen und Kooperationen und damit unabhängig von Mangas auftauchen. Sowohl die vielfältigen Manifestationen als auch die weitere Ausgestaltung der Figuren durch die Fans lässt jeglichen Begriff von Original – und damit zugleich die Differenz zwischen Originalen und Kopien – sowie das bisherige Verständnis von

Urheberrecht erodieren. Azuma weist darauf hin, dass für viele Fans die ersten und ursprünglichen Orte, an denen eine Figur in Erscheinung getreten ist, nicht einmal mehr als »Einstiegsstelle« fungieren; vielmehr seien alle Versionen, unabhängig von der Reihenfolge ihrer Entstehung, grundsätzlich gleichberechtigt.[31] Daher sei die Reihenfolge aber auch nicht mehr wichtig, ein Stoff müsse also nicht mehr zuerst ein Manga sein, um dann in einen Anime-Film überführt und im Weiteren in anderen Medien und Produktformen »ausgeschlachtet« zu werden.

Sofern Figuren aber nicht mehr an feste Plots und bestimmte Medien gebunden sind, brauchen sie auch nicht mehr notwendigerweise von Manga-Zeichnern erfunden zu werden. Vielmehr können sie genauso von Werbeagenturen, Künstler:innen oder Design-Labels entwickelt und von vornherein Bedürfnissen von Fans angepasst werden. Statt erst nach und nach zu Maskottchen, Talismanen, Statussymbolen oder Sammelstücken zu werden, können sie diese Funktionen von Anfang an erfüllen, und statt erst im Lauf der Zeit die Grenzen zwischen verschiedenen Bereichen zu überschreiten, sind sie in ihrer gesamten Konzeption sowohl ein Stück Popkultur als auch Kunst.

In seinem Buch kommt Hiroki Azuma auch bereits auf Takashi Murakami zu sprechen. Er würdigt ihn dafür, dass er die Figuren-Logik der Otaku-Kultur aufgegriffen und mit eigenen Figuren in die Kunst übertragen habe.[32] Zwei Jahrzehnte später sind viele Murakamis Beispiel gefolgt; das Feld der Kunst ist mittlerweile voll mit Art Toys (und vergleichbaren Objekten wie Sneakers), längst sind sie auch nicht mehr nur eine Sache japanischer Künstler (allerdings nach wie vor vornehmlich eine Sache von Männern). Murakami ist zu einem internationalen Star geworden, und er weist sich und seinesgleichen nun ebenfalls eine gesellschaftlich relevante Rolle als spiritueller Dienstleister zu. Nach Ausbruch der Corona-Pandemie schrieb er im April 2020 auf Instagram, angesichts der allgemeinen Ohnmacht gegenüber der Natur seien gerade »Künstler in der Lage, Geist und Herz der Menschen zu erlösen«. Aber auch Spiele und andere Formen der Unterhaltung hätten Funktionen der Religion übernommen. Dabei habe er selbst alles Religiöse lange Zeit mit Skepsis betrachtet oder sogar gehasst. Erst durch den Tsunami von Fukushima 2011

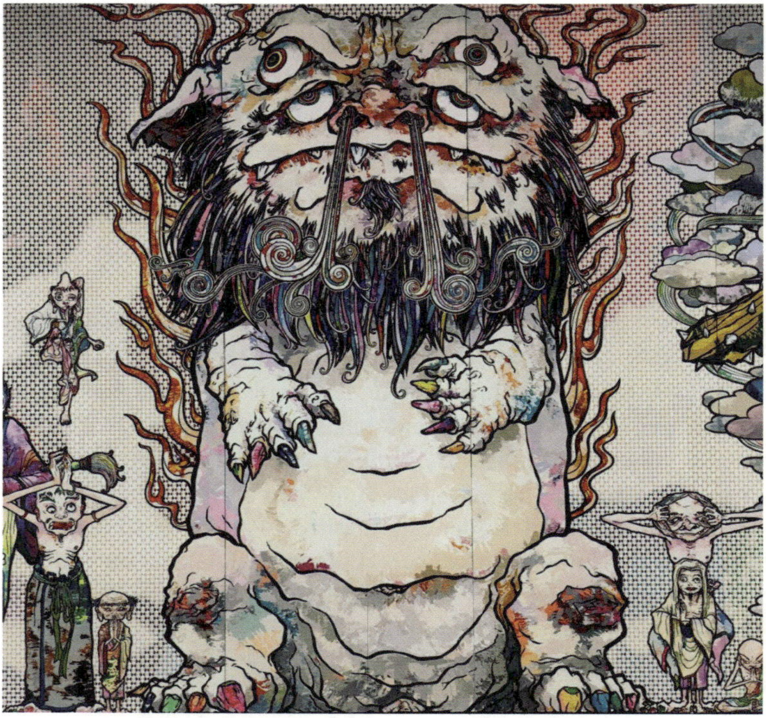

30 Takashi Murakami: *The 500 Arhats* (2012) [Ausschnitt]

habe er verstanden, dass die »Angst vor der Natur« als Ursprung religiöser Überzeugungen anzuerkennen sei.[33]

Schon 2019 hatte Murakami den Tsunami als »großen Wendepunkt« seines Lebens beschrieben, sei ihm doch erstmals klargeworden, warum es in Japan keinen Monotheismus, sondern eine Vielzahl von Gottheiten gebe.[34] Um sich angesichts der vielen Gefahren ihres Alltags halbwegs geschützt fühlen zu können, müssten die Menschen auf Tuchfühlung zu ebenso vielen göttlichen Kräften sein. Ein einzelner Gott, so kann man ergänzen, wäre zu abstrakt, zu kalt; es bestünde die Sorge, dass er im entscheidenden Moment abwesend sein könnte.

Dass Art Toys daher auch als Nachfolger buddhistischer und anderer Gottheiten fungieren können, wurde bei Murakamis Projekt *The 500 Arhats* besonders deutlich. Arhats sind im Buddhismus Heilige, die gegen verschiedene Arten menschlichen Leidens helfen.[35]

Ihnen verlieh er von 2012 an, in direkter Reaktion auf den Tsunami, neue Präsenz: mit einem hundert Meter langen Gemälde, aber auch mit Figuren-Sets, die wie andere Art Toys verkauft werden. [Abb. 30] Damit Figuren – unabhängig von einer religiösen Vorprägung – tröstend oder »heilend« wirken können, sei es jedoch nötig, so erklärte Murakami bei anderer Gelegenheit, dass sie als schön und sorgfältig entwickelt erlebt würden.[36] Schönheit führt zu Verehrung, denn erst wenn eine Figur aufgrund ihrer Gestaltung und Merkmale dazu anregt, Phantasien und Wünsche auf sie zu projizieren und ihr einen Platz im eigenen Leben einzuräumen, kann sie auch zum Maskottchen, Talisman oder gar zu einer eigenen kleinen Privat-Gottheit werden.

Nachdem Japan als »Figuren-Supermacht«[37] weltweit Standards gesetzt hat – man denke nur an *Hello Kitty*, die *Tamagotchis* oder die *Pokémons* – und Art Toys zunehmend die Kunstwelt bevölkern, dürfte sich auch die Wahrnehmung von Artefakten anderer Kulturen und früherer Epochen verändern. Was mit abschätzigem Blick, sei er christlich-monotheistisch oder bildungsbürgerlich-kolonialistisch eingestellt, oft nur als Fetischismus oder Voodoo-Zauber abgetan wurde, erfährt dank neuer Kunstformen eine Rehabilitation oder wird zumindest besser verstanden. Die These des Kulturwissenschaftlers Hartmut Böhme, der der Moderne des Westens vorhält, »Formen und Institutionen der Magie […] aufgelöst« zu haben, »ohne dass die darin gebundenen Energien und Bedürfnisse zugleich aufgehoben« worden seien, könnte sich bestätigen und zugleich weiterführen lassen.[38] So offenbart der Bedeutungszuwachs von Art Toys umso mehr das Defizit der westlichen Moderne, zwar zahlreiche intensive Dingbeziehungen etabliert, diese aber nie wirklich akzeptiert und reflektiert zu haben. Zugleich könnte der Erfolg dieser neuen Artefakte Ausgangspunkt für Diskurse sein, in denen man endlich die Bedeutung des Konsums und seiner Dinge anerkennt, ohne deshalb die Sorge haben zu müssen, zwangsläufig zu altem magischem Denken zurückzukehren.

Der westlich-moderne Begriff von Kunstwerk dürfte dann allerdings erst recht als historischer und auch geografischer Sonderfall erscheinen. Statt als Begleiter und Tröster gerade in alltäglichen Nöten zur Stelle zu sein, wie ein Fetisch oder Art Toy, wurde das Kunstwerk zum seltenen Ereignis stilisiert. Seine Gunst, ja Gnade hatte man sich immer erst zu verdienen, musste sich gut benehmen, abwarten, interpretationswillig sein, bevor man darauf hoffen durfte, einen Moment der Erleuchtung oder der Erlösung erleben zu dürfen. Analog zu einem monotheistischen Gott, der zwar große Wunder zu vollbringen vermag, aber meist abwesend – *deus absconditus* – ist und den Glauben der Gläubigen daher fortwährend auf die Probe stellt, dachte man sich auch das Kunstwerk als etwas, dessen oft beschworene große Eigenschaften fast immer verborgen bleiben, das also gerade nicht einfach dann Trost spendet, wenn man es am nötigsten hätte (und das, wenn es sich offenbart, dennoch vieldeutig, unergründlich bleibt).[39]

Damit bestanden auch klare Hierarchien. Als Schöpfung eines – gottbegnadeten – Genies trug das Kunstwerk nicht nur bereits alle möglichen Deutungen in sich, es bewies seine Überlegenheit gegenüber allen, die es ausdeuten wollten, gerade auch, wenn es sich den Entschlüsselungsversuchen entzog. Adorno fasste den Charakter des modern-autonomen Kunstwerks äußerst prägnant zusammen, als er, auf Kafka gemünzt, schrieb: »*Jeder Satz* spricht: *deute mich*, und keiner will es dulden.«[40] Der Wille zur Interpretation, die Hingabe an das Werk nahm also oft die Dramatik eines unerhörten Gebets an, wobei diejenigen, denen hermeneutischer Erfolg versagt blieb, die Schuld bei sich zu suchen hatten. Dagegen wird man ein Art Toy, das kein Glück gebracht hat, einfach ausrangieren. Indem man es besitzt, hat man auch Verfügungsgewalt darüber, ist also in einer ungleich stärkeren Position, als es Rezipient:innen jemals waren. Doch allein dass man Geld für ein Art Toy ausgegeben hat, dürfte seine Wirksamkeit – wenn auch nur im Sinne eines Placebo-Effekts – steigern. Misserfolgserlebnisse bleiben hier also eher die Ausnahme.

Vielleicht gibt es schon bald Ausstellungen, in denen Art Toys zusammen mit buddhistischen Tempelfiguren, Voodoo-Puppen, Nagelfetischen und anderen Artefakten aus Kulturen gezeigt werden, in denen sich animistisch-konsumistische Praktiken entwickelt haben. Zwischen all diesen Objekten würden vermutlich überraschende Ähnlichkeiten sichtbar werden. So sind sie oft aus verschiedenen Materialien sowie aus diversen Motiven unterschiedlicher Provenienz zusammengesetzt, um möglichst viele Eigenschaften in sich zu vereinen. Ausgehend davon scheint eine Rehabilitierung des Eklektizismus möglich, der in der westlichen Moderne immer als etwas

Unreines gebrandmarkt wurde, sich nun aber als Potenzierungsverfahren erweist: Je mehr Referenzen ein Objekt bietet, desto stärker erscheint es, desto größer ist die Schutzwirkung, die es verheißt.

Wenn westlich-moderne Kunstwerke aber erst einmal als Sonderfall erscheinen, wird sich auch das Verhältnis zu ihnen verändern. Mancher wird einen umso sentimentaleren Blick zurück auf die Kultur der Interpretation werfen und die mäeutischen Kunststücke bewundern, mit denen ganze Berufsstände versuchten, den Werken verborgenste Bedeutungen zu entlocken. Andere hingegen sehen plötzlich den lange Zeit üblichen Werkbegriff und vor allem das Verhältnis zwischen dem Werk und seinen Rezipient:innen mit viel kritischeren Augen. Vielleicht wird es dann sogar einmal üblich, es als Ausbeutung und Enteignung von Rezipient:innen zu verurteilen, dass deren Interpretationen als Emanationen der Werke und damit als Leistung und Eigentum der Werkschöpfer galten. Und wie vergleichbare Denkfiguren in anderen Bereichen als patriarchal dekonstruiert wurden, könnte dies – nachdem es für den Genie- und Künstlerbegriff bereits vielfach geschehen ist – auch dem Werkbegriff widerfahren. Dann würde es als abstrus, gar als Spielart von Machismo eingeschätzt, dass man Werke für ihre semantischen Potenziale bewundern sollte, ihre Interpret:innen hingegen nur als devot dienend und überhaupt nicht eigenmächtig galten. Die lange strikt gezogene Grenze zwischen dem Werk und seinem Schöpfer auf der einen Seite und den Rezipierenden und sonstigen Artefakten auf der anderen Seite wird dann wegen der damit verbundenen Machtasymmetrie nicht mehr akzeptiert. Und wer auf dieser Grenze beharrt, gerät in Verdacht, lediglich eigene Statusprivilegien verteidigen zu wollen.

Die Grenze zwischen Kunst und Nicht-Kunst diente Künstler:innen in der Moderne oft auch dazu, sich ohne Skrupel und rücksichtslos dessen zu bemächtigen, was außerhalb und vermeintlich weit unterhalb ihrer Welt lag. Mochte es provokant oder großzügig erscheinen, ein Stück Nicht-Kunst – ungefragt – in den Bereich der Kunst zu überführen und damit aufzuwerten, so kam alle Aufmerksamkeit, aller Ruhm auch hier wiederum alleine den Künstler:innen zugute. In Readymades, wie sie zwar noch nicht von Duchamp als ihrem »Erfinder«, aber von vielen seiner Nachfolger:innen (miss)verstanden wurden,[41] kann man sogar besonders aggressive Machtgesten erkennen. Bei ihnen werden nämlich nicht nur alle Deutungen, sondern ebenso die transferierten Artefakte den Künstler:innen zugeschrieben – obwohl sich beides anderen verdankt. Als Steigerung der für Kunstwerke typischen Monopolisierung von Anerkennung zeugen Readymades daher von einem patriarchal-kolonialistischen Habitus. Dürfte es also verwundern, wenn sie – als eine der zentralen Kunstformen der westlichen Moderne – schon bald zum Gegenstand kritischer Auseinandersetzung würden?

Aber auch angesichts ihrer mutmaßlich ursprünglichen Konzeption durch Duchamp selbst könnten sie befremden, zumindest aber als Antipoden zu Art Toys und anderen postautonomen Typen von Artefakten erscheinen. So äußerte Duchamp mehrfach sinngemäß, mit den Readymades habe er herausfinden wollen, ob es möglich sei, »Werke zu machen, die keine Kunst sind« – ob es also Dinge geben könne, die sich gleichsam in einem ontologischen Niemandsland befinden: keine Gebrauchsgegenstände mehr, aber dennoch nicht zu Kunst geworden.[42] »Weder Kunst noch Nicht-Kunst« wäre dann die Formel für sie, wohingegen die postautonomen Objekte im Gegenteil nach dem Grundsatz »Sowohl Kunst als auch Nicht-Kunst« entstehen. Sosehr Readymades also dem modernen Geist der Negation entsprungen sind, so sehr sind Art Toys und andere heutige Artefakte dem Prinzip der Addition verpflichtet.

Selbst die semantische Offenheit von Art Toys lässt sich noch als Konsequenz dieses Prinzips deuten. Denn je weniger sie in ihrer Bedeutung und Zuordnung determiniert sind und je mehr Anknüpfungspunkte sie bieten, desto Unterschiedlicheres und desto mehr lässt sich ihnen im jeweiligen Gebrauch hinzufügen. In der Summe können sie dann so viele Möglichkeiten wie *Little Cloud* enthalten. Da sich ihre diversen Bedeutungen aber vielen Besitzer:innen und Fans verdanken, treten ihre Urheber:innen zusehends in den Hintergrund. So dürften nur wenige derjenigen, die eine Version von *Little Cloud* besitzen und lieben, Borkson und Sandoval III kennen oder viel über die beiden wissen. Im Zuge des Erfolgs von Art Toys und einer weiteren Durchsetzung des Prinzips der Addition werden dafür vor allem die kollektiv geschaffenen Artefakte selbst verehrt. Schließlich könnte es, mit einiger Verspätung, in der Kunst also doch noch so etwas wie einen »Tod des Autors« geben.

Künstler:innen, die eine solche Depotenzierung ihres Status zu unterlaufen versuchen und weiterhin allen Ruhm für sich beanspruchen wollen, könnten hingegen zusehends als monomanisch und egozentrisch erscheinen. Allerdings zeugt es bereits von einer spezifisch westlich-modernen und mittlerweile überholten Sichtweise, überhaupt von »Depotenzierung« zu sprechen, und es liegt näher, die Entwicklungen von der anderen Seite aus zu beschreiben. Im Zuge eines solchen Blickwechsels würde man den entstehenden Artefakten umso mehr Kraft, Geltung, Autorität attestieren, je konsequenter ein Künstler-Sonderstatus bereits überwunden ist. Denn wo die alten Grenzen keine Rolle mehr spielen, können Einflüsse und Eigenschaften diverser Bereiche und von Menschen mit ganz unterschiedlichen Interessen und Bedürfnissen ungehindert zusammenkommen und sich daher auch mehr Ansprüche erfüllen lassen. Damit werden Artefakte möglich, die in sich mehr Qualitäten und Qualifikationen vereinen, als es ein autonomes Kunstwerk je konnte.

In den öffentlichen Debatten der westlichen Kunstwelt und darüber hinaus sind seit einigen Jahren allerdings vor allem jene Stimmen laut geworden, die von Verlustängsten und Statussorgen künden. So stillschweigend sich der Übergang von autonomen zu postautonomen Kunstformen sonst oft vollzieht und so wenig über die verschiedenen Kunstbegriffe gestritten wird, so sehr wehren sich zugleich viele derer, die noch Ideen von Meisterwerk und erhabenem Künstlertum verhaftet sind. Sie erkennen im Prinzip der Addition, durch das viel mehr Kriterien der Beurteilung von Kunst ins Spiel kommen, das Ende der Kunstfreiheit. Statt die neuen Entwicklungen auch als Befreiung der Kunst aus einem goldenen Käfig sehen zu können, fühlen sie sich von der Erwartung, offener, kooperativer und deshalb auch mit mehr Rücksicht zu agieren, eingeschränkt und belästigt, ergehen sich daher zum Teil sogar in Untergangsphantasien oder wittern zunehmend Unterdrückung und Zensur. Die Linien dieses Konflikts seien im Folgenden genauer betrachtet, erlaubt dies doch einen noch besseren Blick auf die Unterschiede zwischen autonomen und postautonomen Vorstellungen von Kunst.

5 Das Museum als Ort des Streits zwischen alten und neuen Idealen

Im Januar 2018 sorgte eine Aktion in der Manchester Art Gallery für internationales Aufsehen und große Aufregung. In Feuilletons war davon die Rede, nun werde »die Kunst- und Redefreiheit […] geopfert«[1], man sprach von »Zensur« und davon, dass eine derart »krasse Geste auf der falschen Seite der Geschichte enden« werde.[2] Allerdings wurde über die Aktion selbst meist nur unvollständig informiert – sei es, weil die Angst vor Freiheitsverlusten zu blickverengender Panik führte oder weil mit einer einseitig-verkürzten Berichterstattung Wut und Entsetzen geschürt werden sollten. Jedenfalls boten viele Artikel kaum mehr Informationen als der Tweet eines Malers, Michael J. Browne, der als Augenzeuge im Museum als Erster öffentlich über den Fall berichtete: »Manchesters ›City Art Gallery‹ hat letzte Nacht eine Performance veranstaltet, die in der dauerhaften Entfernung des präraffaelitischen Gemäldes ›Hylas und die Nymphen‹ gipfelte, weil die weiblichen Mitarbeiter es als negativ, geschmacklos und veraltet ansehen. Ist die Freiheit der Künstler in Gefahr?«[3] [Abb. 31]

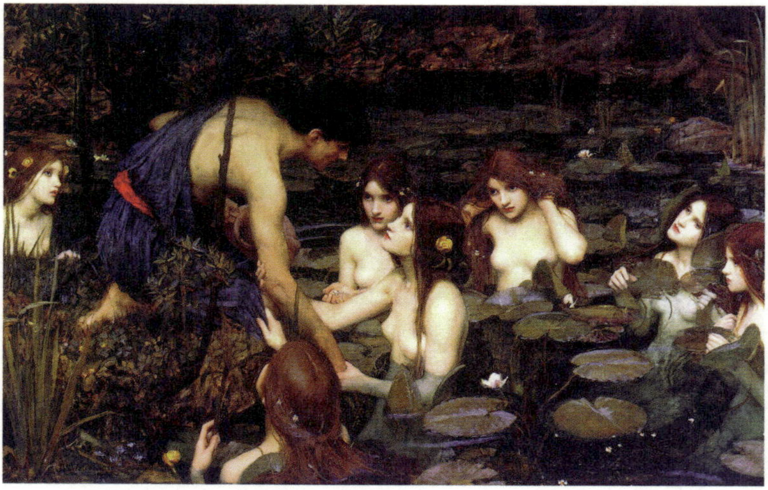

31 John William Waterhouse: *Hylas und die Nymphen* (1896)

Dass mit dem 1896 entstandenen Gemälde des viktorianischen Malers John William Waterhouse eines der Hauptwerke des Museums abgehängt wurde, ging aber nicht vom Museum, sondern von der Künstlerin Sonia Boyce aus. Sie war zu einer Einzelausstellung nach Manchester eingeladen und wollte in Vorbereitung dazu einen Film im Museum drehen. Boyce, die in den achtziger Jahren mit Werken bekannt geworden war, die ihre afro-karibische Herkunft und Rassismus zum Thema haben, plante diesmal eine institutionskritische Arbeit. Daher führte sie im Vorfeld Gespräche mit Mitarbeiter:innen des Museums, in denen diese über ihre Erfahrungen und Probleme mit den Exponaten der Sammlung berichten sollten. Dabei sei immer wieder, so Boyce, das Bild von Waterhouse erwähnt worden, das, unter dem Deckmantel eines antiken Mythos, eine Männerphantasie illustriert, in der gleich mehrere Frauen als aufreizende Verführerinnen in Erscheinung treten, zugleich aber Böses im Schilde führen. Ebenso geriet ein zweites Gemälde in den Blick: ein Porträt von James Northcote aus dem Jahr 1826, das Shakespeares Othello zeigt, in Gestalt des Schauspielers Ira Aldridge, der im frühen 19. Jahrhundert als Schwarzer diese Shakespeare-Rolle spielen durfte.

Um diese beiden Gemälde herum wollte Boyce ihren Film ansiedeln und überlegte sich ein Setting, das die Fragen und Schwierigkeiten heutiger Menschen sichtbar macht. In Reaktion auf das Northcote-Bild engagierte sie den Performancekünstler Lasana Shabazz, der vor ihm in einem weißen Kostüm sowie mit weiß geschminktem Gesicht auftrat – in Erinnerung an Aldridge, der dasselbe tun musste, wenn er keinen Schwarzen spielte. [Abb. 32] Ging es hier um Fragen von Anpassung und Unterordnung, so wollte Boyce im Fall des Waterhouse-Gemäldes die binäre Geschlechterlogik und deren Klischeebilder aufbrechen. Den Raum mit viktorianischer Kunst überließ

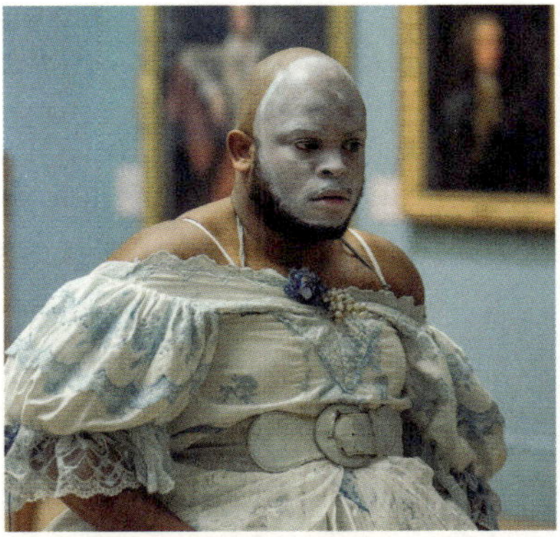

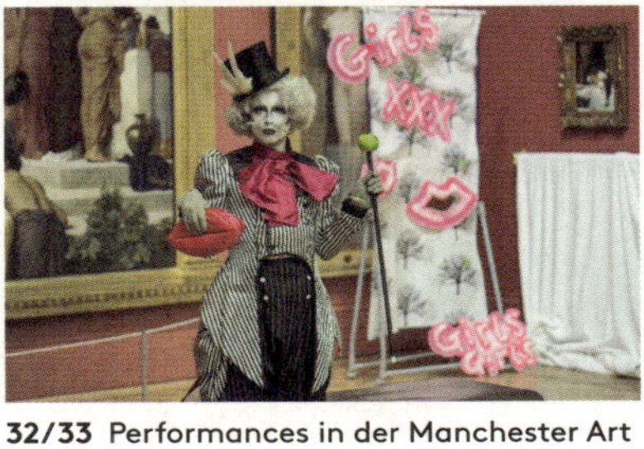

32/33 Performances in der Manchester Art Gallery (2018)

sie daher *The Family Gorgeous*, einer Gruppe von Drag Queens aus Manchester. [Abb. 33] Die Abhängung des Gemäldes war dabei angeblich zuerst gar nicht geplant, sondern ergab sich spontan aus dem Verlauf des Abends – und wurde vom Museum erst nachträglich zum Projekt erklärt.[4] Schon nach einer Woche wurde das Gemälde aber wieder aufgehängt, wobei unklar blieb, ob dies eine Entscheidung der Künstlerin war, ob das Museum dem Druck der Medien sowie der Kommunalpolitik nachgegeben hatte oder ob man es als demokratisches Votum ansah, dass die Mehrzahl derer, die mit Kommentaren an der leeren Museumswand sowie auf der Website der Manchester Art Gallery an der nach der Abhängung gestarteten Diskussion teilnahmen, sich für ein Ausstellen des Gemäldes aussprachen.

Auf der Website veröffentlichte das Museum eine Erklärung, in der die Abhängung damit begründet wurde, dass man das Frauenbild des 19. Jahrhunderts, das Frauen »entweder als ›passive dekorative Form‹ oder als ›Femme fatale‹« zeige, ihre Erscheinungsweisen also allein aus männlicher Sicht definiere, zur Debatte stellen wolle. Künftig wolle man ein Ort sein, an dem Kunstwerke in »zeitgemäßeren, relevanteren« Weisen zur Geltung kämen und an dem auf die Vielfalt der Gesellschaft Rücksicht genommen werde.[5]

Das Museum begreift sich also offenbar nicht länger nur als Anwalt der Kunst und als Sachwalter der Kunstgeschichte, will vielmehr zusätzlich nach gesellschaftspolitischen und moralischen Kriterien entscheiden, was in ihm gezeigt wird und wie es gezeigt wird. Vor allem sieht es seine Aufgabe offenbar darin, darauf zu achten, dass sich niemand diskriminiert oder zu einseitig oder gar nicht repräsentiert fühlen muss. Um sich für eine Kanonisierung zu qualifizieren, soll ein Werk also noch mehr als nur kunstspezifische Qualitäten bieten. Allerdings ist die Position des Museums nicht eindeutig, hat es das Waterhouse-Gemälde doch nicht aus eigener Entscheidung zur Disposition gestellt, sondern einer Künstlerin die Gelegenheit dazu gegeben. Man könnte sagen, dass es Boyce Sonderrechte zugestanden und sich damit letztlich doch einmal mehr der Kunst untergeordnet hat. Oder hat das Museum die Künstlerin nur vorgeschoben, um sich selbst aus der Schusslinie zu nehmen – und um eine Debatte anzustoßen, die es im eigenen Namen nur schwerer als unter Berufung auf die Kunstfreiheit hätte führen können? Als Teil einer Performance ließ sich der Akt des Abhängens immerhin selbst als

Kunst präsentieren; man musste keine kuratorische Entscheidung verteidigen und konnte darauf hoffen, sich gegen Zensur-Vorwürfe zu immunisieren.

Da die Rolle von Sonia Boyce bei den heftigen Protesten in den Feuilletons jedoch weitgehend ausgeblendet wurde, gelang zumindest Letzteres nicht. Sehr schnell und ziemlich einhellig wurde angesichts der Abhängung eines einzigen Gemäldes vor Bilderstürmerei und Säuberungen im Stil diktatorischer Regimes gewarnt. Boyce selbst beklagte die Polarisierung, die durch den Zensurvorwurf entstehe, äußerte aber auch Verständnis für die Aggressivität mancher Äußerung. Denn letztlich stelle sie mit ihrer Aktion die Machtfrage: Es gehe darum, »wer das Recht hat oder es sich nimmt, eine Meinung zu vertreten«, vor allem aber darum, »wer die Macht hat, bestimmte Sichtweisen zu präsentieren«.[6]

Mit ihrer Aktion wollte Boyce also zunächst einmal nur darauf aufmerksam machen, dass in einem westlichen Museum die längste Zeit weder Frauen noch Vertreter:innen von Minderheiten oder Mitarbeiter:innen die Möglichkeit zur Mitbestimmung hatten. Sonst wären vermutlich andere Werke gesammelt worden; es hätte andere Schwerpunktsetzungen gegeben, auch manche Präsentation wäre anders ausgefallen. Insgesamt wären die Museumsbestände heute vielfältiger und kontroverser, hätten unterschiedliche Milieus der Gesellschaft darüber entscheiden können, was angekauft und gezeigt wird. Daher lässt sich dem Museum sogar vorhalten, in seiner bisherigen Geschichte in großem Stil Zensur betrieben und vieles ausgesperrt, ja nur eine ziemlich einseitige Sicht auf die Welt zugelassen zu haben.

Dass aber erst dann über Zensur geklagt wird, wenn innerhalb einer Performance exemplarisch und symbolisch ein Werk von der Wand genommen wird, zeugt davon, wie sehr diejenigen, die bisher ein Machtmonopol hatten, dessen Verlust befürchten. Da sie selbst lange Zeit vieles ganz selbstverständlich ausgeschlossen haben, unterstellen sie, künftig – bei neuen Machtverhältnissen – werde im Gegenzug alles verbannt, was sie selbst als museumswürdig ansehen. Sie malen sich vermeintliche Rachefeldzüge aktivistischer Bilderstürmer:innen aus, und kaum etwas ist beliebter als die besorgte Frage, was wohl als Nächstes zum Opfer eines Verdikts werde. Wenn Waterhouse abgehängt werde, dann müsse »nach derselben Logik« auch eine Venus-Darstellung von Velázquez, müssten Gemälde von

Tizian oder Picasso aus den Museen verschwinden, behauptete etwa der Kunstkritiker Jonathan Jones im *Guardian*.[7] Der Schriftsteller Andrew N. Wilson ging in einem Artikel für das Boulevard-Blatt *Daily Mail* noch weiter und zählte nicht nur Werke von Bronzino und Tizian, von Édouard Manet und Paul Gauguin auf, die nun verbannt werden müssten, verglich die Aktion von Manchester auch nicht nur mit der Zerstörung von Buddha-Figuren durch die Taliban, sondern prophezeite, dass schon bald sämtliche nackte Haut aus den Museen entfernt werde.[8]

Aber nicht nur Jones und Wilson unterstellen denjenigen, die gegen den bestehenden Kanon rebellieren, Puritanismus und Prüderie. Vielmehr ist dies ein gerne praktizierter – und geschickter – Schachzug, um sich selbst auf der Seite von Toleranz und fortschrittlichem Liberalismus zu positionieren, während die gegnerische Partei als verklemmt, überempfindlich, humorlos und uncool, gar als jakobinisch rigoros erscheint. Der neue Puritanismus verlange, dass man sich dafür geniere, auch nur einen Blick auf ein Bild wie das von Waterhouse zu werfen, heißt es bei Wilson.[9] Die Motive von Boyce und anderen werden damit bis zur Unkenntlichkeit verzerrt, geht es doch niemandem um verletzte Schamgefühle, sondern darum, auf einen Mangel an Selbstbestimmung über das eigene Bild, auf fehlende Mitsprache über Fragen der Repräsentation hinzuweisen. Was verletzt wird, ist das demokratische Recht, Einfluss darauf nehmen zu können, wie in einem öffentlichen Museum das eigene Geschlecht, das eigene Milieu oder die eigene Welterfahrung verhandelt werden. Es geht um Gerechtigkeit und nicht um Keuschheit und Prüderie.

In Kunstmuseen fand die Idee autonomer Kunst lange Zeit ihre Vollendung. Hier wurden die Werke, befreit von anderen Funktionen, so umfassend wie nirgendwo sonst als Kunst betrachtet, hier diskutierte, veranschaulichte, feierte man deren Entwicklung und Geschichte. Und warum sollte sich daran etwas ändern müssen? Wurde die Autonomie der Kunst ursprünglich denn nicht selbst gerade mit dem Anspruch und in der Hoffnung forciert, einen Ort der Immunität zu schaffen, an dem Partikularinteressen und Machtgesten keine Rolle spielen? Von dem aus sich emanzipatorische Kräfte entfalten können und eine freiere Gesellschaft möglich wird? Vor allem sah man es als besondere Fähigkeit der Kunst an, zwischen sonst sich wechselseitig in den Vordergrund drängenden Kräften auszugleichen. Sofern Kunstwerke jedwede Einseitigkeit transzendierten, könnten sie ihr Publikum in eine Stimmung versetzen, die sich durch »hohe Gleichmütigkeit und Freiheit des Geistes« auszeichne, heißt es in Friedrich Schillers Briefen *Über die ästhetische Erziehung des Menschen* (1795).[10] Begegnungen mit Kunst sollten also die Chance bieten, durchzuatmen, sich neu zu besinnen und so letztlich mehr Selbstbestimmung zu erreichen.

Doch wenn die Autonomie-Idee heute kritisiert und von Museen erwartet wird, sich nicht mehr als Musentempel, sondern eher als Orte gesellschaftspolitischer Debatten zu begreifen, liegt das daran, dass viele die von Schiller und anderen beschworenen Erfahrungen mit Kunst nie machen konnten. Ihre Erfahrung besteht vielmehr darin, dass überall da, wo von Freiheit die Rede ist, nur die Freiheit einer privilegierten – reichen, mächtigen – Elite gemeint ist, die oft wie selbstverständlich über ein Umfeld verfügt, in dem Bildung und Muße keine knappen Güter sind. Die Freiheit der Kunst – gerade der bildenden Kunst – erleben sie als Spiel von Insidern, in dem sie nicht vorkommen oder höchstens undankbare, jedenfalls kaum bestimmende Rollen einnehmen. Autonomie der Kunst bedeutet für sie also bloß, dass das Recht des Stärkeren gilt. Der Idealismus aus Schillers Zeiten erschließt sich ihnen nicht.

Zu erwarten, dass sie nun ein Bekenntnis zur Autonomie der Kunst ablegen und sich auf eine Idee berufen, deren Entwicklung weitgehend ohne sie stattgefunden hat, ist daher ziemlich abwegig, ja fast dreist. Was sollen beispielsweise Frauen, Schwarze und Menschen aus diversen Minderheiten mit einer Geschichte anfangen, in der ihre Perspektiven fast nie beachtet wurden, weil man sie von vornherein als weniger wichtig, als unterlegen einschätzte? Wieso sollten sie glauben, dass etwas, das sie selbst als Exklusion erfahren haben, emanzipatorisch und therapeutisch sein kann?

Auch deshalb sieht es also nach einem Ende des Zeitalters autonomer Kunst aus, und in keiner anderen Institution ist das so spürbar wie im Museum. Dabei geht es, wie der Fall von Manchester zeigt, um zweierlei. Brachte Boyce, ihrerseits Vertreterin einer Minderheit, Künstler:innen ins Museum, die dort bis vor Kurzem nicht gefragt waren, so plädierte sie damit dafür, dass das Museumsprogramm vielfältiger zu werden habe und endlich auch bisher Unterrepräsentiertes gezeigt werden müsse. Mit der Abhängung des Waterhouse-Gemäldes gab sie zugleich das Signal, die bisherigen Bestände – bis hin zu den vermeintlichen Hauptwerken – einer kritischen Betrachtung zu unterziehen. Das aber führt zu Debatten über ganz grundsätzliche Fragen, die sehr ähnlich auch in vielen anderen Museen verhandelt – oder zumindest gestellt – werden. Die Kunsttheoretikerin Nora Sternfeld hat sie bündig so zusammengefasst: »Wer spricht im Museum? Was gilt als Geschichte, als Kunst, als das Ganze der Gesellschaft? Welche Identitäten und Ausschlüsse werden dabei konstruiert? Kurz: wem gehört das Museum?«[11]

Einige Museen in den USA haben mittlerweile vereinzelt damit begonnen, Werke überrepräsentierter Künstler zu verkaufen, um mit dem Geld Kunst bisher vernachlässigter Richtungen zu erwerben.[12] Da die Regularien der Museen sowie die Empfindlichkeiten des Markts Verkäufen jedoch relativ enge Grenzen setzen, dürfte daraus kein Massenphänomen werden. Für staatliche Museen in Deutschland wären solche Transaktionen ohnehin verboten; ihnen bleibt nur, Werke, die sie nicht mehr zeitgemäß oder ausstellenswert finden, ins Depot zu verbannen (wie das auch früher geschehen ist) oder beispielhaft zur Diskussion zu stellen. Da es aber hieße, Teile der Geschichte zu verdrängen statt sie aufzuarbeiten, wenn man die Werke einfach abhängt, sollte es als Aufgabe angesehen werden, die erkannten Defizite und umstrittenen Darstellungen zum Gegenstand von Vermittlungsarbeit zu machen – allerdings ohne diese Aufgabe nur an Künstler:innen zu delegieren. Vielmehr können verschiedene Abteilungen eines Museums zusammenwirken, um das Publikum darin zu schulen, Spielarten und Topoi von Abwertung und Diskriminierung zu erkennen, aber auch darauf aufmerksam zu machen, in welchen Werken bestimmte Konflikte vielleicht schon vor langer Zeit aufgegriffen wurden.

Manchmal genügt ein Wandtext, um ein Problem bewusst zu machen oder den Blick auf bisher Übersehenes zu lenken, manchmal sind eigene Führungen sinnvoller, und innerhalb der Museumspädagogik wird vor allem dann mit verschiedenen Methoden experimentiert, wenn man unerwünschte Wirkungen eines Exponats bannen will. So erprobt man etwa Techniken des »Productive Looking«, die darin bestehen, alternative Sichtweisen auf ein Kunstwerk zu entwickeln. Statt Bilder nicht mehr zu zeigen, lässt man sich umso aufmerksamer auf sie ein, um daraus »eine spannungsreiche Praxis zwischen affektiver Verführung und kritischer Analyse der eigenen Wahrnehmungsmuster« zu entfalten, wie die Philosophin Ines Kleesattel vorschlägt. Das Ziel besteht darin, Polarisierungen zu überwinden und Diskurse »produktiv [zu] verschieben«.[13]

Oder aber Museen schaffen Raum für spezielle Konstellationen und Ausstellungen. Dabei haben einige Häuser Werke, die nicht mehr in der Schausammlung waren, sogar eigens wieder aufgehängt, um darüber diskutieren zu lassen, betreiben also gerade das Gegenteil der »Säuberung«, die ihnen vorgeworfen wird. So legte man in der Hamburger Kunsthalle 2020 ein hinter einer Wand verborgenes Hauptwerk Hans Makarts frei, um daran – sowohl im Museumsraum selbst als auch auf einer Website – exemplarisch das Künstler- sowie das Frauenbild der Salonmalerei des 19. Jahrhunderts zu erörtern.[14]

Das Kölner Museum Ludwig startete 2019 die Reihe »Bild und Gegenbild«, und für die erste Folge holte man das 1926/27 entstandene Gemälde *Zwei Zigeunerinnen mit Katze* des Expressionisten Otto Mueller aus dem Depot und stellte es einem Dokumentarfilm von Peter und Zsóka Nestler über die jahrhundertelange Verfolgung der Sinti und Roma gegenüber. [Abb. 34] Mit dieser temporären Installation wollte man erproben, »wie der Blick auf Kunst um historische, soziale und politische Aspekte erweitert werden kann«.[15] Im konkreten Fall ging es um die Analyse, welche »sexistischen und rassistischen Elemente« Muellers Bild enthält, wie die verantwortliche Kuratorin Julia Friedrich erläuterte.[16] Zur Diskussion stand, ob die Frauen einer ohnehin schon diskriminierten Ethnie bei Mueller klischeehaft als exotisch-wild und naturnah – und entsprechend als sexuell verfügbar – dargestellt sind. Durch die Ausstellung sollte also erörtert werden, inwiefern ein stilistisch forscher und mutiger Maler zugleich ein ziemlich holzschnittartiges Menschenbild haben konnte; vielleicht sah er sein Sujet weniger durch die eigenen Augen, als sich vielmehr

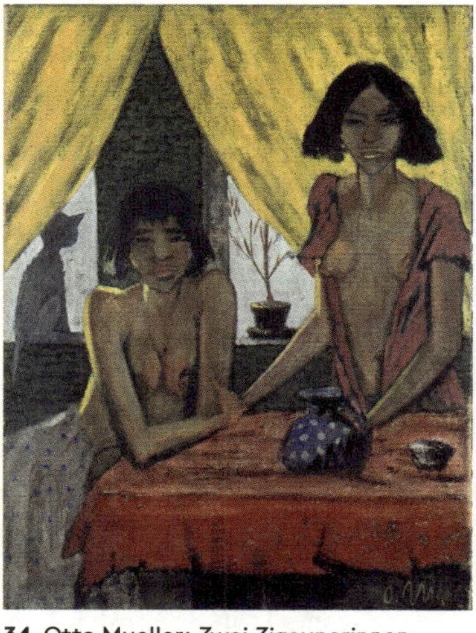

34 Otto Mueller: *Zwei Zigeunerinnen mit Katze* (1926/27)

von übernommenen und zum Teil abwertenden Vorstellungen leiten zu lassen.

Wer dem idealistischen Verständnis von Kunstautonomie anhängt, empfindet ein solches Urteil und das gesamte Vorgehen des Museums wohl als Verrat an *der* Kunst.[17] Wird das Kunstwerk damit nicht zum mentalitätsgeschichtlichen Zeitzeugnis herabgestuft? Und wird der Künstler nicht vor allem in seinen Makeln und Schwächen vorgeführt? Von einer »Entwertung der Person« und allgemeiner von einer »Entwertung tradierter Ästhetik« spricht der Journalist Thomas Hartung in einer Kritik des Projekts für das Magazin *Tumult* und unterstellt dem Museum Ludwig eine »Zwangspolitisierung«, durch die Kunstwerke nach Maßstäben beurteilt würden, die zur Zeit ihrer Entstehung noch gar nicht existiert hätten: »Muss man jetzt Künstlern, Politikern, ja allen Menschen raten, jedes Werk, jedes Wort, jeden Schritt darauf zu prüfen, ob sie nicht gegen mögliche Sittenregeln verstoßen, die erst in 100 Jahren formuliert werden? Sind die Bilderstürmer wieder da, denen erst die Bücherverbrenner und dann die Menschheitsvernichter folgen?«[18]

Wiederum wird also über die Gegenseite behauptet, sie wolle etwas vernichten (und nicht nur zur Diskussion stellen), zudem wird dramatisch extrapoliert (bis hin zum Schreckensbild eines Völkermords, auf den Projekte wie das des Museum Ludwig angeblich vorbereiteten). Die Fixierung auf die unbedingte Freiheit – und vor allem Immunität – der Kunst ist offenbar so stark, dass jede Form von Relativierung als brutaler, maßloser Eingriff empfunden und umgekehrt keine Freiheit der Kritik zugestanden wird. Erst recht kann offenbar nicht anerkannt werden, dass es eigentlich um etwas im besten Sinne Anspruchsvolles geht, nämlich um eine Vermehrung von Beurteilungskriterien für Kunstwerke, über deren Qualität damit umfassender, multiperspektivischer und differenzierter als bisher nachgedacht werden kann. Dabei ist es im Übrigen auch eine grobe Verkürzung, zu glauben, die ersten Verfechter der Autonomie-Idee hätten die Freiheit der Kunst als etwas Absolutes angesehen. Vielmehr lässt sich hier nochmals Schiller zitieren, der in den *Kallias-Briefen* zwei Gesetze formulierte, die erfüllt sein müssten, damit sich etwas als schön und so auch als Kunst qualifizieren könne. Das erste Gesetz lautet bei ihm »Schone fremde Freiheit« – und erst das zweite »Zeige selbst Freiheit«.[19]

Die Frage, ob ein Kunstwerk »fremde Freiheit« beeinträchtigt oder gar missachtet und etwa einzelne Menschengruppen herabsetzt oder in ihrer Würde kränkt, sollte also nicht als sachfremd und erst recht nicht als nachträgliche »Zwangspolitisierung« abgetan werden. Und umgekehrt müsste sich, wer so fundamental Kritik an Projekten wie in Manchester oder Köln übt, fragen lassen, was die Freiheit der Kunst denn wert ist, ja zu was sie führt, wenn sie darin aufgeht, jeden blinden Fleck zu legitimieren oder sogar erklärtermaßen rücksichtslos und naiv sein zu dürfen. Sind damit Erkenntnisse, Bewusstseinszustände oder andere Gewinne verbunden, zu denen sich sonst nicht gelangen ließe – und die es rechtfertigen, dass man sie auf Kosten anderer erzielt?

Vielleicht aber ist ein einseitig vereinfachter Begriff von Kunstautonomie auch deshalb so beliebt, weil er das Vorbild, zumindest aber das Wunschbild eines vollendeten Individualismus darstellt. Künstler:innen verkörperten in der Moderne »ein Rollenmodell für die Subjekte in liberalen Demokratien«, schreibt etwa der Philosoph Harry Lehmann. Und er hält diese »weit ausstrahlende Vorbildfunktion« für so wichtig, dass er jegliche »Maßregelung und Gängelung von Künstlern« als »verheerend«, ja sogar als Bedrohung für die freiheitliche Demokratie ansieht. Für ihn fungiert die Kunst als »Freiraum [...], in dem liberale Demokratien ihren Liberalismus in einer exzessiven Form ausleben können«, was heißt, dass es »keine Darstellungsverbote gibt«, egal »was einzelne Personen oder gesellschaftliche Gruppen oder auch die Mehrheit der Gesellschaft davon halten«.[20]

Dass gerade liberale Demokratien Orte brauchen sollten, an denen es undemokratisch zugeht und an denen sogar nach Belieben diskriminiert, beleidigt, verletzt werden darf, erscheint jedoch wenigstens fragwürdig. Wer so argumentiert, verweigert sich vielmehr jeglicher Differenzierung und erhebt den eigentlich traurigen Befund, dass im Kunstbetrieb das Recht des Stärkeren gilt, zu einem Ideal. Und wird eine derart einseitig verstandene Kunstfreiheit, zu der auch die beliebte Maxime gehört, dass Kunst wehtun müsse, gar noch zum Vorbild für die gesamte Gesellschaft erklärt, ist in der Konsequenz jede Art von Rücksichtslosigkeit gestattet. Ein derart verkürzter und radikalisierter Begriff von Autonomie verträgt sich also »schlecht mit dem Gemeinsinn«, wie die Philosophin Mirjam Schaub konstatiert.

Und sofern Künstler:innen darauf beharren, so ließe sich weiter folgern, könnten sie zunehmend als Problemfälle erscheinen: als zu plump und selbstherrlich, ja als antiquiert in ihrem Selbstverständnis. Sosehr sie während der Moderne eine Avantgarde- und Vorbildrolle abonniert hatten, so sehr würden sie dann aus der Zeit fallen.[21]

Das aber müsste nicht sein. Denn eine gravierende Veränderung des eigenen Verhaltens, ja etwas anderes als ein bisschen mehr Reflektiertheit wird von Künstler:innen überhaupt nicht verlangt. So können selbst erklärte Liberale wie der Verfassungsjurist Christoph Möllers dem Alarmismus nicht folgen, wonach die »einst freie Kunst [...] heute von allen Seiten belagert« werde. Nüchtern stellt er fest, dass eine solche Vorstellung »ihre Überprüfung nicht überstehen« würde.[22] Doch wer schon mit Opfer-Allüren und Zensur-Phantasien auf das Ansinnen reagiert, bei der Bewertung von Kunst auch noch Gesichtspunkte wie die Wirkung eines Werks auf Menschen jenseits der Mehrheitsgesellschaft zu berücksichtigen, wird sich von solchen Urteilen vermutlich nicht beschwichtigen lassen. Daher ist auch nicht zu erwarten, dass sich an der konfrontativen Lage in der Kunstwelt kurzfristig etwas ändert. Vielmehr erscheint sogar ein noch aggressiverer Debattenton möglich. Und selbst wenn die Warnungen vor »Cancel Culture« und Bildersturm bloße rhetorische Übungen bleiben sollten und zu keinen institutionellen Konsequenzen – etwa einer Spaltung innerhalb der Museumsszene – führen, sind sie nicht folgenlos und provozieren bei der Gegenseite ihrerseits Verhärtungen und Ideologisierungen. So entsteht die Gefahr, dass für einige Museums-Projekte, bei denen bisher allein kunsthistorisch beurteilte Werke umfassender in den Blick genommen werden, nicht die richtige Form gefunden wird.

Das Ausstellen könnte dann tatsächlich zum An-den-Pranger-Stellen geraten, so wie es vielleicht passiert wäre, hätte man den Vorschlag der Kunsthistorikerin Claire Bishop und der Kuratorin Nikki Columbus aufgegriffen, denen es nicht genügte, *Les Demoiselles d'Avignon* im MoMA durch Faith Ringgolds Gemälde *Die* infrage zu stellen. Sie hätten Picassos Gemälde vielmehr gerne mit Fotos afrikanischer Masken konfrontiert, die der Maler 1907 im Pariser Museum Trocadéro gesehen hatte und die ihm als Vorbild für seine Darstellung der Frauen auf dem Bild dienten. Doch nicht genug damit, Picasso als Profiteur und Unterstützer kolonialistischer Praktiken zu kritisieren:

Der Vorschlag der beiden sah zudem vor, eine Vorstudie zu *Les Demoiselles d'Avignon* aufzuhängen, auf der zusätzlich zu den fünf Frauen ein – bekleideter – Freier abgebildet ist, der diese gerade begutachtet.[23] Damit hätte deutlich werden sollen, wie sehr Picasso Frauen auf Männern untergeordnete – unterworfene – Sexobjekte reduzierte. Da sich das Museum im Fall einer solchen Präsentation genauso einseitig auf weltanschaulich-mentalitätsgeschichtliche Aspekte konzentriert hätte, wie es sich lange ausschließlich für kunstspezifische Belange interessierte, wäre aus dem Heroen der Avantgarde der Prototyp, gar eine Karikatur des »alten weißen Mannes« geworden; der Ehrenplatz im MoMA hätte sich in einen Ort der Anklage verwandelt.

Wie vergiftet die Debattenkultur ist, zeigte sich im Herbst 2020 ein weiteres Mal. So verschoben vier Museen in den USA und in Großbritannien eine für 2021 geplante Philip-Guston-Retrospektive um mehrere Jahre. Die darauffolgenden Zensur-Vorwürfe waren von Häme begleitet, traf die Verschiebung in diesem Fall doch einen Künstler, dessen Biografie und Werk selbst strengen Maßstäben der sogenannten »Political Correctness« genügen. So hat Guston mit einer Reihe von Gemälden über den Ku-Klux-Klan, die auch im Zentrum der Ausstellung stehen sollten, Rechtsextremismus und Rassismus ausdrücklich verurteilt, sich darüber hinaus selbstkritisch mit seiner Rolle als Weißer auseinandergesetzt. Diese Gemälde nun nicht zu zeigen ließ sich daher so deuten, als seien die Verantwortlichen in den Museen und ihr Publikum schon derart fanatisch und empfindlich geworden, dass sie es nicht einmal mehr ertragen, wenn irgendwo auch nur Motive oder Symbole ihnen verhasster Bewegungen auftauchen. Und als die Verschiebung von offizieller Seite der National Gallery Washington unter anderem damit begründet wurde, es bestehe die Gefahr, dass Gustons Bilder missverstanden würden, kamen erst recht Zweifel auf.[24] Wie sollte man eine Kunst, die sich so klar positioniert, denn missverstehen können? »Die ›Cancel Culture‹ der Museen ist der heutige Ku-Klux-Klan, diesmal nur mit Hochschulabschluss«, schrieb der Kunstkritiker Brian T. Allen daraufhin polemisch in der konservativen Zeitschrift *National Review*, setzte Museumspolitik also einmal mehr mit Extremismus und Gewalt gleich.[25]

Ein genauerer Blick auf den Fall lässt jedoch eine andere Motivlage erkennen. Da die Museen mit einer Guston-Retrospektive demonstrativ einen Beitrag gegen Rassismus leisten wollen, ist damit zu rechnen, dass sie als Institutionen, die lange Zeit nur die dominante weiße Mehrheitsgesellschaft repräsentierten, umso genauer unter die Lupe genommen und dann auch rasch der bloßen Schönfärberei bezichtigt werden. Und nachdem die *Black-Lives-Matter*-Bewegung infolge des gewaltsamen Tods von George Floyd im Mai 2020 viel Unterstützung erfahren hatte, wuchs bei den Verantwortlichen offenbar die Sorge, den Anforderungen, die eine solche Ausstellung mit sich bringt, nicht genügen zu können: Würde sie nicht den investigativen Ehrgeiz von Aktivist:innen wecken, alle Beteiligten auf ihre politischen Einstellungen und mögliche Verquickungen mit rassistischen Organisationen hin abzuklopfen? So wurde die Ausstellung vor allem verschoben, weil man Bedenken hatte, die eigenen Stifter, Aufsichtsratsmitglieder und Leihgeber in intrikate Situationen zu bringen, mit Rücktrittsforderungen konfrontiert zu werden oder auf andere Weise langfristigen ökonomischen und ideellen Schaden zu erleiden. »Vielleicht fanden sich«, so mutmaßte die Kunstkritikerin Brigitte Werneburg, einfach »nicht die Sponsoren, bei denen die Museen sicher sein konnten, keine unliebsamen Verbindungen zu rassistischen Praktiken und Institutionen zu finden, würde hier erst einmal recherchiert«.[26]

Das einzuräumen hätte diejenigen, die man schützen wollte, aber auch schon kompromittiert; daher blieben die Museen in ihrer Begründung so vage und schufen entsprechend Raum für böswillige Unterstellungen. Hätten sie hingegen schon früher damit begonnen, ihre Geschichte und ihre internen Verhältnisse aufzuarbeiten, hätten sie eventuelle Kontroversen gelassen abwarten können. In einem offenen Brief warfen ihnen zahlreiche Vertreter:innen der Kunstwelt deshalb auch »langjähriges Versagen bei der Ausbildung, Integration und Vorbereitung auf den zu erwartenden Druck« vor, der dadurch entstehe, dass Themen wie Rassismus endlich ernst genommen werden müssten.[27]

Projekte wie die Guston-Ausstellung dürften aus denselben Gründen auch in den nächsten Jahren nur zögerlich verfolgt werden, während zugleich zu erwarten ist, dass politisch klar positionierte Kunst die Museen dazu zwingt, sich selbst mehr und mehr zu durchleuchten und zu reformieren. Daraus kann sich eine eigene Dynamik entwickeln, die den Institutionen einiges abverlangt, denn wenn man erst einmal das Ziel ausgibt, die Auswahl der Neuerwerbungen wie auch die Zusammensetzung der Belegschaften an der Gesellschaft und ihrer pluralen Verfasstheit zu orientieren, werden vermutlich immer noch weitere Defizite aufgespürt. Und selbst wenn sämtliche Milieus berücksichtigt und alle potenziellen Diskriminierungen überwunden sein sollten, wäre gemessen am Anspruch umfassender Gerechtigkeit noch nichts in Ordnung. Dann bliebe immer noch die Herkunft vieler Bestände – etwa aus kolonialer Zeit – ungeklärt und problematisch. Außerdem wäre die Klimabilanz von Gebäuden und Ausstellungen weiterhin schlecht, überhaupt stünden ökologische Defizite verstärkt zur Debatte. Hinsichtlich sowohl vergangener als auch künftiger Generationen gibt es also noch genügend Stoff für Kritik an den Museen.

Schon wird absehbar, dass Museen nicht mehr, wie früher, um die besten Stücke, auch nicht mehr, wie heute, um die größten Besucherzahlen, sondern vor allem darum konkurrieren, wer soziale, zivilgesellschaftliche und ökologische Standards am besten zu erfüllen vermag. Die Konkurrenz wird dadurch angeheizt, dass alle dem Argwohn ausgesetzt sind, noch zu wenig zu machen. Dazu kommt ferner das Misstrauen, andere könnten ihre Bekenntnisse nicht ernst meinen, aber zugleich auch Stolz darauf, in der ein oder anderen Hinsicht weiter als andere zu sein, mehr verstanden oder überzeugender Defizite behoben zu haben. Der Anspruch, selbst aufgeklärt und sensibel für diverse Anliegen zu sein, ist also oft begleitet vom Blick auf andere, mit denen man sich vergleicht und bei denen man entsprechend nach blinden Flecken und Halbherzigkeiten sucht. Dass das nicht nur sympathisch ist und selbst wiederum Kritik hervorruft, liegt auf der Hand.

Diese Kritik kommt wiederum vor allem von denjenigen, die sich in ihrer männlich-weißen Autonomieherrlichkeit angegriffen fühlen. Sie bezeichnen ihre Gegner:innen am liebsten als »woke«, womit sie einen Begriff aufgreifen und vereinnahmen, der ursprünglich aus der afro-amerikanischen Bürgerrechtsbewegung stammt und diejenigen würdigen soll, die wach gegenüber Diskriminierungen sind und damit zu deren Überwindung beitragen wollen.[28] Wer »Wokeness« nun jedoch nur noch als Ausdruck für eine ziemlich selbstgerechte, hochmütige Form von Aufgeklärtheit verwendet, will das ursprüngliche Anliegen eines Strebens nach mehr sozialer Gerechtigkeit diskreditieren, ja suggerieren, Sensibilität sei zwangsläufig gleichbedeutend mit Überheblichkeit.

Dass nun aber gerade Museen als Vorbilder für andere Institutionen, als Labore des Prozesses der Zivilisation begriffen werden, ist vermutlich ihrer Geschichte geschuldet. Sollten sie von Anfang an Orte der Bildung und Emanzipation sein, die grundsätzlich allen offenstehen und in denen die Kunst als öffentliches Gut betrachtet wird, so sind sie auch dazu disponiert, die jeweiligen sozialen und moralischen Standards der Gesellschaft sichtbar zu machen und weiterzuentwickeln. Sosehr sie als »White Cube« die Kunst vor Instrumentalisierungen schützen, so sehr sollen sie auch »Safe Space« sein, wo niemand mehr fürchten muss, verstört oder gar beleidigt zu werden.

Für Museen gilt also dasselbe wie für die Kunst, die in ihnen gezeigt wird: Beides soll vielfältigen Kriterien genügen und in mustergültiger Weise Sensibilität für unterschiedliche Bedürfnisse und Lebensweisen zum Ausdruck bringen. Museen und Kunst werden damit immer mehr zum Gegenstück von intersektionaler Benachteiligung. Ergibt sich Intersektionalität daraus, in mehrfacher Hinsicht – etwa als Frau, als People of Color, als queer und als arbeitslos – Diskriminierung ausgesetzt zu sein, so gelingt es Museen und Kunst, diese ihrerseits in mehrfacher Hinsicht zu erkennen, zu reflektieren und zu kompensieren – wenn auch zu dem Preis, sich moralische Überheblichkeit und Strebertum vorhalten lassen zu müssen.

Dass Kunst und Museen mittlerweile als »Wokeness«-Avantgarde erscheinen, ist allerdings insofern verwunderlich, als das Autonomie-Ideal und das damit verbundene Beharren auf Freiheitsprivilegien ein Umdenken lange verhindert hatten. Zwar waren einige sozialkritische und emanzipatorische Anliegen mit dem Autonomiestreben gut vereinbar, haben also auch während der gesamten Moderne – von Gustave Courbet über Hannah Höch bis zu Jörg Immendorff – schon Tradition, doch für anderes fühlte man sich nicht zuständig oder durfte sogar überzeugt davon sein, sich ausdrücklich nicht darum kümmern zu müssen. Mochten in anderen Bereichen umweltschädliche Materialien und unökologische Produktionsprozesse, miserable Arbeitsbedingungen und schlechte Löhne von Angestellten zum Thema werden, so war man in Museen und unter

Künstler:innen weithin der Ansicht, dass Kunst in höheren Sphären angesiedelt und daher derartig profaner Fragen enthoben sei. Oder wäre es nicht kleingeistig, bei einem großen Kunstwerk zu fragen, ob es nachhaltig und fair produziert, transportiert, konserviert wurde?

Durch die Freiheitsprivilegien ist der gesamte Kunstbetrieb also zuerst einmal in Rückstand gegenüber anderen Bereichen geraten, in denen man schon früher damit begonnen hat, ökologische und soziale Kriterien ernst zu nehmen. Vor allem Hersteller von Konsumprodukten haben diesbezüglich zum Teil deutlich strengere Standards etabliert, oft auf Druck von Verbraucher- und Bürgerinitiativen, politischen Parteien und Verbänden. Dass Formen industrieller Produktion und Konsum generell immer ein schlechtes Image hatten, dürfte die Bereitschaft zu Veränderung beschleunigt und verstärkt haben, bestand für die Hersteller so doch der Anreiz, aus der Defensive zu kommen und die Nachfrage nach ihren Produkten auch noch in Zeiten zu sichern, in denen Konsument:innen dank der Sozialen Medien wirkungsvoller auftreten können denn je.

Um das entstandene Kriteriendefizit zu beheben, in das der Kunstbetrieb geraten ist, orientieren Museen, Auktionshäuser und Galerien, aber auch Künstler:innen sich nun an Bereichen, in denen schon mehr Rücksichtnahme üblich ist und entsprechend unter anderen Bedingungen produziert wird. Auch deshalb sind auf einmal Kooperationen mit einem Mode-Label, einem Design-Studio oder einem anderen Markenhersteller attraktiv, können Künstler:innen oder Kunstinstitutionen doch auf diese Weise von deren gutem sozialen oder ökologischen Image profitieren und sich zugleich abschauen, wo und wie sie selbst künftig höheren Standards genügen könnten. Galt Kunst früher aus eigener Kraft als Vorbild, so braucht sie heute also den Beistand anderer Bereiche, um nicht zu sehr ins Hintertreffen zu geraten. Ihre Vergangenheit als Ort voller Ideale weckt aber zugleich Hoffnungen, sie könne auch künftig wieder eine fortschrittliche Rolle einnehmen.

Damit ändern sich jedoch auch die Erwartungen, die an Kunst gerichtet werden. Um weiterhin Geltung beanspruchen zu können, muss sie mehr bieten als bisher. So wie viele – vor allem junge – Unternehmen heutzutage nicht mehr ausschließlich auf die kapitalistische Maximierung ihrer Profite ausgerichtet sind, sondern auch andere Ziele verfolgen, also Gewinn und nachhaltiges, sozial verträgliches Wirtschaften miteinander versöhnen wollen, gilt erst recht für Künstler:innen, dass sie Verschiedenes zugleich im Blick haben und in unterschiedlichen Dimensionen denken sollten. Von ihnen wünscht man sich, dass sie nicht nur die Kategorien der Kunst im Blick haben – diese umgekehrt aber auch nicht missachten, nur weil sie auf einmal stärker berücksichtigen, wie ein Werk auf verschiedene Teile seines Publikums wirken könnte oder unter welchen Bedingungen es entstanden ist. Gerade weil an Kunst schon immer höhere Ansprüche als an anderes gestellt wurden, sollte sie nicht nur in einem, sondern in vielen Aspekten überdurchschnittlich sein, nicht nur formal brillant, geistreich und überraschend, sondern zugleich frei von Diskriminierungen, ressourcenbewusst und unter fairen Bedingungen produziert sein.

Kunst, die heute entsteht, ist aufgrund der diversen Kriterien, die dabei im Spiel sind, bestenfalls umfassend reflektiert und damit auch sorgfältiger als die meisten früheren Werke. Doch ob sie deshalb von höherer Qualität ist – mehr bewirken kann, mehr bewundert wird? Wird Kunst nicht auch langweilig, wenn sie nach Checklisten entsteht? Wenn es vor allem darum geht, dass man Häkchen hinter die beachteten Standards setzen kann? Könnte man dann nicht sogar wie in anderen Bereichen mit Gütesiegeln arbeiten, die nach klar definierten Richtlinien vergeben werden? Und wo soll man überhaupt Grenzen ziehen, wenn der Anforderungskatalog immer umfangreicher, wenn Anspruch um Anspruch erhoben wird?

Abgesehen von der Sorge, dass sich Kunst insgesamt zu professionell-zielorientiert, zu streberhaft entwickeln könnte, wenn sie einem umfassenden Kriterienapparat zu genügen hat, kann man angesichts der wachsenden Verantwortung, die viele Künstler:innen spüren, spezifische Weisen des Misslingens identifizieren. Einige davon mögen den Status von Übergangsphänomenen haben und seltener werden, sobald das Austarieren verschiedener Kriterien eingeübter ist oder gar zur Routine wird. Andere hingegen könnten sich hartnäckiger halten und zu Signaturen einer Zeit werden, in der Kunst mehr Ansprüchen denn je genügen soll.

6 Formen des Misslingens postautonomer Kunst

Vielleicht wird man im Rückblick einmal sagen, die postautonome Periode der Kunst habe manieristisch begonnen, um erst nach und nach maßvoller zu werden. Die Manier aber sei daraus entstanden, dass viele sich zu hastig, zu ambitioniert und zu demonstrativ an den diversen Kriterien orientiert hätten, die auf einmal zur Debatte standen. Oder sie hätten sich weitreichend auf die Bedingungen anderer Bereiche eingelassen, um insgesamt eine wichtigere Rolle spielen zu können. Arbeiten hätten also oft überfrachtet und verwirrend gewirkt, oder es sei zu offensichtlich gewesen, dass sie aus einem Defizitgefühl heraus konzipiert worden waren. Nur weil reine Kunst nicht mehr als genügend empfunden worden sei, hätten Künstler:innen sich um ein großes und starkes Thema oder um prominente Kooperationspartner bemüht. Statt aber wenigstens zu versuchen, die eigene Arbeit auch formal reflektiert zu entwickeln, hätten sie sich von der Brisanz des Themas oder dem Corporate Design des Partners einnehmen lassen – und sich zu sehr allein darauf verlassen. Der Manierismus dieser Zeit habe also gerade nicht in zu viel Stil und markanten Formprinzipien, sondern im Gegenteil in einem seltsamen Desinteresse an Form bestanden.

Exemplarisch könnte man diesbezüglich Daniel Arsham erwähnen, der hinsichtlich der Menge und Vielfalt an Kooperationen mit großen Marken nahezu unübertroffen sein dürfte, dabei aber kaum mehr macht, als das Design seiner Partner zu übernehmen und etwas zu verfremden. Wenn er Automodelle von Porsche in Multiples aus Selenit übersetzt, Rimowa-Koffer in Gipsskulpturen verwandelt (die wiederum in einem »echten« Rimowa-Koffer versendet werden) oder *Pokémon*-Figuren aus Quarz nachbildet, ändern sich zwar jeweils Materialität, Größe und Farbe der Ausgangsobjekte, doch bleiben diese eindeutig erkennbar und sind üblicherweise auch mit ihren Logos – ergänzt um das Logo von Arsham – versehen. Eine weitere Komponente der Verfremdung besteht darin, dass Arsham die Objekte künstlich erodiert, sodass sie brüchig und verfallen wirken. Konsumprodukte werden also in ihrer Perfektion gestört, dabei aber gerade nicht – wie etwa bei Spoerri – infrage gestellt, sondern im Gegenteil ins Erhabene gesteigert. So ruft Arsham mit der Ruinenästhetik große Zeiträume auf und betreibt eine »fiktionale Archäologie«, der zufolge in einer fernen Zukunft – er selbst spricht von tausend Jahren – das, was heute neu ist, zwar am Bröckeln, aber trotzdem immer noch präsent ist.[1] Marken und ihre Produkte verklärt er zu einer künftigen Antike, was durch die meist weißen Oberflächen seiner Objekte, durch ein klassizistisch-reines Erscheinungsbild noch unterstrichen wird. [Abb. 35]

Wer mit Arsham kooperiert, bekommt also viel Pathos, und seine Follower und Fans versorgt er zudem mit etwas Apokalypsen-Thrill. So können sie beliebig spekulieren, welche Art von Katastrophe die heutigen Dinge einmal zerstört, entfärbt und in ihrer Materialität verändert haben wird. Aber mehr als standardisierte Verfremdung und eindimensionale Fiktionalisierung wird nicht geboten, was bestätigt, wie anspruchslos und leer der Kunstbegriff geworden ist: Sonst würden Arshams Objekte kaum als Kunst durchgehen und erst recht nicht in großen Museen ausgestellt sowie in namhaften Galerien und Auktionshäusern gehandelt werden. Seinerseits zu einer gut wiedererkennbaren Marke geworden, lebt Arsham also vor allem vom Image und der Macht der Marken, mit denen er kooperiert; er zapft deren Bedeutungspotenziale an und lässt sie seinen Objekten zukommen. Diese sind unter einer Hülle, die nach Kunst aussieht, reine Realien, mit denen nichts weiter anzufangen ist.

An Arsham zeigt sich, welche Verödung einer ohnehin schon wenig eigenständigen Kunst droht, wenn man sich ganz darauf verlässt, dass die Bedeutung von außerhalb kommt. Kooperationen führen dann zu keinem originellen oder sich gegenseitig verstärkenden Zusammenspiel zwischen Kunst und Mode, Design, Luxus, sondern erschöpfen sich darin, den Künstler:innen mehr Aufmerksamkeit und Autorität zu verleihen sowie den Markenlabels eine alternative Form von Werbung zu liefern, die sie in den meisten Fällen gar nicht nötig hätten. Das

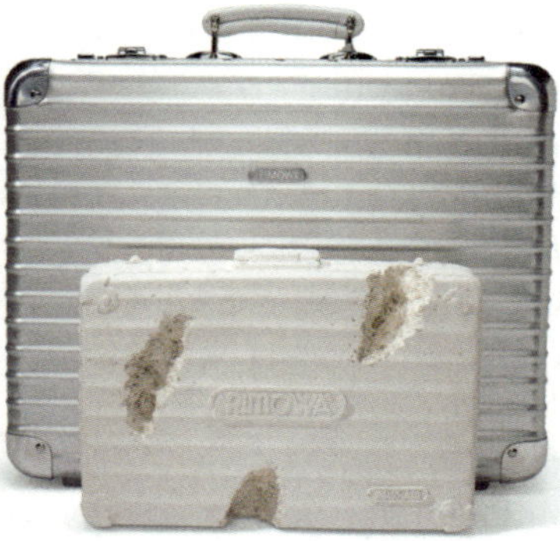

35 Daniel Arsham X Rimowa

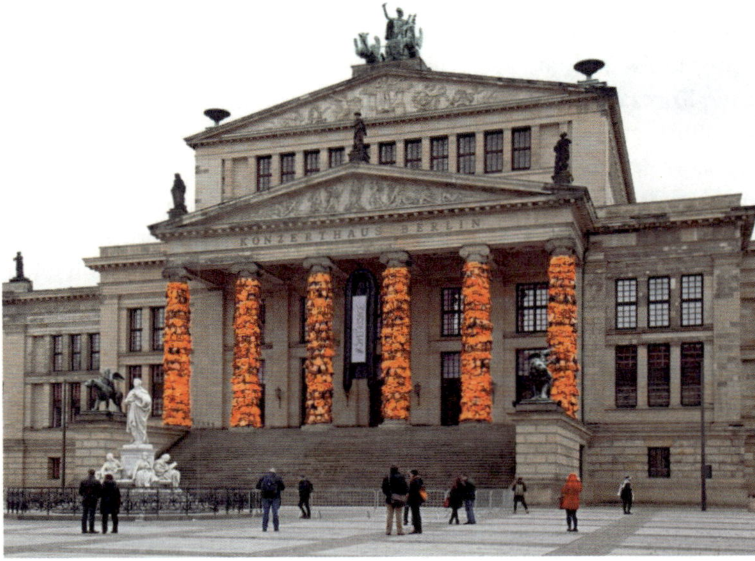

36 Ai Weiwei: Rettungswesten am Berliner Konzerthaus (2016)

Millionenpublikum, das Arsham dank seines Engagements in den Sozialen Medien erreicht, freut sich, auf andere Weise als sonst an berühmten Marken teilhaben zu können, und lässt sich zugleich – ganz allgemein und unspezifisch – vom Image der Kunst beeindrucken. Wer eines seiner Objekte kauft, bekommt auch noch ein Paar weiße Baumwollhandschuhe mitgeliefert, soll der Kunst also mit noch mehr Ehrfurcht begegnen. Das mag für einige Zeit gut funktionieren, dürfte aber spätestens dann langweilig werden, wenn die großen und glamourösen Kooperationspartner ausgehen. Dann bliebe Arsham nur noch die Möglichkeit, sein vages Apokalypsen-Flair zu konkretisieren. Würde er seine Objekte etwa als Menetekel einer kommenden Klimakatastrophe inszenieren, könnte er sie womöglich noch politisch-emotional aufladen und auf andere Weise zu Realien werden lassen.

In anderen Fällen setzen Künstler:innen gerade auf derartig große und schwere Themen. Zwar fallen formale Schwächen dann nicht sofort auf, sorgen aber vielleicht für Verwirrung. Ein Beispiel dafür sind Arbeiten von Ai Weiwei, etwa einige seiner Installationen, in denen er die Schicksale der vielen oft unter Lebensgefahr flüchtenden Menschen zum Thema macht. So ließ er im Februar 2016 im Rahmen der Filmgala *Cinema for Peace* an den Säulen des klassizistischen Berliner Konzerthauses mehrere tausend orangefarbene Rettungswesten anbringen, die symbolisch jeweils eine geflüchtete Person repräsentieren sollten. [Abb. 36] War die große Anzahl an Westen darauf angelegt, die Dimension des Leids vor Augen zu führen, konnte die Installation bei denjenigen, die sie nicht Ai Weiwei zuordneten oder nichts über ihn wussten, jedoch auch ganz andere Assoziationen hervorrufen. Eng an- und übereinander gebunden vermitteln die Westen nicht den Eindruck einer Vielzahl von Individuen, sondern wirken als anonyme Masse. Das erschwert Empathie, lässt sich sogar als bedrohlich-abstoßende Versinnbildlichung einer »Flut« von Menschen deuten, die unkontrolliert nach Europa kommen. Und signalisiert die grelle Farbe nicht die Gefahr, die von ihnen ausgeht? Okkupieren sie nicht die schöne eigene Kultur, versinnbildlicht durchs Konzerthaus, heften sich wie Parasiten daran, überwuchern sie, ersticken sie, saugen sie aus? Schroff zugespitzt: Um Ressentiments gegen Geflüchtete zu nähren, hätte man kaum eine bessere Form finden können als gerade dieser Künstler, den die eigene Unterdrückungs- und Exilerfahrung zum Menschenrechtsaktivisten werden ließ.

Unfreiwilligen Deutungsspielraum lässt auch eine andere Arbeit Ai Weiweis: ein 2017 erstmals bei einer Ausstellung in der tschechischen Nationalgalerie in Prag gezeigtes, rund siebzig Meter langes Schlauchboot, das mit mehr als 250 aufgeblasenen Figuren dicht besetzt ist. [Abb. 37] Sie stellen wiederum Flüchtende dar, vermitteln aufgrund mehrerer formaler Entscheidungen jedoch eher den Eindruck fremdartiger Invasoren. Dass die Installation mit dem Titel *Law of the Journey* komplett schwarz ist, wirkt abweisend und lässt sogar an Burkas – das islamophobe Schreckgespenst schlechthin – denken. Bedrohungsgefühle werden dadurch gesteigert, dass die Figuren überlebensgroß sind. Und da sie alle identisch aussehen und Ai Weiwei ihnen nicht einmal Gesichter gegeben hat, erscheinen sie wie maschinenhafte Monster und nicht als Menschen – schon gar nicht als Individuen, die Mitgefühl verdient haben.

Kaum vorstellbar ist, dass ein Kunstwerk der Moderne hinsichtlich seiner formalen Eigenschaften so ungenau angelegt worden wäre – oder, wenn doch, nicht wenigstens heftig verrissen worden

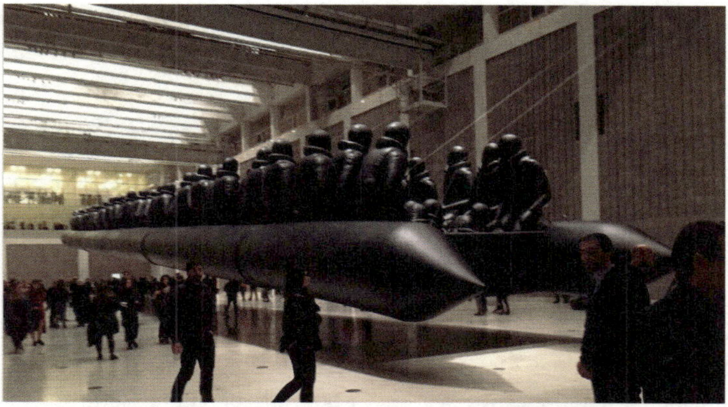
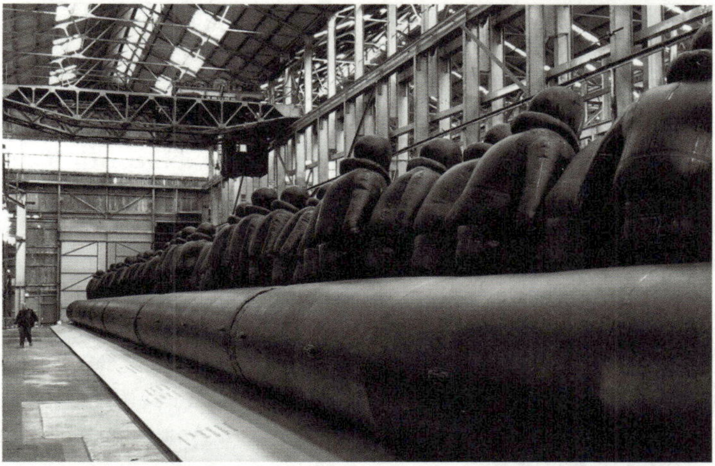
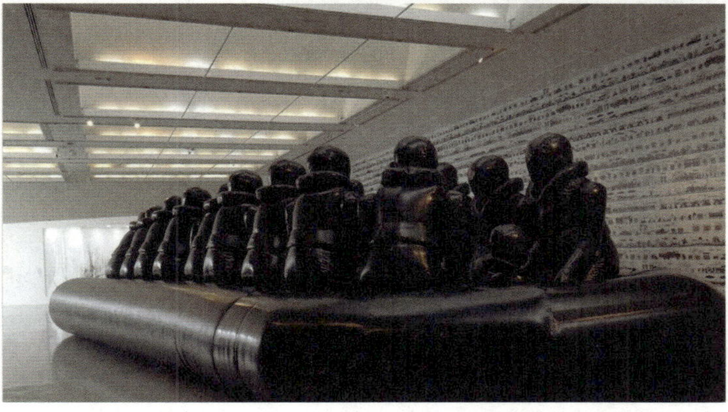

37–39 Ai Weiwei: *Law of the Journey*, Prag 2017, Sydney 2018, Bangkok 2020

wäre. Auf Instagram, wo Ai Weiwei seine jeweils neuen Arbeiten postet, gab es in diesem Fall immerhin zaghaft Kritik unter seinen Followern. Einige schrieben, sie erschräken, kämen solche Figuren an, andere assoziierten mit ihnen Darth Vader, Fallschirmjäger oder Bösewichte aus Computerspielen.[2] Doch spätestens als Ai Weiwei bei der Ausstellungseröffnung kritische Statements zur Flüchtlingspolitik der Europäischen Union und speziell Tschechiens abgab, wurde die künstlerische Qualität der Arbeit nicht mehr eigens beurteilt.[3] Größe und Aufwand der Skulptur galten offenbar als hinreichender – und irgendwie eindrucksvoller – Beweis dafür, wie ernst dem Künstler das Thema ist. Dass das Material für das Boot seiner Aussage zufolge aus derselben Firma stammt wie das Material für echte Rettungsboote, sollte für noch mehr Dringlichkeit und Authentizität sorgen, ebenso die gerne erwähnte Tatsache, dass die Halle in Prag, in der die Installation präsentiert wurde, zwischen 1939 und 1941 als Sammelpunkt für Juden vor ihrer Deportation in ein Konzentrationslager gedient hatte.[4]

Statt durch die Gestaltung und Inszenierung seiner Arbeit einen Eindruck von den Erfahrungen Flüchtender zu vermitteln, ja statt auf formale Aspekte wie die Art der Repräsentation von Menschen zu achten, verlässt Ai Weiwei sich also auf harte Fakten: Wo der Kunststoff für die Bootsskulptur herkommt, ist wichtiger als die Frage, ob und wie sich dieses Material überhaupt so einsetzen lässt, dass die Einbildungskraft angeregt oder Mitgefühl geweckt wird. Damit ist der Realienanteil seiner Arbeit übermächtig und erdrückend; als Kunst ist sie hingegen noch nicht einmal ein Abklatsch bekannter Strategien und Effekte.

Aber ließen sich nicht andere formale Entscheidungen Ai Weiweis würdigen? Dass das Boot in Prag nicht auf dem Boden auflag, sondern über den Köpfen des Publikums schwebte, brachte die Geflüchteten, die sonst vor allem Opfer der Unterdrückung in ihren Heimatländern, der europäischen Grenzpolitik sowie der Machenschaften von Schleppern sind und sich gewissermaßen am Boden der Gesellschaft befinden, doch immerhin in eine überlegene Position, erhöhte sie gar zu übermenschlichen Figuren. *Law of the Journey* ließe sich somit gar als ein Monument des Empowerment zu verstehen, das vor allem an die Geflüchteten selbst gerichtet ist. Dass nur die allerwenigsten von ihnen die Ausstellung oder zumindest Bilder davon gesehen haben dürften, wäre dann jedoch ein weiteres Manko der Arbeit.

Allerdings ist eine solche Deutung wohl ohnehin überzogen, lag das Boot doch ein Jahr später bei einer Ausstellung auf der Biennale in Sydney auf einem weißen Sockel. [Abb. 38] Und im Jahr 2020 tauchte es auf der Biennale in Bangkok auf (diesmal weder schwebend noch auf einem Sockel), dort aufgrund kleinerer Räumlichkeiten jedoch in einer deutlich reduzierten Version (aber mit demselben Titel). [Abb. 39] Die Wände waren dafür dicht belegt mit Fotos Ai Weiweis aus Flüchtlingslagern. Sie steigerten den Realiencharakter der Arbeit noch weiter und minderten zugleich die Gefahr von Missverständnissen, wirkte das Boot mit seinen Figuren in dieser Konstellation doch eher als abstrahierender Kontrapunkt. Anders als in Prag, wo es auch schon Fotowände gegeben hatte, die jedoch in keinem direkten räumlichen Bezug zum Schlauchboot standen, konnte man Bilder und Skulptur in Bangkok als Gesamtinstallation begreifen.

Eine Arbeit ist für Ai Weiwei also keine feste, abgeschlossene Einheit, sondern in vielen Hinsichten beliebig disponibel. Je nach Ort, Anlass und Kontext wird sie verändert und den Gegebenheiten angepasst. Wichtiger als auf bestimmten formalen Eigenschaften zu bestehen, ist es für ihn, seine politischen Anliegen an vielen Orten präsent machen zu können. Eine Biennale und selbst eine Einzelausstellung in einem Museum dient daher vor allem dazu, die eigene Arbeit als Menschenrechtsaktivist sichtbarer zu machen; jede Einladung ist eine weitere Chance und sollte nicht dadurch verspielt werden, dass man auf bestimmten Präsentationsbedingungen beharrt.

Doch wenn es offenbar nicht darum geht, einem halbwegs anspruchsvollen Werkbegriff zu genügen, stellt sich die Frage, warum Ai Weiwei überhaupt noch als Künstler wahrgenommen werden will. Hierbei spielt sicher eine Rolle, dass Kunstevents viel Ansehen und Öffentlichkeit genießen und damit nicht nur eine gute Bühne, sondern auch einen Nimbus bieten, der gegen einige der Angriffe immunisiert, denen Aktivist:innen sonst ausgesetzt sind. Und da auf dem Kunstmarkt viel Geld in Umlauf ist, kann Ai Weiwei als Künstler natürlich auch wirkungsvoller, ja auf einem höheren Level agieren als Aktivistengruppen, die meist auf private Spenden angewiesen sind.

Obwohl – oder gerade weil? – NGOs meist nur geringe Mittel zur Verfügung haben, um für ihre Anliegen zu werben, gelingen ihnen aber auch immer wieder starke Bilder und eine schlüssige, auf Wesentliches reduzierte Symbolik. So machte die NGO *Jugend rettet* im Herbst 2017

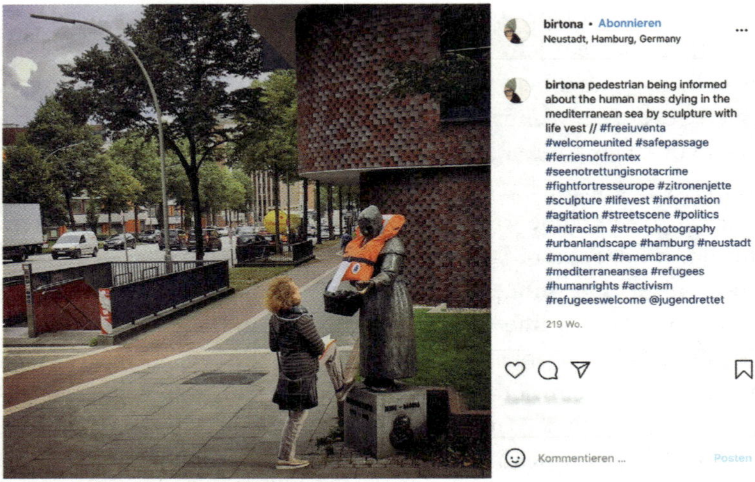

40 Aktion von *Jugend rettet* (2017)

auf ihre (ehrenamtliche) Arbeit in der Flüchtlingsrettung dadurch aufmerksam, dass sie Denkmalfiguren und Skulpturen in mehreren deutschen Städten mit jeweils einer Rettungsweste versah.[5] [Abb. 40] Ähnlich wie im Fall von Ai Weiweis Aktion am Berliner Konzerthaus wurde ein unpolitisches Objekt also kurzzeitig politisch aufgeladen. Die Verfremdung hatte hier jedoch eine andere Wirkung, denn indem eine den Einheimischen aus dem Alltag bekannte Figur als geflüchtete Person markiert wurde, ließ sich vergegenwärtigen, dass ein solches Schicksal alle treffen kann, Frieden und Sicherheit nie selbstverständlich sind – und dass eine Existenz als Geflüchtete umgekehrt ganz sicher nicht bedeutet, aus einer unterentwickelten Zivilisation zu kommen oder weniger Anspruch auf Menschenrechte zu haben.

Durch die Aktion von *Jugend rettet* wurde also eine Verbindung zwischen Geflüchteten und den Menschen in Deutschland hergestellt. Das schuf eine Grundlage für mehr Empathie, vielleicht überdachten einige sogar ihre eigene Position, während eine missverständliche Interpretation hier nahezu unmöglich war. Die Aktion der NGO war damit der von Ai Weiwei in allen Belangen überlegen: effizienter im Einsatz von Mitteln, eindringlicher, klarer in ihrer Botschaft. Das heißt nicht, dass man die Aktivist:innen zu Künstler:innen erklären müsste, aber es fragt sich umgekehrt, wieso Ai Weiwei als Künstler durchgehen kann.

Gäbe es halbwegs verbindliche Kriterien für Kunst, wäre das wohl anders. Der Fall bestätigt somit, wie groß das Vakuum hinsichtlich der Bewertung von Kunst geworden ist. Nur weil Ai Weiwei brisante gesellschaftspolitische Themen besetzt, gibt es genügend Stoff, um über ihn, seine Aktionen und Arbeiten zu schreiben. Wenn sich dadurch der Eindruck einstellt und verfestigt, Kunst bestehe gerade darin, politisch Farbe zu bekennen und in großen Dimensionen zu agieren, wird das Vakuum zwar umgangen, doch spielen dann ästhetische Kriterien erst recht keine nennenswerte Rolle mehr. Schleichend verschiebt sich der Kunstbegriff und lässt sich in seinen Inhalten nicht mehr von Aktivismus unterscheiden. Die Kunst wird von Wirklichkeit geflutet und begegnet ihrem Publikum gerade deshalb in einer neuen Art von Manierismus.

Verschwindet Kunst bei Arsham oder Ai Weiwei zwar nicht dem Namen, aber der Sache nach, so gibt es genauso Arbeiten, die von den Artefakten anderer Bereiche unterscheidbar bleiben, obwohl auch in ihnen politische Themen verhandelt werden. Die Künstler:innen genügen dann Konzepten und formalen Ansprüchen, die innerhalb der autonomen Kunst entwickelt wurden, erfüllen aber ebenso die Erwartungen nach etwas dringlich Aktuellem, das die Arbeiten gut

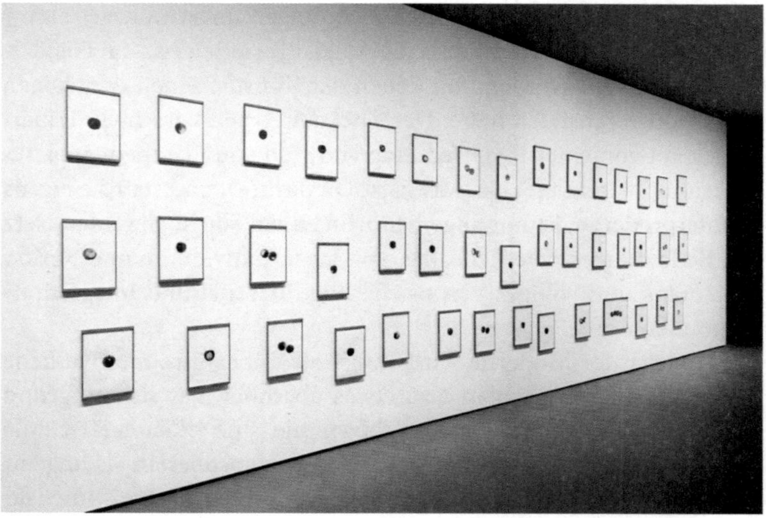

41 Anri Sala: *Them Apples* (2017)

anschlussfähig für Feuilletondebatten und geeignet für Postings in den Sozialen Medien sein lässt. Bestenfalls wird ein traditionelleres Kunst- und Sammlerpublikum von diesen Arbeiten also gleichermaßen angesprochen wie Kurator:innen. Dennoch kann gerade auch eine geschickt austarierte Berücksichtigung unterschiedlicher Erwartungen zu enttäuschenden Ergebnissen führen.

Dafür sei exemplarisch eine Arbeit von Anri Sala betrachtet, der zu den Künstler:innen gehört, die überdurchschnittlich viel Erfolg sowohl auf dem Markt und bei Sammler:innen als auch bei Kurator:innen haben, also besonders viele Einladungen zu Biennalen erhält.[6] 2017 zeigte er innerhalb einer Ausstellung in der Berliner Galerie Esther Schipper einen Zyklus von 44 Zeichnungen unter dem Titel *Them Apples*. [Abb. 41] Auf jedem Blatt ist ein angebissener Apfel zu sehen, und gehängt wurden die Zeichnungen so, dass die Höhen, in denen die Äpfel auftauchen, jeweils den Tönen der Melodie der deutschen Nationalhymne entsprechen.

Auf der Website der Galerie wird das Making-of der Zeichnungen geschildert, wobei der Eindruck von etwas Aufwändigem und Raffiniertem entsteht: mehrere Schichten von Tinte, die langsam getrocknet sind, da sie auf kaum saugfähiges Papier aufgetragen wurden. Erst recht als Virtuose erscheint Sala, wenn seine Erfahrung mit Fresko-Malerei erwähnt wird. Damit in eine lange kunsthistorische Tradition eingebettet, sollen die Zeichnungen umso wertiger anmuten. Ferner wird erläutert, dass die Äpfel, die sie zeigen, von Geflüchteten angebissen wurden, mit denen der Künstler einen dreitägigen Workshop veranstaltet hatte. Der Titel der Arbeit wird nicht erklärt (abgeleitet von einer Redewendung »how do you like them apples?« ein triumphierendes: »Na, was sagst Du dazu?«), und statt sie eigens zu interpretieren, ist nur allgemein von einem »dicht gewebten Netz von Bedeutungen« die Rede, das »zwischen Individuum und Nation, Neuanfang und völliger Verunsicherung, Identität und Integration« gesponnen werde.[7]

Im Geist der Moderne wird Kunst also über ihre mutmaßliche Vieldeutigkeit bestimmt und zu etwas überhöht, das sich aufgrund der unübersehbaren Vielfalt an Bezügen nie ganz erklären lässt. Alle Versuche einer Interpretation werden so von vornherein als ungenügend disqualifiziert – als könnten sie jeweils nur einzelne Dimensionen des rätselhaften, vermeintlich unerschöpflichen Werks erhellen.

Dass damit zugleich die uneinholbare Überlegenheit des Künstlers suggeriert wird, ist gerade für Sammler:innen eine verlockende Perspektive. Sie sollen glauben, die Arbeit könne immer noch mehr bieten, als aktuell zu erfassen ist. Das weckt spekulative Phantasien, *Them Apples* erscheint als etwas, das ewigen Reichtum im metaphorischen wie auch im wörtlichen Sinne zu bereiten vermag.

Sala selbst befeuerte solche Phantasien mit weiteren Schlagworten und Verrätselungen. In einem Interview brachte er das Apfel-Motiv mit dem Sündenfall in Verbindung, genauso stünde es für ihn aber »für Neugier, Aufklärung und Emanzipation«; bei diesen »widersprüchlichen Vorstellungen« sei es ähnlich wie bei Debatten über Geflüchtete, in denen es ja ebenfalls um die Frage gehe, »ob man in ihnen eine Gefahr oder eine Chance« sehe.[8] Zweierlei nur deshalb miteinander in Beziehung zueinander zu setzen, weil es jeweils ambivalent ist, erscheint jedoch ziemlich beliebig – ja so beliebig, dass man sich gar nicht vorstellen kann, der Künstler habe das so gemeint, weshalb man lieber an den eigenen hermeneutischen Fähigkeiten zweifelt. Also bleibt eine solche Aussage als Rätsel stehen, das einmal mehr als – verborgene – Qualität des Kunstwerks verbucht wird. Und Sala pokert noch höher, wenn er im Gespräch mit einer Kunstkritikerin selbst das Apple-Logo als Referenz für die angebissenen Äpfel ins Spiel bringt.[9]

Ein derartiges Assoziationsgewirr sollte nicht mit der für Art Toys erörterten Praxis verwechselt werden, denn obwohl auch in ihrem Fall statt fester Bedeutungen jeweils eine Reihe starker und heterogener Motive vorliegen, wird nicht so getan, als gebe es zwischen diesen geheime Verbindungen. Sie können von Fans oder anderen frei ausgewählt, ergänzt, weitergesponnen und natürlich auch verbunden werden, aber das ist in jedem Fall ihre Entscheidung und ihre Leistung und wird gerade nicht als mehr oder minder gute Entschlüsselung einer dem Art Toy zugrundeliegenden künstlerischen Vision angesehen.

Sala bedient aber nicht nur ein klassisch-modernes Künstlerbild, mit dem er traditioneller geprägte Kunstmilieus für sich einnehmen kann, in denen er sicher auch mit Verweisen auf Adam und Eva und die Aufklärung punktet, sondern er achtet zugleich darauf, Kurator:innen genügend Anknüpfungspunkte zu bieten. Sie wollen eine Arbeit nicht wegen ihrer Rätselhaftigkeit ausstellen, und es ist ihnen vermutlich auch nicht wichtig, dass die Blätter gediegen aussehen, vielmehr brauchen sie inhaltliche Verbindungen, um ein gesellschaftlich relevantes Thema oder eine These gut in Szene setzen zu können. Im Interview zur Ausstellung spricht Sala daher etwas ausführlicher über den Workshop mit den Geflüchteten, bei dem unter anderem Marmelade aus Äpfeln eingekocht wurde. Damit präsentiert er sich als Künstler, den man auch für partizipative Projekte oder Aktionen einladen könnte, betont aber vor allem den politisch-sozialen Aspekt von *Them Apples*, der im Text auf der Galerie-Website nur kurz erwähnt ist.

Er beschreibt auch, wie von den angebissenen Äpfeln zuerst Fotos gemacht wurden, die dann als Grundlage für die Zeichnungen dienten. Diese bildeten also den »Schlusspunkt«, während man bei Zeichnungen üblicherweise an erste Skizzen und Entwürfe denke, aus denen dann erst Weiteres hervorgehe. Die Umkehrung sonst üblicher Werkprozesse verwandle das Ende also in etwas gerade erst Beginnendes, Offenes, was Sala wieder auf die Schicksale der – von ihm merkwürdigerweise mit keinem Wort näher beschriebenen – Geflüchteten bezieht, für die Berlin der Endpunkt ihrer Flucht bedeutet habe, was aber ebenso der Anfang für etwas Neues sein könne.[10]

Auch hier sind sich Plattitüde und Tiefsinn zum Verwechseln ähnlich, in jedem Fall aber verknüpft Sala Fragen von Werkprozess und Form mit politischen Motiven und sendet so das Signal, dass seine Arbeit den Ansprüchen hehrer Kunst genauso wie aktivistischen Erwartungen zu genügen vermöge. Aber gerade weil Sala überall mitspielen und keine Leerstelle lassen will, verlässt er nie vertraute Bahnen. Die lange Geschichte der Darstellung von Äpfeln wird von *Them Apples* so wenig um einen neuen Aspekt bereichert wie der Diskurs über Nationalhymnen, und was das Anbeißen von Äpfeln mit dem Schicksal von Geflüchteten zu tun haben soll, bleibt so unklar wie die Verweise auf den Sündenfall oder Apple. An keiner Stelle entsteht der Eindruck, hier sei eine spezifische Erfahrung oder eigene Erkenntnis umgesetzt, ja hier passiere mehr als ein professionell-routiniertes Spiel mit starken Bedeutungen und zeitgemäßen Themen. Warum aber sollte man sich dann länger damit beschäftigen? Und was bringt es für die Kunst, wenn sie auf derartige Weise als eigenständiger Bereich aufrechterhalten werden soll?

Eine ähnliche Frage kann sich bei Arbeiten stellen, die auf Partizipation angelegt sind, sich in ihren Strategien auch anderen Bereichen

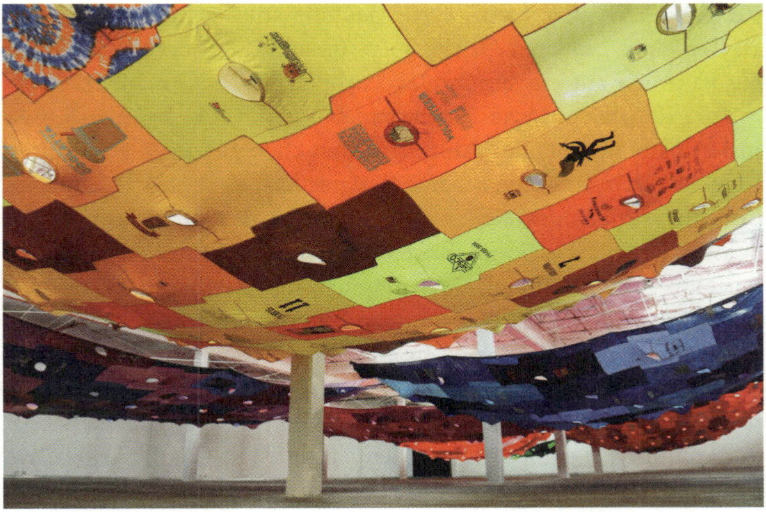

42 Pia Camil: *Bara Bara Bara* (2017)

– etwa Start-ups – annähern, gerade deshalb aber als vergleichsweise wirkungslos und undurchdacht auffallen. Als Beispiel dafür sei auf Arbeiten der mexikanischen Künstlerin Pia Camil verwiesen. In ihnen spielen oft T-Shirts eine wichtige Rolle, sowohl innerhalb von interaktiven Installationen in Ausstellungen als auch in Form von Editionen, die in Museumsshops oder Concept-Stores verkauft werden. Jeweils verfolgt Camil damit dasselbe politische Anliegen, will auf Grenzen in Zeiten einer eigentlich grenzüberwindenden Globalisierung aufmerksam machen und gegen die dadurch entstehende oder sich verstärkende ökonomische Ungleichheit protestieren. Dabei interessiert sie sich insbesondere für T-Shirts, die in Lateinamerika von billigen Arbeitskräften hergestellt werden, dann in den USA mit hohen Gewinnspannen auf den Markt kommen und schließlich, oft illegal, als Second-Hand-Ware in Mexiko landen. Dort erwirbt sie die Shirts in großen Mengen auf Schnäppchenmärkten und verwendet sie für ihre Arbeit.

Beispielsweise trennt sie Hunderte von T-Shirts auf, um die Stoffteile zu riesigen Gebilden aneinanderzunähen, die sie zeltdachartig in einem Ausstellungsraum verspannt oder wie große Wandbilder aufhängt. [Abb. 42] Die Besucher:innen sind dann aufgefordert, ihre Köpfe durch die entsprechenden Öffnungen in den Stoffen zu stecken, sollen also in ein Mega-Kleidungsstück schlüpfen und sich als Teil eines größeren Organismus fühlen. Camil beruft sich dabei ausdrücklich auf ein berühmtes Vorbild: die Performance *Divisor*, die die Künstlerin Lygia Pape erstmals 1968 in Rio de Janeiro organisiert hatte und bei der zahlreiche Menschen gleichzeitig mit ihren Köpfen durch Öffnungen eines riesigen Lakens schlüpften, um als Kollektivkörper oder Leviathan gemeinsam durch die Straßen der Stadt zu laufen.[11] Da Camil ihre Stoff-Collagen aber fest installiert, ist Fortbewegung bei ihnen nicht möglich, die Mitwirkenden müssen und können sich nicht koordinieren. Zudem dürfte es eher die Ausnahme sein, dass überhaupt annähernd so viele Besucher:innen in einem Ausstellungsraum sind wie Öffnungen in den aneinandergenähten T-Shirts. Daher kommt es zu keinem Gemeinschaftserlebnis, und zumindest allen, die Pape kennen, müssen Camils installative Arbeiten einfallslos und geradezu abgeschmackt vorkommen.

Begleitend zu den Ausstellungen bedruckt Camil T-Shirts, oft in Kooperation mit Leuten aus dem Mode- oder Design-Bereich, wertet Ramsch von Billigmärkten also zu Kunstobjekten auf, die man zu einem zwei- oder dreistelligen Betrag erwerben kann. [Abb. 43] Die ursprünglichen Aufdrucke auf den T-Shirts sind nach wie vor zu sehen, allerdings oft nur noch schwer erkennbar. Aber auch die Buchstaben und Zeichen von Camils Aufdruck lassen sich nicht immer entziffern. Vor allem wirken sie wie Geheimcodes und sind das Gegenteil eines plakativen Slogans. Die T-Shirts sind also doppelt exklusiv, sowohl als limitierte Editionen wie auch wegen der kryptischen Botschaften, die diejenigen, die sie tragen, als Eingeweihte erscheinen lassen. Sosehr den Käufer:innen eine solche Rolle schmeicheln mag, so fragwürdig ist Camils Vorgehen, verpasst sie doch die Chance, ihrer Kritik an der kapitalistischen Warenwirtschaft und den damit verbundenen Arbeitsbedingungen mit den T-Shirts zu mehr Aufmerksamkeit zu verhelfen.

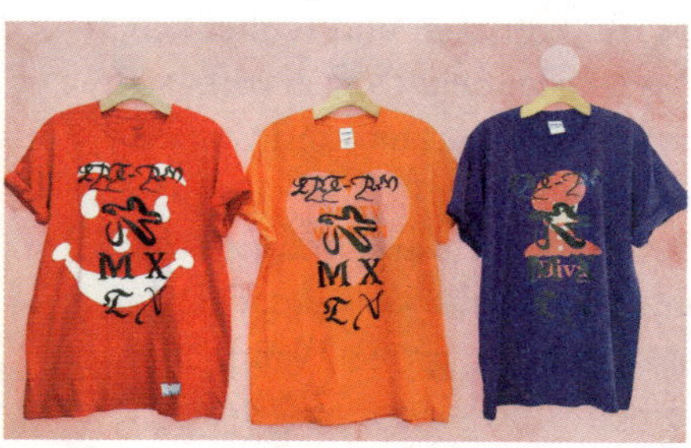

43 Pia Camil X Lorena Vega X TenOverSix

Darüber hinaus ist aber auch ihre doppelgleisige Praxis nicht schlüssig. Denn während die etwas Wohlhabenderen sich T-Shirts aus den Spezialeditionen kaufen können und dafür das Gefühl bekommen, zu einer aufgeklärt-verantwortungsvollen Elite zu gehören, geraten die Ausstellungen zu Kunst für Arme, die mit spärlichen Partizipationsangeboten und einem schwachen Remake abgespeist werden. Durch eine derartige Zwei-Klassen-Kunst wird die von Camil angeprangerte Ungleichheit folglich sogar noch verschärft. Und dass sie mit dem Kauf großer Mengen an T-Shirts die bestehenden Warenkreisläufe perpetuiert, zeugt ebenfalls von keiner klugen Strategie.

Camils Arbeit ändert also nichts an den ökonomischen Bedingungen, macht diese noch nicht einmal sichtbarer. Das wird umso mehr zum Manko dadurch, dass ihre T-Shirt-Editionen in direkter Konkurrenz zu anderen aktivistischen Projekten stehen, die in jeder Hinsicht reflektierter und wirksamer sind. Um nur ein beliebiges Beispiel zu nennen: Wer ein T-Shirt des 2013 gegründeten Start-up-Unternehmens Wildfang kauft, wirbt nicht nur gut lesbar mit einer feministischen Botschaft (»Wild Feminist«), sondern unterstützt vor allem den Versuch, Unternehmensabläufe anders als in herkömmlichen Betrieben zu organisieren – mit flexibleren Arbeitszeiten, dem Ende ungleicher Bezahlung wie dem Gender Pay Gap, besserer Gesundheitsvorsorge für die Angestellten und mehr Diversität bei der Einstellung.[12] Ein Teil der Gewinne wird zudem für feministische und aktivistische Projekte verwendet, darüber hinaus nutzt das Unternehmen die Sozialen Medien für Kampagnen, Aufrufe und Demonstrationen, tritt also eher wie eine NGO denn wie ein Mode-Label auf. [Abb. 44]

Während Anri Sala in seiner umfassenden Normerfüllung streberhaft-langweilig anmutet und bei seinem Umgang mit Geflüchteten Fragen offen bleiben, kann man im Fall von Pia Camil von eindeutigen Defiziten sprechen. Sie entstehen bei ihr vermutlich deshalb, weil sie ihre Energien auf mehrere Bereiche verteilt und es nicht schafft, beispielsweise ein übergreifendes Verständnis von Partizipation zu entwickeln. Wie schon bei Daniel Arsham und Ai Weiwei, die angesichts des Realiencharakters ihrer Arbeit kunst- und formspezifische Belange vernachlässigen, wird damit deutlich, wie schwer es ist, den vielen Anforderungen gerecht zu werden,

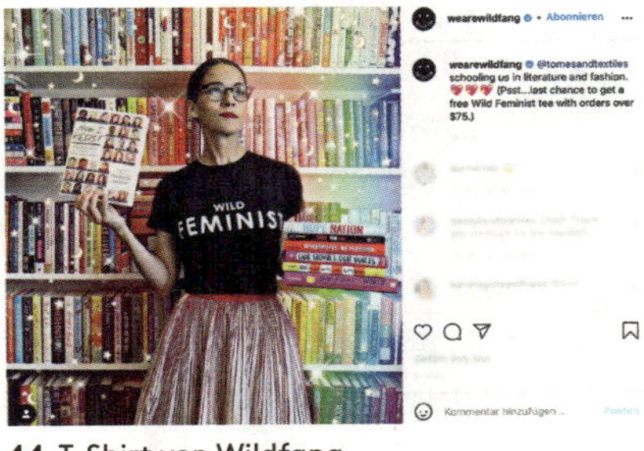

44 T-Shirt von Wildfang

denen eine Kunst unterliegt, die mehr als Kunst sein will. Und wenn schon bei bekannten und aktuell erfolgreichen Künstler:innen eine gewisse Überforderung zu diagnostizieren ist, dann gilt das erst recht für viele andere.

Je stärker verschiedene Ansprüche von außen an sie herangetragen werden, sie sich damit also eigens auseinandersetzen müssen, desto größer dürfte die Wahrscheinlichkeit sein, dass sie an der ein oder anderen Stelle ins Hintertreffen geraten. Dass sie oft mit Labels und NGOs konkurrieren, macht ihre Lage noch schwieriger, denn während dort die Arbeit routinemäßig im Team stattfindet, sich also einzelne Mitglieder auf bestimmte Themen und Ansprüche spezialisieren können, stammt ein künstlerisches Konzept nach wie vor oft von einer einzelnen Person. Damit einher geht die Gefahr zu starker Zerstreuung und zu großer Einseitigkeit.

Vielleicht werden Künstler:innen künftig von vornherein besser im Umgang mit unterschiedlichen Ansprüchen trainiert sein, müssen sich dann also nicht erst damit vertraut machen, und vielleicht wird es auch eher zur Ausnahme werden, bei künstlerischer Arbeit auf sich allein gestellt zu sein. Zumindest ein Teil der Überforderungen, denen heutige Künstler:innen ausgesetzt sind, ist also noch eine Folge des westlich-modernen Autonomie-Ideals. Und je bewusster es von anderen Konzepten abgelöst wird, man sich also zu losen Gruppen, zu organisierten Netzwerken oder – wie auf der erstmals von einer größeren Kurator:innen-Gruppe verantworteten *documenta 15* – zu Majelis zusammenschließt oder arbeitsteilig wie im Film oder in der Architektur agiert, desto besser dürfte es auch gelingen, den vielfältigen Anforderungen zu genügen, die an eine Kunst gestellt werden, die jenem postautonomen Prinzip der Addition von Qualitäten und Funktionen verpflichtet ist.

Man könnte aber auch davon sprechen, dass die Gegenwart in einer Rückabwicklung der Moderne begriffen ist. So findet in gegenläufiger Richtung der Prozess statt, den Hans Sedlmayr in den vierziger Jahren in seiner ebenso berühmten wie umstrittenen Diagnose eines »Verlusts der Mitte« analysiert hat. Sedlmayr trauerte dem vormodernen Verbund der Künste nach: einer Zeit, in der etwa in einem barocken Kirchenbau Architektur, Skulptur und Malerei untrennbar zusammenwirkten, Farbe, Form, Ornament gleichermaßen zentral waren, alles aber auch von einem religiös-moralischen Fundament getragen war. Die Künste erfüllten den Anspruch, zugleich Gottesdienst, Machtlegitimation und Pädagogik zu sein, sodass die in ihrem Namen Tätigen ein breites Spektrum an Anforderungen im Blick haben mussten. Ein vorautonomer Auftrags- oder Hofkünstler brauchte also ebenfalls schon eine Art von »Wokeness«, hatte diplomatisch und kooperationsfähig zu sein und musste über Hellhörigkeit und Sensibilität verfügen – dies jedoch nicht in Bezug auf Minderheiten, sondern hinsichtlich der Wünsche der Mächtigen.

Seit Ende des 18. Jahrhunderts begannen die Künste sich zum großen Bedauern Sedlmayrs »voneinander abzusondern«, richteten sich danach aus, »›autonom‹ […] zu werden und sich in völliger ›Reinheit‹ darzustellen«.[13] Dabei sei zuerst noch »die *Befreiung* der Kunst und aller Künste von ›heteronomen‹ Fesseln« angestrebt worden, dann aber sei es »zur *Verneinung* der Kunst« gekommen.[14] Für Sedlmayr führte das zum »Abgleiten der Kunst und der Künste in Unterkünstlerisches«, ja, die Autonomisierung war für ihn gleichbedeutend mit diversen Spielarten von Verfall und Atomisierung.[15] Mit solchen Urteilen wurde er zu einem der vehementesten Autonomie-Kritiker, der damit aber immerhin – mitten in der Moderne – die Tür für andere Konzepte von Kunst offenhielt.

Wenn nun heute Kunst, Mode, Design, Aktivismus immer häufiger miteinander kooperieren, ja wenn sie sich wechselseitig anpassen und beeinflussen und oftmals gar nicht mehr voneinander zu trennen sind, dann lässt sich durchaus von einem neuen Verbund sprechen. Er wird nicht in einem Kirchenbau oder einem Palast manifest, dafür aber etwa in einem Luxus-Label, dessen Artefakte sich einem spezifischen Corporate Design verdanken, das zugleich ideelle Ziele verfolgt, zu jeweils aktuellen Debatten Stellung bezieht und soziale wie ökologische Standards im Auge behält. Oder der neue Verbund bewährt sich in einem Musikvideo, einem Art Toy oder einem Projekt politischen Protests. Wenn sich hier jeweils viele Kräfte versammeln, dann bilden Bereiche, die in der Moderne weitgehend getrennt waren, gemeinsam eine Mitte, wie sich in Rekurs auf Sedlmayr sagen ließe (der diese neuen Zusammenschlüsse mit ihrer emanzipatorischen Dynamik allerdings wohl noch mehr verachtet hätte als die Moderne, in ihnen also nicht eine erneute Bejahung der Kunst, sondern eine nochmalige Unterbietung von »Unterkünstlerischem« gesehen hätte).

Die Kunst musste in ihrer Überhöhung und daraus folgenden Autonomisierung erst ihrer Kriterien verlustig gehen und unverbindlich werden, bevor das Bedürfnis entstehen konnte, die Ansprüche anderer Bereiche zu übernehmen. Nun aber kann sie, aus einem Vakuum heraus, zu einem neuen Zentrum werden und in dem Maß, in dem sie sich an anderen Disziplinen orientiert, diese enger an sich binden. Nach zwei Jahrhunderten, in denen Bewegungen hin zu mehr Autonomie, größerer Unabhängigkeit und stärkerer Reinheit dominierten, kommt es zu einer Kehrtwende und Versuchen einer Bündelung der getrennten Kräfte.

Dass das auf Anhieb – ohne größere Erfahrung – nur selten überzeugend gelingt, ist nicht verwunderlich. Daher ist es auch wenig sinnvoll, aus Projekten, bei denen das neue Zusammenspiel verschiedener Bereiche zu Unwucht oder Zerstreuung führt, zu verallgemeinernde Aussagen abzuleiten. So hilfreich es sein kann, typische Schwachstellen zu identifizieren, so wenig sollte man sie also als Argument gegen die aktuellen Entwicklungen verwenden.

Bedeutend wichtiger ist der Blick auf überzeugende Beispiele. Allein dass es sie gibt, ist ein Beleg für die Möglichkeiten, über die das neue Paradigma einer Kunst verfügt, die sich an unterschiedlichen Kriterien gleichzeitig zu orientieren vermag. Einigen dieser Beispiele ist das folgende Kapitel gewidmet. Sie legen nahe, dass es offenbar leichter ist, eine erhöhte Zahl von Ansprüchen zu berücksichtigen, wenn zumindest einige davon nicht nur von außen an die Künstler:innen herangetragen werden, sondern ihnen aufgrund eigener Erfahrungen notwendig erscheinen.

7 Formen des Gelingens postautonomer Kunst

Taiye Selasi, in England geborene Schriftstellerin mit nigerianischem sowie ghanaischem Hintergrund, verglich in einem Aufsatz den Vatikan mit Louis Vuitton, genauer: die Decke der Sixtinischen Kapelle mit einer Modenschau des Labels, noch genauer: Michelangelo, den Schöpfer der Decke, mit Virgil Abloh, dem Verantwortlichen für die Modenschau.[1] So habe der eine 1508 den Auftrag für das große Fresko bekommen, obwohl er eigentlich Bildhauer gewesen sei, während der andere 2018 zum Markenchef der Herrenabteilung von Louis Vuitton und damit zu einem der wichtigsten Entscheidungsträger der Modewelt ernannt worden sei, obwohl er von seiner Ausbildung her Architekt sei. Beiden sei es aber nicht nur gelungen, jenseits ihrer angestammten Disziplinen auf Spitzenpositionen zu gelangen, sondern sie hätten durch ihre Arbeit zugleich das jeweilige Establishment provoziert. Denn während Michelangelo in seiner Deckenmalerei papstkritische Anspielungen unterbrachte, ignorierte Abloh bei der Präsentation der Frühjahr/Sommer-Kollektion 2019 die Konvention, die Show auf dem Laufsteg mit einem einzelnen Model zu eröffnen. Bei ihm traten siebzehn Models zugleich auf, und alle waren Schwarz.

In ihrem Aufsatz entwickelt Selasi eine These, warum Virgil Abloh, Afro-Amerikaner ghanaischer Herkunft, Regelbrüche, vor allem aber die Überschreitung herkömmlicher Grenzen und die Verbindung bisher getrennter Bereiche wie kaum jemand sonst zum Prinzip seiner Arbeiten erhoben hatte. So sei er als Schwarzer in den USA auf ein enges, vorgegebenes Feld kultureller Äußerungsformen beschränkt gewesen. Hip-Hop zu machen sei kein Problem gewesen oder sogar das, was man von jemandem wie ihm erwartet habe, aber schon dass es ihm als Jugendlichem gelungen sei, sich zugleich als Skater und damit in einer Domäne der Weißen zu betätigen, habe einen Akt der Rebellion dargestellt. Grenzen zu überwinden sei für ihn von da an zu einer Frage der Emanzipation geworden – zur Chance, sich aus einer unterprivilegierten, diskriminierten Lage zu befreien.

Nach eigener Aussage erreichte Abloh die Erweiterung seines Spielraums aber nur dadurch, dass er Fan wurde. Als Fan der

Skater-Szene konnte er nach und nach an deren Welt teilhaben, Verhaltensweisen einüben, Fan-Objekte erwerben, ja sich die begehrte andere Kultur durch Konsum einverleiben. Konsum sei der sicherste Weg gewesen, um Zugang zu bekommen (»Consumption was the surest path to participation«).[2] An der Art und Weise, wie Abloh sich nach und nach eine Vielzahl an Disziplinen bis hin zur Kunst eroberte, lässt sich aber umgekehrt auch die vielfältige Exklusion, die intersektionale Diskriminierung ablesen, der er und seinesgleichen ausgesetzt waren und sind. Bei seiner ersten – und aufgrund seines frühen Tods im November 2021 auch letzten – großen Retrospektive als Künstler, die 2019 im Museum of Contemporary Art in Chicago startete (in einem Vorort der Stadt war er aufgewachsen), ließ er die Exponate daher jeweils einzelnen Disziplinen zuweisen. Dass sie als »Malerei«, »Mode«, »Inneneinrichtung«, »Skulptur« oder »Architektur« etikettiert waren, hatte den Charakter von Siegesmeldungen, zu diesen Bereichen trotz aller Widrigkeiten Zugang gefunden zu haben.

Zugleich hätten die meisten Objekte genauso einer anderen Disziplin zugeordnet werden können. Ein T-Shirt ist Mode und Grafikdesign, Sneakers sind Mode, Skulptur und Produktdesign, anderes passt gleichermaßen in die Kategorien »Inneneinrichtung«, »Möbel«, »Skulptur« und »Produktdesign«. Damit erwies sich Abloh als Multitalent, das – darin einem Universalisten wie Michelangelo nicht unähnlich – Fähigkeiten, die er in verschiedenen Bereichen erworben hat, miteinander verbinden, ja als jemand, der gleichsam mit sich selbst kooperieren kann. Allein dass dieselben Objekte, die im Kunstmuseum ausgestellt sind, genauso als Konsumprodukte in Läden erworben werden können oder als Mode auf Laufstegen auftauchen, zeugt von ihrer multiplen Eignung: als Kunst und als etwas anderes, ohne dass man einer Disziplin eine führende oder vermittelnde Rolle zusprechen könnte.

Das Spiel mit Disziplinen und Grenzüberschreitungen war seit Längerem auch Thema in Ablohs Arbeiten. Teil seiner Retrospektive war etwa eine Handtasche, die er 2016 für sein eigenes, 2013 gegründetes Luxus-Label Off-White entworfen hatte. Sie ist aus schwarzem Leder, rechteckig in der Form, und fast über die gesamte Breite steht in serifenlosen weißen Großbuchstaben das Wort »"SCULPTURE"«. [Abb. 45] Wird die Tasche damit zur Skulptur und zum Kunstwerk erklärt, so hebt der Umstand, dass das Wort in Anführungszeichen gesetzt ist, die Zuschreibung gleich wieder ein wenig auf: als handle es sich um ein Zitat oder indirektes Sprechen und sei nicht ganz ernst gemeint. Muss man »"SCULPTURE"« also augenzwinkernd, im postmodernen Modus der Ironie lesen? Allerdings wirkt das Schriftbild streng, nüchtern, geradezu monumental oder auch modernistisch stolz, so als werde die Ironie ihrerseits zumindest relativiert. Gerade dieses Schillern zeugt von dem Anspruch, ein zwischen den Kategorien changierendes Artefakt anzubieten, das sowohl Kunst als auch Mode und Luxusprodukt ist, das aber auch darüber spekulieren lässt, ob es eher ein Witz und eine Persiflage oder aber doch eine Kritik an vorherrschenden Klassifikationen sein könnte.

Wäre die westliche Moderne nicht so ignorant und ausgrenzend gegenüber anderen Ethnien und Kulturen und insbesondere gegenüber Schwarzen gewesen, gäbe es für Grenzüberschreitungen, wie Abloh sie vornahm, wohl keine so starke Motivation. Wer erleben muss, in der »Hochkultur« genauso wenig wie in der »Haute Couture« erwünscht zu sein, hat umso bessere Gründe, traditionelle Grenzen und Hierarchisierungen wie die zwischen »frei« und »angewandt«, zwischen Kunst und Konsum oder zwischen *high* und *low* offensiv infrage zu stellen. Die für verschiedene Designs von Abloh charakteristischen Anführungszeichen werden so zum Signal für den Wunsch, bei vermeintlich feststehenden Grenzziehungen Verwirrung zu stiften. Während die Vorliebe der westlichen Postmoderne für Anführungszeichen oft als Geste intellektuell-ironischer Überspanntheit oder als hohler Relativismus kritisiert wurde, war sie im Fall von Abloh eine existenzielle Angelegenheit. »Neunundneunzig Prozent meiner Arbeit bestehen darin, Klischees aufzubrechen und neue Narrative dafür zu finden, wie Kunst und Design von Schwarzen aussehen«, sagte er über sein Programm. Nur wenn bestehende Grenzen überwunden würden, lasse sich auch die Vorstellung

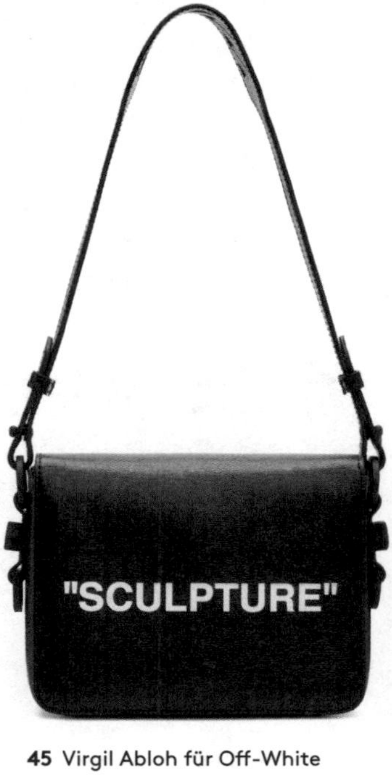

45 Virgil Abloh für Off-White

korrigieren, allein Weiße könnten ein hohes Niveau an Geschmack und kulturellem Bewusstsein erreichen.[3]

Nachdem Abloh die Disziplinen der weißen Eliten zuerst wie Trophäen für sich erobert hatte, versuchte er also deren angestammte Ordnung durcheinanderzubringen. So begnügte er sich nicht damit, im Bereich der Luxus-Label aktiv zu sein, sondern ging auch Kooperationen mit einer Marke wie IKEA ein. Das wurde aber erst dadurch politisch-provokant, dass er dieselben Produktideen, die bisher einer reichen Minderheit vorbehalten waren, nun kostengünstig, in hoher Auflage, als Fußmatten, Bettwäsche oder Teppiche einer Einrichtungskette vertreiben ließ. Eine Tasche mit dem Aufdruck »"SCULPTURE"« gab es nun also auch im Sonderangebot. [Abb. 46]

Abloh war jedoch kein zeitgenössischer Robin Hood. So lehnte er es ausdrücklich ab, dass sich prekär Lebende oder Diskriminierte auf illegalen, gar gewaltsamen Wegen Zugang zu Statussymbolen verschaffen. Demonstrant:innen der *Black-Lives-Matter*-Bewegung, die im Juni 2020 im Zuge der Proteste wegen des Tods von George Floyd Läden – auch von Luxus-Labels – plünderten, verurteilte er scharf. Auf diese Weise könne man die Dinge gerade nicht für sich und das eigene Fortkommen nutzen; vielmehr solle man wissen, so Abloh, dass ein derart erbeutetes Produkt, »das euch jetzt in eurem Haus anstarrt, verdorben ist und euch an einen Menschen erinnert, der ihr hoffentlich nicht seid«.[4] Das Image eines Markenprodukts wird nach Abloh also gestört, gar ikonoklastisch gelöscht, wenn man es sich auf die falsche Weise aneignet. Es ist dann gerade nicht mehr darauf zu hoffen, dass es zu schützen oder in anderer Weise positiv zu wirken vermag; jeder mögliche Placebo-Effekt verwandelt sich in sein Gegenteil, einen Nocebo-Effekt.[5]

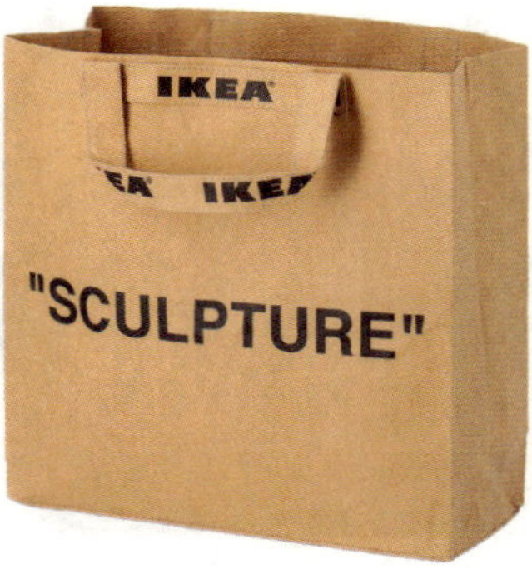

46 Virgil Abloh für IKEA

Konsum und Kapitalismus waren für Abloh also keine Gegner, sondern im Gegenteil wirksame Mittel, um sich aus Ohnmacht zu befreien. Wer arm oder marginalisiert ist, hat eine Chance, die eigene Position zu verbessern, wenn sie oder er hart arbeitet und mit dem verdienten Geld etwas konsumiert, das die eigene Begrenztheit ein wenig zu transzendieren vermag. Abloh war überzeugt davon, dass Markenprodukte besser gegen Diskriminierung schützen als Sozialprogramme. Sie verbinden mit anderen Menschen, die dieselben Produkte konsumieren und Fans derselben Marken sind, und verschaffen dadurch ein Gefühl von Nähe und gemeinsamer Stärke. Durch Konsum zu Empowerment – so könnte man diese Einstellung zusammenfassen und damit verdeutlichen, dass Konsum und Aktivismus keine Gegensätze oder Alternativen zu sein brauchen, sondern sich verbinden können.

Eine gegenüber Konsumismus – und damit auch Kapitalismus – so affirmative Haltung mag verwundern, da gerade Schwarze und People of Color oft noch mehr als andere von Ausbeutungsverhältnissen betroffen waren und sind, doch lässt sich Ablohs Programm fortwährender Grenzüberschreitung aus der Geschichte der Empowerment-Bewegung heraus gut verstehen. Der Ausgangspunkt des zuerst in den siebziger Jahren von Schwarzen in den USA entwickelten Konzepts besteht in der Hypothese, Minderheiten seien vor allem deshalb unterdrückt und unsichtbar, weil ihre Angehörigen sich selbst für minderwertig und schwach hielten. Damit aber lieferten sie denjenigen, die sie diskriminierten, auch immer wieder Gründe, sie weiter und noch mehr zu marginalisieren.[6] Um diesen Teufelskreis zu durchbrechen, müsse den vermeintlich Schwachen also ein anderer Begriff von *power* – von Macht und Stärke – vermittelt werden. Sie sollten lernen, dass Macht nicht nur gegen sie gerichtet sein müsse. Das gelingt etwa dann, wenn sie sich als Teil von etwas Größerem erleben. Dies kann eine religiöse Gemeinde sein, eine durch gemeinsame Überzeugungen konstituierte Gemeinschaft, wie sie mittlerweile am häufigsten durch Vernetzung in den Sozialen Medien entsteht, aber eben auch eine starke Marke, mit der man sich verbindet, indem man etwas von ihr kauft. Je stärker man Teil von Marken mit gutem Image wird, desto leichter findet man zu Selbstbewusstsein, desto besser gelingt Selbstermächtigung und damit eine Überwindung jenes sich selbst bestätigenden Defätismus. Für Marken aus körpernahen Bereichen wie Mode und Kosmetik gilt das umso mehr, verändert sich durch Kleidung, Accessoires oder Make-up die Selbstwahrnehmung doch unmittelbarer als durch vieles andere.

Dass und wie Ablohs Marke Off-White zu Empowerment beitragen soll, lässt sich auch aus einem Auftragsbild erschließen, das der Maler

Kerry James Marshall für das Cover des September-Hefts 2020 der US-Ausgabe der Zeitschrift *Vogue* entworfen hat. [Abb. 47] Im Zentrum steht eine junge Schwarze Frau, die sich in einem weißen Kleid aus der Herbst/Winter-Kollektion 2020 selbstbewusst und stark präsentiert. So signalisiert es Entschlossenheit, dass sie ihren linken Arm mit geballter Faust – und eng geschnittenem Ärmel – in die Hüfte stemmt; zugleich aber legt sie die rechte Hand – halb verdeckt von einem weit geschnittenen, mit viel Stoff opulent inszenierten Ärmel – auf ihr Herz, als wolle sie sicherstellen, ganz bei sich zu sein und nur der eigenen inneren Stimme zu folgen. Auch ihr Blick wendet sich konzentriert nach innen, ist auf kein Gegenüber gerichtet. Der spitze, hochgeschlossene Kragen des Kleids steigert den strengen Gesamteindruck, auch die filigranere untere Hälfte des Kleids in A-Linien-Form ändert daran nichts.

Marshall selbst erklärte, es sei ihm wichtig gewesen, dass die Frau nicht so wirke, als sei sie vom Blick eines Betrachters abhängig; vielmehr solle sie die Botschaft ausstrahlen, sich zwar zu zeigen, sich aber nicht für jemanden zu zeigen.[7] Sie trägt Luxusmode nicht, um sich für andere schön zu machen, sondern um nicht länger wegen ihrer Hautfarbe oder ihres Geschlechts angreifbar zu sein. Die Kleidung aber schützt und stärkt die Frau umso überzeugender, je weniger sie dadurch bloß verkleidet wirkt, je besser sie also – obwohl es sich um Laufstegmode handelt – in ihr Umfeld integriert ist. Marshall malt die Frau daher inmitten einer wohlhabend-urbanen Lebenswelt. Durch das Fenster des Raums, in dem sie steht, sieht man eine Penthouse-Terrasse und Hochhäuser. Ein grüner Sonnenschirm nimmt farblich Bezug auf den auffälligen, wie eine Kette gestalteten Gürtel des Kleids, was diesem ein alltäglicheres Flair verpasst. Auf der Terrasse steht außerdem ein großes Spielhaus für Kinder. Die Frau ist also offenbar auch Mutter und lässt sich daher nicht einfach als Model interpretieren, der das Kleid, das sie trägt, gar nicht gehört.

Dass Marshall eine Schwarze als gesellschaftlich arrivierte Person zeigt, ist aber nicht nur eine Hommage an Abloh und dessen Idee von Empowerment durch Konsum und Mode. Vielmehr gelingt ihm mit seinen Möglichkeiten als Maler ebenfalls Schwarzes Empowerment. So malt er die Haut der Schwarzen Frau in besonders dunklen Tönen, was für einen umso stärkeren Kontrast zum weißen Kleid sorgt. Er

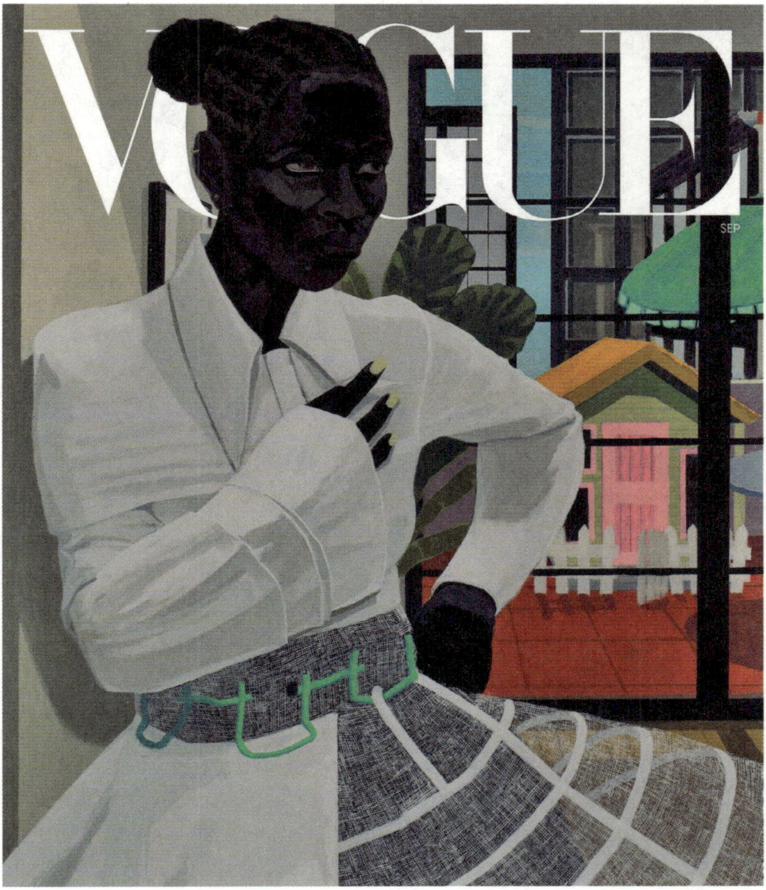

47 Kerry James Marshall für *Vogue* (2020)

nimmt es wörtlich, dass die weiße Mehrheitsgesellschaft von Schwarzen spricht und eine strikte Kategorisierung vornimmt, verbal streng zwischen »Rassen« trennt. Bezogen auf diese Praxis spricht Marshall von einem »rhetorischen Schwarzsein« (»rhetorical blackness«), das so nur in der Sprache existiere und eine Differenz zu einem Kontrast überhöhe. Für ihn als Maler erwächst daraus aber der Imperativ, das vermeintlich monotone Schwarz, auf das Schwarze rassifizierend reduziert werden, in einer Vielzahl höchst unterschiedlicher Abstufungen und Varianten zur Geltung zu bringen. Er will gerade demonstrieren, dass das Schwarz nicht die Negation von Farbigkeit darstellt,

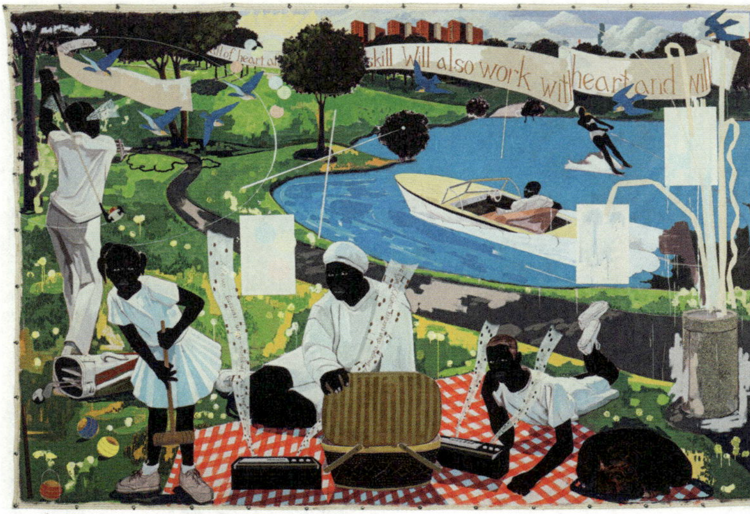

48 Kerry James Marshall: *Past Times* (1997)

sondern im Gegenteil eine ausnehmend »reiche und weitreichende« Farbe ist (»rich and expansive«).[8]

Nicht nur auf dem Gemälde für das *Vogue*-Cover, sondern auch sonst arbeitet Marshall daher mit unterschiedlichen Schwarzpigmenten wie Rußschwarz, Eisenoxidschwarz und Elfenbeinschwarz. Die Betrachter:innen sollen so lernen, differenzierter als bisher zu sehen. Er bezieht sich dabei nicht zuletzt auf den Abstrakten Expressionisten Ad Reinhardt, der ebenfalls verlangte, so lange auf eine vermeintlich monochrom schwarz gemalte Fläche eines seiner Gemälde zu blicken, bis nach und nach immer mehr Zwischentöne sichtbar werden. Sollte dadurch ein alltäglich-oberflächliches Wahrnehmen transzendiert und Kunst als ein Bereich gewürdigt werden, in dem eigene, feinere Standards als sonst gelten, so verbindet Marshall mit der Sensibilisierung die Hoffnung, Schwarzen Menschen möge endlich mit mehr Aufmerksamkeit und Wertschätzung begegnet werden. Wenn Schwarz und gerade tiefes, vielschichtiges, reich nuanciertes Schwarz als schön sowie als Ausdruck von Individualität empfunden werde, dann habe er sein Ziel erreicht und der Geschichte des Inkarnats, die jahrhundertelang nur eine Geschichte des Malens der Haut weißer Menschen war, ein neues Kapitel hinzugefügt, vor allem aber Schwarzen ein besseres, nicht länger defizitäres Bild von sich selbst gezeigt.[9]

Marshall verwandelt eine klischeehaft-abwertende Fremdzuschreibung also in eine Quelle des Selbstbewusstseins. Und so wie er eine Welt imaginiert, in der Schwarzsein fest mit Schönheit und Erfolg assoziiert ist, nutzt er auch sonst immer wieder die Möglichkeiten der Malerei, um sich eine bessere Wirklichkeit und sogar einen harmonischeren alternativen Verlauf der Geschichte vorzustellen. Will er damit einerseits dazu motivieren, etwas Besseres als den Status quo für realisierbar zu halten, so machen seine Gemälde andererseits umso bewusster, wie weit heutige Gesellschaften noch davon entfernt sind, Probleme wie (strukturelle, insbesondere rassistische) Diskriminierung zu überwinden.

Eines von Marshalls berühmtesten Gemälde heißt *Past Times* (1997) und zeigt eine Vergangenheit, ja eine Idylle, die es nie gegeben hat. [Abb. 48] Auf dem großformatigen Bild sieht man ausschließlich Schwarze, die gerade schönen, zum Teil sogar luxuriösen Freizeitbeschäftigungen der Wohlstandsgesellschaft der sechziger, siebziger Jahre nachgehen. Sie spielen Golf, fahren Wasserski, verbringen ihre Zeit auf einem Motorboot oder zumindest beim Picknick im Grünen. Sie gehören hier also zur »Leisure Class«, sind selbst die feinen Leute, denen sie in vergangenen Zeiten zuerst als Sklaven dienen mussten und für die sie bis heute schlecht bezahlt arbeiten. Aus den Radios erklingen Songs aus der afro-amerikanischen Popkultur, und Marshall hat einige ihrer Textzeilen im Stil von Schriftbändern mittelalterlicher Malerei in das Bild gemalt, etwa aus einem Song der Band *The Temptations*, in dem die Macht der Einbildungskraft beschworen wird (»It was just my imagination running away with me«). Das könnte zugleich das Motto für Marshalls Malerei sein, der hier eine der besseren aller möglichen Welten in Szene gesetzt hat, damit aber auch bei vielen, die sein Bild sehen, den Wunsch wecken dürfte, wenigstens die Zukunft möge sich dieser Utopie annähern, wenn schon die Vergangenheit so weit davon entfernt war.

Nachdem Marshall als Jugendlicher in den siebziger Jahren die ernüchternde Erfahrung gemacht hatte, dass in den großen Museen »niemand auf den Bildern aussieht, wie du es tust«, ihm dort also eine rein weiße Kultur begegnet war, nahm er sich vor, die Bedingungen und Regeln zu verstehen, die zu erfüllen sind, um als Künstler eine Chance auf einen Platz im Museum zu bekommen.[10] Er studierte die westliche Kunstgeschichte und befasste sich sowohl mit den

Bildräumen und den Ikonografien als auch mit den Maltechniken der kanonischen Kunst von der Gotik bis zum Expressionismus. Seine eigenen Gemälde lassen sich daher auch als Fortsetzung und Korrektur – als *Aemulatio* – der westlichen Kunstgeschichte unter neuen, pluraleren Bedingungen begreifen; mit ihnen ist im Unterschied zu den Ansätzen vor allem vieler Kurator:innen gerade nicht der Versuch verbunden, jegliche kunsthistorische Kanonisierung zugunsten anderer Kriterien zu überwinden.

Mit *Past Times* gibt Marshall etwa eine Antwort auf Georges Seurats *Sonntagnachmittag auf der Insel La Grande Jatte* (1884/86) – dies nicht nur ein Schlüsselbild des Pointillismus und der bürgerlich-weißen Pariser Welt des Zeitalters der Industrialisierung, sondern auch ein Hauptwerk des Art Institute of Chicago, also des Museums der Stadt, in der er seit 1987 lebt. Mittlerweile befinden sich dort auch Werke von ihm, ebenso ist er in zahlreichen anderen großen Museen vertreten, sodass die nächste Generation von Schwarzen und People of Color sich bei einem Museumsbesuch mutmaßlich nicht mehr so ausgeschlossen fühlt wie Marshall in seiner Jugend.

Da Marshall als Außenseiter der westlich-weißen Kunstwelt und ihrer Autonomie-Codes aufgewachsen ist, konnte er unbefangener als andere auf die Kunstgeschichte in ihrer Gesamtheit blicken, sich seine Vorbilder genauso – und erst recht – in der Vormoderne suchen und sein eigenes Werk auf eine breitere kunst- und materialgeschichtliche Basis stellen als diejenigen, die ihre künstlerische Identität von Anfang an innerhalb des herrschenden Kunstsystems erworben haben. Und ähnlich wie Abloh gewinnt er an Stärke gerade dadurch, dass er sich über bestehende Grenzen – in diesem Fall zwischen Epochen und Genres der westlichen Kunstgeschichte – hinwegsetzt. Mit jedem weiteren Bild, in dem er souverän und originell – dem Habitus nach also durchaus autonom – mit der Tradition umgeht, macht Marshall zugleich den Skandal deutlich, aber auch all das Versäumte spürbarer: dass die längste Zeit der Geschichte die meisten Menschen aufgrund ihrer Zugehörigkeit zu einem bestimmten Geschlecht oder wegen ihrer ethnischen Herkunft aus der Kunst ausgeschlossen waren.

Mit dem 2018 entstandenen Gemälde *Untitled (Underpainting)* bietet Marshall einen Höhepunkt an Kunstgeschichtsrevision. [Abb. 49] Wie der Titel vermerkt, handelt es sich dabei um eine

Untermalung. Das stellt schon allein insofern eine Abkehr von der westlichen Moderne dar, als in ihr die Farben üblicherweise direkt auf den Malgrund – meist die weiße Leinwand – aufgetragen wurden. Dafür waren Untermalungen vom Mittelalter bis zum Barock gängige Praxis. Indem Marshall diese Konvention wieder aufgreift, will er vorführen, wie gut er die gesamte Kunstgeschichte überblickt und wie sorgfältig er die Tradition der Werke studiert hat, die in den großen Museen gesammelt und ausgestellt werden. Mit dem zur Schau gestellten Beherrschen einer Untermalung reklamiert Marshall seine eigene Museumsreife.

Mit einer Untermalung gibt man neben der Komposition die Hell-Dunkel-Verteilung auf dem Bild vor, das dann in weiteren Schichten farblich ausdifferenziert wird. Was wie bei Marshall in einem dunklen Umbra-Ton angelegt ist, lässt sich in späteren Malschichten also kaum noch aufhellen, außer man greift massiv in den Malprozess ein und macht die Untermalung wieder zunichte. Besonders dunkel sind auf Marshalls Bild aber – im Unterschied zur Kunst früherer Jahrhunderte – die Gesichter der Figuren. Damit definiert er sie eindeutig als Schwarze und setzt seine Arbeit an einer Erweiterung der Möglichkeiten von Inkarnat fort. In der Untermalung derart klar bestimmt, kann man die Schwarzen nicht mehr aus dem Bild

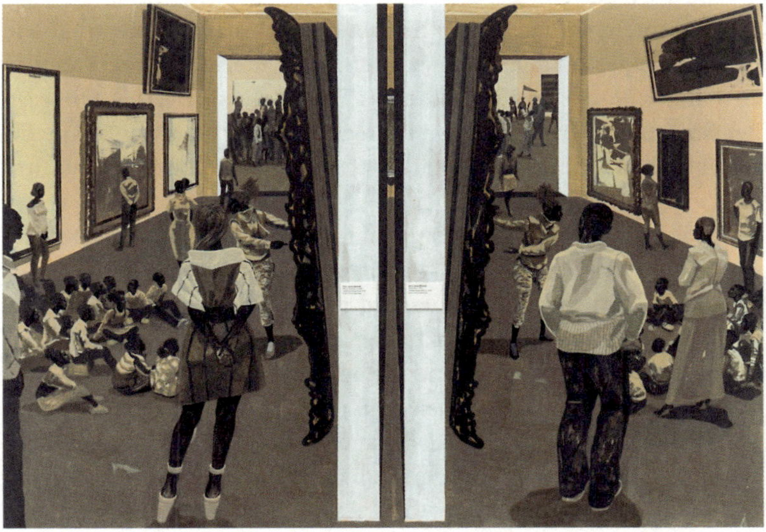

49 Kerry James Marshall: *Untitled (Underpainting)* (2018)

verdrängen; sie nehmen den Platz ein, der ihnen in der bisherigen Kunstgeschichte nicht zugestanden wurde.

Bei den Figuren handelt es sich aber um Museumsbesucher:innen. Ähnlich wie bei *Past Times* zeigt Marshall Schwarze also in einer Umgebung und bei Tätigkeiten, die lange Zeit Weißen vorbehalten waren. Man sieht sie im Stil von Rückenfiguren der Romantik oder in einsamer Kontemplation vor Gemälden, die im Modus der Untermalung nicht näher zu bestimmen sind, aufgrund ihrer unterschiedlichen Rahmung aber verschiedenen Epochen und Gattungen entstammen dürften. Ferner sieht man Schulklassen, die im Halbkreis vor einem großen Gemälde sitzen, das von einer Lehrerin erklärt wird; ebenso halten sich größere Gruppen und Touristen in den Museumsräumen auf. Es fällt auf, dass niemand von ihnen unsicher oder wie ein eingeschüchterter Gast wirkt. Statt das Ungewöhnliche – Utopische – der Szenerie eigens zu betonen, ist es Marshall vielmehr wichtig, diese so selbstverständlich wie möglich erscheinen zu lassen.

Marshall will mit *Untitled (Underpainting)* also nicht nur selbst ins Museum kommen, sondern dieses insgesamt für Schwarze öffnen. Und beides artikuliert er mithilfe der Untermalung. Doch zusätzlich dazu, dass Marshall mit ihr eine doppelte Aussage verknüpft, weckt sie die Einbildungskraft der Betrachter:innen. Man überlegt, welche Farbigkeit das Bild annehmen könnte, erhielte es zusätzliche Schichten, welche Details noch hinzukommen könnten und wie wohl die Bilder auf dem Bild aussehen. Die Untermalung versetzt das Gemälde also in den Zustand eines Potentialis oder eines Optativs, der Maler delegiert den weiteren Prozess der Bildwerdung an die Rezipient:innen. Er bezieht sie stärker als üblich ein, lässt Raum für ihre Wünsche und Phantasien.

Doch ist Marshalls Gemälde nicht nur ein Bild über die Entstehung von Bildern, sondern zugleich hat man es hier mit Bildern im Bild zu tun. So sieht man in der linken und rechten Bildhälfte zweimal den gleichen Museumsraum, blickt aber in die jeweils entgegengesetzte Richtung. Als eigene Bilder sind die beiden Ansichten dadurch kenntlich gemacht, dass auf zwei weißen Streifen zwischen ihnen Exponatschilder angebracht sind, so als befänden sie sich ihrerseits bereits in einem musealen Raum. Auf den Schildern sind Marshalls Name, die Technik und das Material sowie der Status als Untermalung vermerkt. In einem Detail aber unterscheiden sie sich. Einmal – links – wird

Marshall als »African American« bezeichnet, das andere Mal – rechts – als »American«. Doch warum diese Differenzierung, obwohl die beiden damit bezeichneten Gemälde sehr ähnlich sind?[11]

Entsprechend der Leserichtung von links nach rechts könnte damit ein zeitlicher Verlauf angezeigt sein: Zuerst ist ein Schwarzer Künstler wie Marshall noch so ungewöhnlich in einem Museum, dass die ethnische Identität eigens vermerkt wird, aber in einer besseren Zukunft wäre das nicht mehr nötig, weil dann Gleichberechtigung herrscht und die Herkunft keinen Unterschied mehr ausmacht. Noch ist dieser Prozess so unfertig wie das Bild, das erst als Untermalung vorliegt – aber ist er nicht auch so irreversibel wie das, was auf der Untermalung zu sehen ist? Dass die Zukunft von Identitätsmarkern frei sein wird, ist somit die optimistisch-beschwörende Botschaft von Marshalls Gemälde.

Es geht also auch ihm um Empowerment, doch orientiert Kerry James Marshall sich nicht an Strategien von NGOs, Start-ups oder Ablohs emanzipatorischem Konsumismus, sondern verlässt sich ganz auf die klassischen Mittel der Malerei und ihrer Geschichte. So verleiht er ihr zeitgemäße neue Funktionen und manifestiert zugleich die Idee des Empowerment subtiler und konzeptueller, als es bisher üblich war. Es entsteht nicht der Eindruck, ein großes politisches Thema trete an die Stelle formalen Ehrgeizes oder werde vor allem bemüht, um der eigenen künstlerischen Arbeit mehr Aufmerksamkeit zu verleihen; im Gegenteil nimmt Marshall sich als Maler so ernst, dass er alles daransetzt, selbst noch den Auftrag für ein Zeitschriftencover dazu zu nutzen, der Malerei neue Autorität zu verleihen – zu demonstrieren, dass sie politisch und relevant sein kann, gerade weil sie als Malerei anspruchsvoll und präzise ist und ihre Möglichkeiten neu bestimmt. An Marshall wird somit deutlich, dass postautonome Kunst genauso selbstbewusst sein kann wie als Grundlagenforschung betriebene autonome Kunst, anders als diese ihre Kraft aber daraus bezieht, sich mit ihren Themen, Anlässen und Auftraggebern immer wieder neu ins Benehmen zu setzen.

Im selben Jahr, in dem Marshalls *Untitled (Underpainting)* entstand, befeuerte ein Musikvideo der Pop-Sängerin Beyoncé und ihres Mannes, des Rappers Jay-Z, das sie als The Carters veröffentlichten, die Debatte über Schwarze und People of Color im Museum. Da es, wie

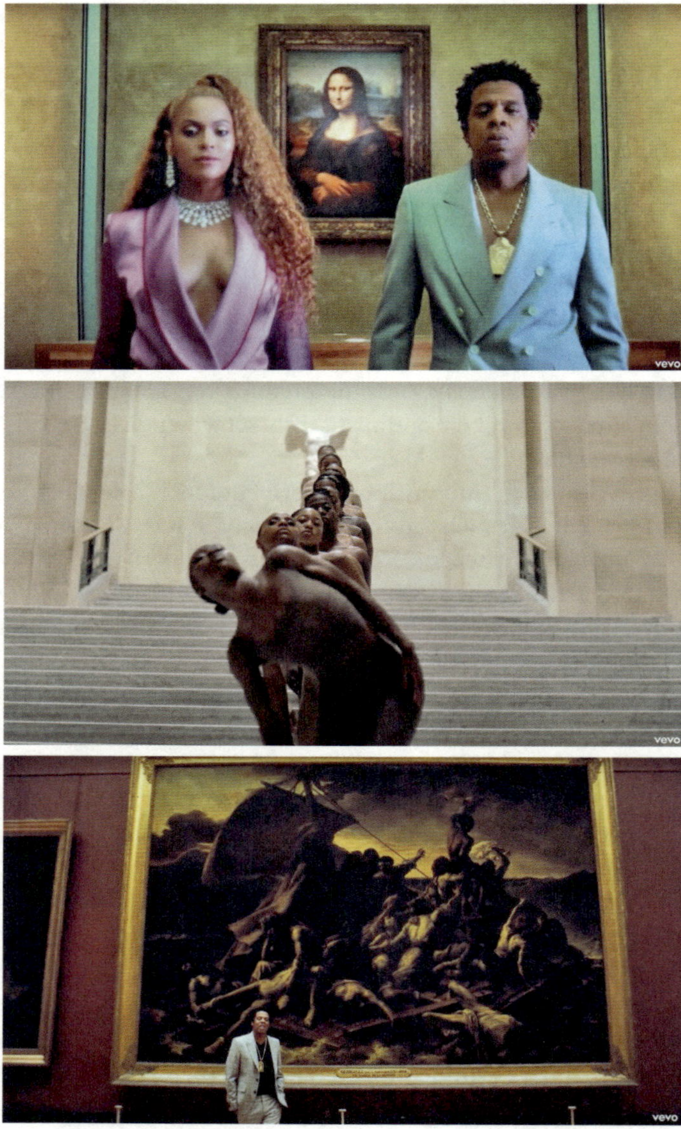

50a–c The Carters (Beyoncé & Jay-Z): *Apeshit* (2018) [Videostills]

das FriendsWithYou-Video von Pharrell Williams produziert, im Louvre gedreht wurde, setzte sich das Ehepaar Carter vor allem über die Grenze zur Hochkultur hinweg, was der Song-Titel *Apeshit* (»übergeschnappt« oder auch »ausrasten«) noch eigens betont.[12] [Abb. 50a–c] Gut sechs Minuten lang sieht man die beiden, zum Teil zusammen mit Tänzerinnen, vor einer Reihe von Meisterwerken des Museums. So begibt sich Beyoncé mit einem weißen Kostüm in Korrespondenz zur Statue der Nike von Samothrake und inszeniert sich selbst als Siegesgöttin, an einer anderen Stelle aber tanzen People of Color vor der Nike. Da sie sich vor ihr geradezu auffächern, wird aus dem normierenden Singular ein Plural, das Weiß der Göttin wird mehrfach gebrochen. Auch andere Werke werden durch Tänze davor zur Kulisse einer neuen Kunst gemacht, vor allem aber überschrieben, so etwa Jacques-Louis Davids Gemälde *Krönung Napoleons*, das ein Regime feiert, welches wie kaum ein anderes für Sklaverei und Kolonialismus steht. Hier singt Beyoncé von den teuren Kleidern, die sie sich leisten kann, setzt also dem Prunk von Napoleon und Josephine einen markenseligen Materialismus entgegen.[13]

Immer wieder wechseln Szenen anklagenden Charakters mit Einstellungen ab, die von großem Selbstbewusstsein zeugen. So zeigt das Video einerseits Ausschnitte aus Gemälden, auf denen Schwarze in niederen Positionen als Bedienstete oder gar ähnlich wie Tiere – dumpf und gerade ohne eigenes Inkarnat – abgebildet sind, während die Aufmerksamkeit andererseits auf das einzige Einzelporträt einer Schwarzen Frau im Louvre gerichtet wird, das um 1800 von einer Frau, Marie-Guillemine Benoist, gemalt wurde. Auch Théodore Géricaults *Floß der Medusa* kommt in dem Video prominent zur Geltung. Jay-Z präsentiert das Gemälde, auf dem ein Schwarzer eine hervorgehobene, heldenhafte Rolle einnimmt: Er überragt die anderen Überlebenden und ist entscheidend für die Rettung der Schiffbrüchigen, da er in der Ferne ein Schiff entdeckt hat, das er gerade herbeiwinkt. Da dies kaum jemand bereits vor *Apeshit* bewusst gewesen sein dürfte, weisen Beyoncé und Jay-Z mit ihrem Video auf das Problem hin, dass Schwarze oft gar nicht richtig wahrgenommen, von Weißen geradezu ausgeblendet werden. Museumspolitik könnte daraus lernen, dass Schwarze, People of Color und andere Marginalisierte nicht nur besser repräsentiert sein müssten, sondern dass man sie da, wo sie auftauchen, überhaupt erst einmal zu beachten hätte.

Beyoncé und Jay-Z selbst bewegen sich in dem Video immer wieder demonstrativ auf Augenhöhe mit dem westlichen Kanon. Schon zu Beginn ihres Songs stehen sie frontal vor der *Mona Lisa* und nehmen als Pop-Ikonen der Gegenwart, als Super-Labels der Kulturindustrie, die Ikone der Kunst und damit ein anderes Super-Label in ihre Mitte. Das soll, wie die Kunstkritikerin Almuth Spiegler bemerkt, »weniger Kampfansage sein als ein Bündnis der Ikonen«.[14] Eine Kampfansage ist auch nicht nötig, setzen Beyoncé und Jay-Z als Stars der globalen Popkultur doch selbst Standards. Sie müssen sich Zugang nicht mehr erkämpfen, denn sie haben es, zu ihrem eigenen Erstaunen, geschafft, wie sie auch im Refrain singen (»I can't believe we made it«).[15] Sie haben also schon erreicht, was bei Marshall noch eine Utopie ist: Das Museum öffnet ihnen bereitwillig die Türen und richtet sich sogar nach ihren Bedingungen. So nahm man für den Dreh etwa eigens alle Exponatschilder ab, die Beleuchtung wurde geändert.

Noch zwei Jahrzehnte zuvor wäre ein solches Video kaum vorstellbar gewesen. Dazu musste es auch in der Kunstwelt erst üblich werden, Werke, Berühmtheiten und Institutionen als Marken zu begreifen. Denn erst dadurch wird selbst sonst kaum Vereinbares miteinander vergleichbar, lassen sich Grenzen fast selbstverständlich überschreiten oder spielen einfach keine Rolle mehr: Klassisches und Zeitgenössisches, *high* und *low*, Malerei und Musikvideo, ein Museum und Popstars, Weiß und Schwarz schließen sich nicht länger gegenseitig aus, sondern stehen für Marken, die ihr Image und damit ihren Wert sogar noch steigern können, wenn sie miteinander kooperieren. Der Louvre erscheint dank *Apeshit* jünger, cooler, radikaler, Beyoncé und Jay-Z hingegen haben sich die Patina großer Kunstgeschichte erworben.

Aber es geht nicht nur um sie. Wichtiger ist, dass sie als Schwarze Pop-Labels als Eisbrecher fungieren. Da sie im Museum »*black excellence* performen«, wie die Kulturtheoretikerin Grada Kilomba es formuliert, tragen sie dazu bei, dass die ehedem fast ausschließlich weiße Institution sich insgesamt verändert.[16] Auf einmal werden Fans der Popstars auf den Louvre aufmerksam – besuchen ihn oder ein anderes Museum, stellen dort Szenen des Videos nach, kaufen Artikel, mit denen berühmte Werke, die auch im Video auftauchen, vermarktet werden, oder suchen auf anderen Wegen Teilhabe an den Marken, die dort zusammenkommen. [Abb. 51a–c] Im Video selbst sieht man in einigen Szenen junge Schwarze Männer vor den Mauern des

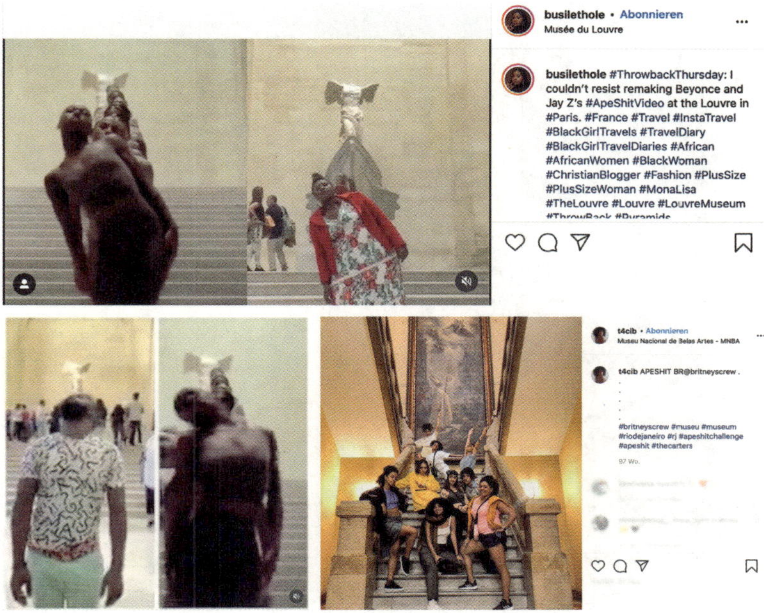

51a–c Fans stellen Szenen von *Apeshit* nach (Paris, Rio de Janeiro)

Louvre; sie knien wie US-Footballspieler, die damit beim Abspielen der Nationalhymne gegen Rassismus protestieren, aber es gibt kaum Zweifel, dass auch sie im Gefolge von Beyoncé und Jay-Z in der einstigen Bastion weißer Hochkultur künftig einen Platz haben werden.

Die Markenkultur ist also doppelt entscheidend, da sie nicht nur Kooperationen zwischen vermeintlich Gegensätzlichem, sondern auch eine Partizipation derer ermöglicht, die sonst ausgeschlossen blieben. Indem sie beim Überschreiten von Grenzen hilft, zugleich aber immer schon eine Konsumkultur ist, kommt bei *Apeshit* eine ähnliche Strategie zum Tragen wie bei Abloh – mit dem Unterschied, dass man Beyoncé und Jay-Z im aktiven Einsatz erlebt, wie sie mit ihrer Markenprominenz die gesamte Kunstwelt herausfordern, sodass nicht nur der Louvre, sondern jedes einzelne Werk, das in dem Video auftaucht, plötzlich auf sein Image hin betrachtet wird. Man achtet darauf, was zum Starkult der Popkultur passt, was sich für Strategien des Empowerment eignet und womit sich eventuell sogar noch Politik machen lässt. Für manche Werke bieten sich daher auf einmal auch neue Funktionen an: Sie sind nicht mehr interessant, weil sie

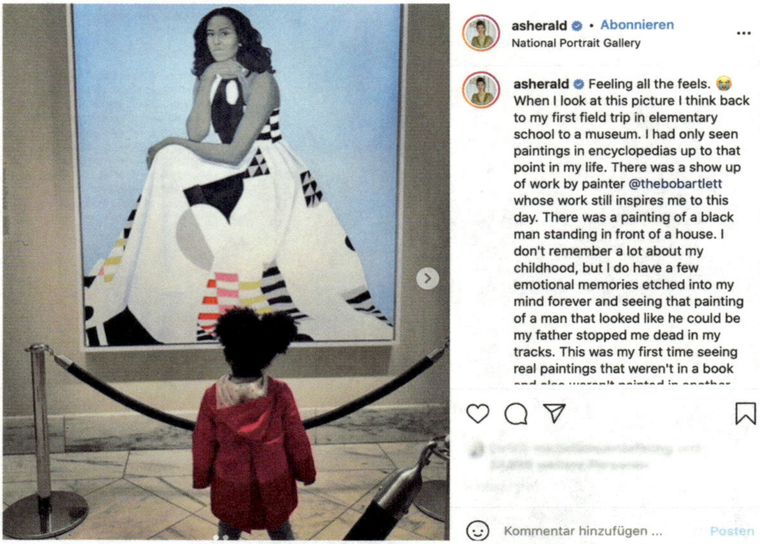

52 Amy Sherald postet ihr Porträt von Michelle Obama auf Instagram

Kunst sind, sondern weil sich einzelne Gruppen oder Menschen damit identifizieren können und von ihren Geschichten und Anliegen repräsentiert fühlen.

Nur weil eine spezifisch westliche Idee von Kunstgeschichte keine starke und selbstverständliche Rolle mehr spielt, verlieren die Werke im Museum also keineswegs pauschal an Bedeutung. Existierten etwa religiöse Bildwerke schon längst vor den Idealen autonomer Kunst und wurden als Kunst erst betrachtet und geschätzt, als sie ins Museum gelangten, so bleibt vieles auch interessant, wenn es nun nicht mehr allein nach kunsthistorischen Kategorien bewertet wird. Für den Strukturwandel des Museums und die Erschließung eines neuen Publikums und neuer Aufgaben für die Kunst haben Beyoncé und Jay-Z jedenfalls Enormes geleistet. Der Anspruch des innerhalb von Bürgerrechtsbewegungen oft verwendeten Hashtags *#representationmatters* verwirklicht sich kaum einmal besser als durch *Apeshit*.

Wie wichtig und motivierend es ist, sich in einer Institution wie dem Kunstmuseum repräsentiert zu sehen oder sich mit einzelnen Werken oder Figuren identifizieren zu können, ist immer wieder Thema in Interviews und autobiografischen Berichten nicht-weißer

Künstler:innen. So nahm etwa Amy Sherald, die als erste afro-amerikanische Künstlerin den Auftrag für ein Gemälde der National Portrait Gallery in Washington erhielt und das offizielle Bildnis der Präsidentengattin Michelle Obama malen durfte, dessen Enthüllung im Frühjahr 2018 zum Anlass für ein ebenso persönliches wie politisches Statement auf ihrem Instagram-Account. [Abb. 52] Sie erinnert sich an ihren ersten Museumsbesuch als Grundschülerin, bis zu dem sie Bilder nur aus Büchern gekannt habe. Es habe sich »für immer in mein Gedächtnis eingebrannt«, dass sie im Museum auf einmal das Bild eines Mannes erblickte, »der aussah, als könnte er mein Vater sein«. Plötzlich sei ihr bewusst geworden, dass alle Bilder, die sie bis dahin gesehen hatte, nichts mit ihr zu tun hatten, sie in ihnen nicht vorkam (»none of them had me in them«).[17] Dieses eine Bild aber habe ihr das Selbstvertrauen gegeben, ihren Wunsch, Künstlerin zu werden, für realisierbar zu halten.

Sherald beendet ihren Post ihrerseits mit dem Hashtag *#representationmatters* und zeigt dazu zwei Bilder. Das erste ist ein Foto, auf dem ein kleines Schwarzes Mädchen zu sehen ist, das gerade das Michelle-Obama-Porträt betrachtet, nun also ebenfalls die Chance hat, sich im Bild einer Schwarzen Person wiederzufinden. Das zweite aber zeigt das Gemälde, das für Sherald selbst zum Schlüsselerlebnis wurde. Es entstand 1986, heißt *Object Permanence* und zeigt einen Schwarzen als sorgenden Familienvater, als eine Art »All-American Dad«, der sich vor sein Haus, seine schwangere weiße Frau und seine Kinder stellt. [Abb. 53] Gemalt hat es jedoch mit Bo Bartlett ein weißer Künstler aus der US-amerikanischen Tradition eines magischen Realismus, dessen berühmteste Vertreter Edward Hopper und Andrew Wyeth sind.

Dass Bartlett mit dem Mann auf dem Bild ein »Selbstporträt als Afro-Amerikaner« gemalt haben will, ist überraschend und auch befremdlich.[18] Schlimmstenfalls könnte man darin sogar eine Spielart von *Blackfacing*, einem übergriffigen, rassistisch überformten Verhalten sehen. Doch für Sherald ist entscheidend, dass Bartlett einen Schwarzen als Sympathieträger, in einer Rolle, mit der man sich gerne

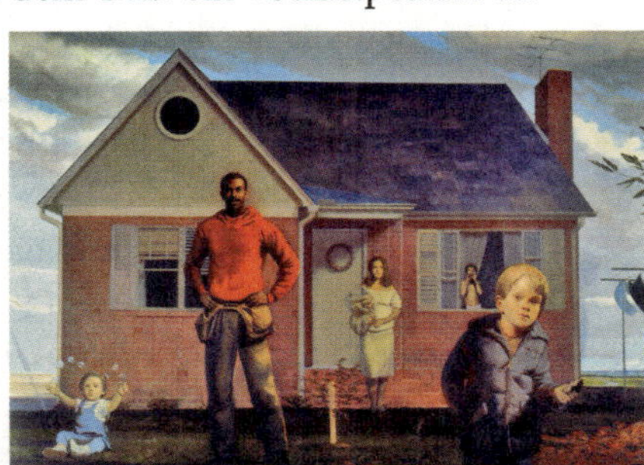

53 Bo Bartlett: *Object Permanence* (1986)

identifiziert, gemalt hat – anders als etwa Dana Schutz, deren Gemälde *Open Casket* 2017 für große Debatten sorgte, da sie als weiße Künstlerin das Foto des grausam ermordeten Schwarzen Jungen Emmett Till in Malerei übersetzt hat. So peinvoll und demütigend es für Schwarze sein kann, wenn Weiße sie einmal mehr als Opfer oder unglückliche Außenseiter ins Bild setzen, ja sosehr sich das als Bekräftigung und Wiederholung des erlittenen Unrechts empfinden lässt, so sehr kann man es umgekehrt als Versuch einer symbolischen Wiedergutmachung auffassen, dass jemand wie Bartlett einen Schwarzen endlich als freien, selbstbewussten Menschen zeigt. Es reicht also nicht, in einer Institution wie dem Kunstmuseum vertreten zu sein, sondern man will zudem in ähnlichen Rollen, einem ähnlichen Habitus sichtbar werden wie diejenigen, die lange Zeit alles beherrschten.

Für ihre Porträts hat Sherald eine eigene Strategie entwickelt, um rassistische Aggressionen auszubremsen. So malt sie die Hautpartien in differenzierten Schwarz-Weiß-Tönen, so als handle es sich um alte Fotografien. Dadurch soll die ethnische Herkunft einer Person nicht mehr erkennbar sein.[19] Wird die Grisaille-Technik also zum Zweck einer Neutralisierung und damit zum Schutz eingesetzt, so verwendet Sherald in anderen Partien ihrer Gemälde durchaus kräftige Farben. Gerade Kleidung erhält dadurch eine gesteigerte Bedeutung. Im Fall des Porträts von Michelle Obama ist die Grundfarbe des Kleids zwar weiß, doch neben schwarzen und grauen Mustern finden sich auf ihm auch rote, pinke und gelbe Streifen. Das gesamte Design, von Michelle Smith für die Frühjahr/Sommer-Kollektion 2017 von Milly entworfen, lässt an konstruktivistische Kunst der Avantgarde denken. Sherald selbst fühlt sich an Mondrian erinnert, nennt aber genauso Quilts als Referenz, wie sie in den USA vor allem von Schwarzen Frauen angefertigt werden.[20] So treffen auf Obamas Kleid einmal mehr *high* und *low*, »alte« und »neue Welt«, weiße und Schwarze Kultur zusammen. Die auf ihm vollzogenen Grenzüberschreitungen spiegeln aber nicht nur die Biografie von Michelle Obama, sondern lassen sie auch umso souveräner erscheinen: als Person, die Gegensätze elegant zu vereinen vermag. Sherald liefert damit eine zeitgenössische Version eines klassischen Auftragsporträts. In einem einzigen Bild schützt, porträtiert und stärkt sie Michelle Obama, bietet also eine umfassende Form von Repräsentation – und damit genau das, was mit dem Hashtag *#representationmatters* gemeint ist.

Asymmetrien in der Repräsentation aufzuzeigen und zugleich zu überwinden ist aber nicht nur das Anliegen von Künstler:innen, die selbst Marginalisierungserfahrungen gemacht haben. Wer nicht davon betroffen ist, kann vielmehr die eigene Privilegiertheit nutzen, um Menschen zu unterstützen, die von sich aus kaum eine Chance auf Sichtbarkeit haben. Aufmerksamkeit, die man selbst bekommen kann, wird also auf andere gelenkt, zugleich aber lässt sich erörtern, wie sie erzeugt und verteilt wird. Die weiße südafrikanische Künstlerin Candice Breitz macht dies in mehreren Arbeiten zu ihrem künstlerisch-politischen Anliegen, etwa in der 2016 entstandenen Videoinstallation *Love Story*.

Die Installation erstreckt sich über zwei Räume, die in einer vorgegebenen Reihenfolge zu betreten sind. Im ersten Raum sieht man auf zwei großen Projektionswänden die beiden Hollywood-Stars Alec Baldwin und Julianne Moore. [Abb. 54] In einem Greenscreen-Set tragen sie jeweils einen Monolog vor, und allein aufgrund des Titels der Arbeit erwartet man zuerst eine Liebesgeschichte, vielleicht sogar ein Remake des Film-Klassikers *Love Story* von 1970. Doch sobald man sich von der schauspielerischen Leistung Moores und Baldwins in den Bann ziehen lässt, bemerkt man, dass es beim Erzählten vor allem um Flucht, Angst, Gewalt und Ohnmacht geht. Nach und nach verfestigt sich zudem der Eindruck, es nicht mit einer stringent verkörperten Rolle, sondern mit einer Montage von Teilen unterschiedlicher Geschichten zu tun zu haben. Damit wirken die Videos künstlich, man könnte sie für Probeaufnahmen halten, für Dokumente, die Einblick in Dreharbeiten geben; der Greenscreen unterstützt diesen Eindruck.

Begibt man sich in den zweiten Raum, ist man im Halbrund von sechs Flachbildschirmen umgeben. [Abb. 55] Auch hier sieht man jeweils eine Person in einem Greenscreen-Set, jede von ihnen erzählt – manchmal stockend und oft

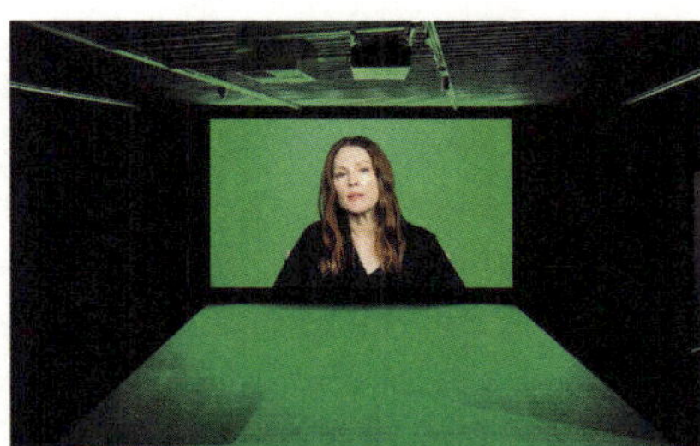

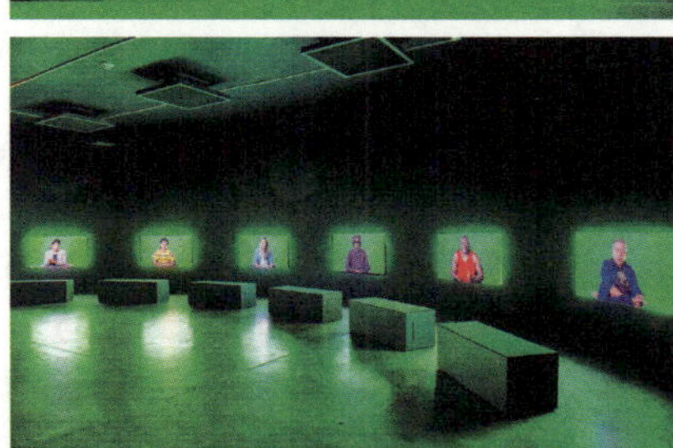

54/55 Candice Breitz: *Love Story* (2016)

schwer zu verstehen – ihre eigene Geschichte. Hört man länger zu, erkennt man Formulierungen wieder, die im ersten Raum schon von Moore oder Baldwin zu vernehmen waren. Kaum jemand aber hat so viel Zeit, um sich die sechs Geschichten komplett anzuschauen, da die Videos insgesamt mehr als zwanzig Stunden dauern, während die Textmontagen im ersten Raum gut 70 Minuten umfassen.

Die sechs Personen, deren Geschichten *Love Story* gewidmet ist, haben alle Fluchtbiografien; sie kommen aus verschiedenen Teilen der Welt und mussten aus unterschiedlichen Gründen ihre Heimat verlassen. So gibt Breitz einen Einblick in die globale Dimension von Fluchtbewegungen, schafft es aber, anders als Ai Weiwei oder Anri Sala, vor einem gleichbleibenden, gemeinsamen Hintergrund den Blick auf einzelne Menschen und ihr individuelles Schicksal zu richten, sodass man Anteil an ihnen nehmen, mit Wut, Entsetzen, Empathie, Neugier darauf reagieren kann.

Doch man wird auch damit konfrontiert, auf welche Weise in den zwei Räumen Aufmerksamkeit für bisher unsichtbare Menschen geschaffen wird. So fällt es den meisten westlich sozialisierten weißen Rezipient:innen vermutlich leichter, über die bekannten Hollywood-Gesichter Zugang zu den erzählten Geschichten zu bekommen. Indem sie deren zudem schauspielerisch meisterhaft in Szene gesetzte Mimik und Gestik unmittelbar verstehen, wird das Erzählte dringlich und hat auf einmal auch etwas mit ihnen und ihrer Welt zu tun. Aber ist es, zumal zeitlich so stark verdichtet, dann noch dasselbe wie das, was die Betroffenen erzählen? Drohen diese durch die Prominenz der Hollywood-Stars nicht ein weiteres Mal ins Abseits gedrängt oder nur in starker Verzerrung wahrgenommen zu werden? Und ist es nicht unsensibel oder sogar eine neue Form von Marginalisierung, dass People of Color, von denen die Geschichten mehrheitlich stammen, nun von Weißen verkörpert werden? Werden sie mit ihren Geschichten nicht vielleicht sogar ausgebeutet? Oder haben sie umgekehrt nur dank des Einsatzes von Moore und Baldwin die Möglichkeit, »gehört« zu werden?

Breitz wirft mit ihrer Installation viele Fragen rund um Repräsentation und Aufmerksamkeitsökonomie auf. Mindestens so sehr, wie sie das Augenmerk auf Fluchtursachen und Gewalt richtet, stellt sie die Rolle derer zur Diskussion, die helfen wollen – also nicht nur die Rolle von Prominenten wie Hollywood-Stars, sondern auch die des Kunstpublikums sowie ihre eigene. Von einer »Kritik des weißen Retterdiskurses« spricht die Kulturtheoretikerin Aruna d'Souza bezogen auf *Love Story*,[21] und Breitz selbst bezeichnet es als zentrale Frage ihrer Arbeit, ob und wie sie als weiße, privilegierte Vertreterin der Mittelschicht eine »Verbündete« derer sein könne, um die es in den Videos gehe.[22]

Dass Breitz eine Arbeit gelingt, die »an das Einfühlen in ein fremdes Gegenüber appelliert und zugleich didaktisch die Mechanismen hinter diesem Identifikationsvorgang aufzeigt«, wie der Kurator Sven Beckstette würdigt, lässt diese mehr als nur Kunst und mehr als nur Polit-Aktivismus sein.[23] Vor allem jedoch wird an *Love Story* exemplarisch deutlich, dass man sich als Künstler:in nicht bis zur Verwechselbarkeit anpassen und dass man erst recht nicht formale Präzision preisgeben muss, nur weil man sich mit aktuellen politischen Themen und der Wirklichkeit befasst. Man kann der eigenen Arbeit den Charakter einer Realie verpassen, sich zudem auf eine globale Marke wie Hollywood einlassen und dennoch in der Tradition moderner Kunst darauf bedacht sein, das eigene Publikum zu verunsichern und dadurch einen Erkenntnisprozess in Gang zu setzen.

Zur Infragestellung der eigenen Rolle gehört es auch, dass Breitz die Namen aller an dem Projekt Beteiligten nennt. Ähnlich wie im Abspann eines Films werden sie in ihren Funktionen genannt, wann immer *Love Story* aufgeführt oder dokumentiert wird. Auf diese Weise werden Netzwerke transparent: Man sieht, welchen Personen und Institutionen die Künstlerin etwas zu verdanken hat, aber genauso, wer in ihrem Auftrag tätig wurde, bekommt also in doppelter Hinsicht ein klareres Bild von ihrer Stellung. Doch zeugen die rund hundert Namen nicht nur von der Privilegiertheit der Künstlerin, sondern machen zugleich bewusst, wie stark sich künstlerische Projekte größeren Teams verdanken können. Sosehr sich die öffentliche Aufmerksamkeit auf eine einzige Person konzentrieren mag, so sehr erreicht (und verdient) diese sie oft erst dadurch, dass sie auf das Prinzip der Aufgabenteilung setzt und damit etwas in vielerlei Hinsicht Professionelles ermöglicht.

Bestenfalls gelingt es durch das Arbeiten in einem Team, in mehreren, selbst weit voneinander entfernten Gebieten gleichermaßen Anerkennung zu erfahren. Beispielhaft dafür ist die 2010 von dem israelischen Architekten Eyal Weizman gegründete Gruppe *Forensic Architecture*. Am Goldsmiths-College, das zur University of London gehört, und damit an einer Institution der Wissenschaft angesiedelt, hat sich *Forensic Architecture* sowohl auf dem Feld der Rechtsprechung wie auch im Bereich der Kunst etabliert, wurde also etwa vom Europäischen Gerichtshof für Menschenrechte genauso eingeladen wie von den Kurator:innen der *documenta 14*. Das feste Team von rund 25 Personen wird je nach Projekt um zusätzliche Kräfte aus Bereichen wie Journalismus, Naturwissenschaft, Kunst oder Informatik erweitert.

Forensic Architecture hat das Ziel, die oft intransparenten Prozesse juristischer Wahrheitsfindung kritisch zu begleiten und zu ergänzen, aber auch dort, wo staatliche Stellen, insbesondere Polizei und Sicherheitsbehörden, Gewalt ausüben, eine Kontroll- und Korrektivfunktion zu übernehmen. Vergleichbar einer NGO, die sich für die Stärkung von Menschenrechten einsetzt, engagiert sich *Forensic Architecture* vor allem für Menschen, die es schwerer als andere haben, ihren Standpunkten Gehör zu verschaffen. Wo staatliche Institutionen sonst ein »Monopol [...] zur Ermittlung oder Fabrikation von Wahrheit« hätten, so Weizman, versuche sein Team, »alternative Wege der Untersuchung zu finden, weite, offene Netze der Beteiligung aufzubauen und die Wahrheitsproduktion für Menschen zu öffnen, die davon ausgeschlossen waren«.[24]

Dabei lassen sich etwa die zahlreichen Materialien nutzen, die in den Sozialen Medien gepostet werden, oft aber weit verstreut oder gar versteckt und noch häufiger schwer auszuwerten sind. So hat *Forensic Architecture* in Reaktion auf den gewaltsamen Tod von George Floyd und in Kooperation mit *Bellingcat*, einem Kollektiv unabhängiger Journalist:innen, im Mai 2020 ein Projekt gestartet, das Polizeigewalt bei den *Black-Lives-Matter*-Protesten in den USA dokumentiert und analysiert.[25] Überwiegend handelt es sich dabei um Videomitschnitte von Demonstrationen, Festnahmen und anderen Vorkommnissen, die entweder bereits auf Accounts bei Twitter, TikTok oder YouTube veröffentlicht oder aber direkt an *Forensic Architecture* geschickt wurden. Mit mehr als tausend Videos ist nicht nur ein umfangreiches Archiv mit Beweismaterial entstanden, sondern vor allem wurde jedes einzelne Dokument mit forensischen Methoden so genau wie möglich untersucht, um etwa auszuschließen, dass es nachträglich

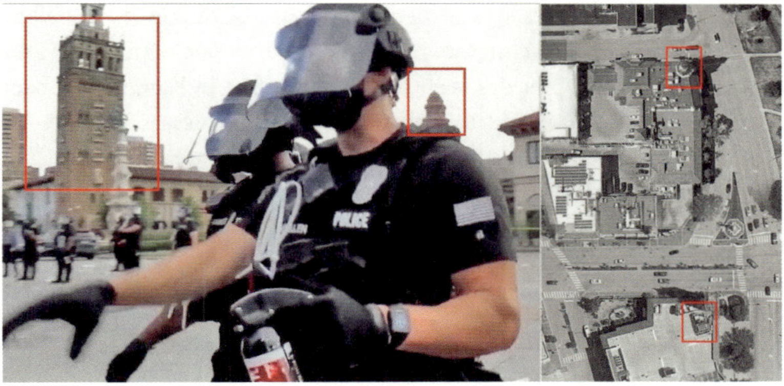

56 Forensic Architecture: Analyse eines Videos, das Polizeigewalt dokumentiert (2020)

bearbeitet oder geschnitten wurde oder einen anderen Vorfall als behauptet zeigt. Ferner wurden die Videos nach vielfältigen Gesichtspunkten ausgewertet, um die genauen Orte der Aufnahme zu identifizieren sowie Arten von Gewalt, lokale und regionale Unterschiede ihrer Anwendung oder einzelne Täter:innen zu ermitteln. Die vielen interdisziplinär gewonnenen Ergebnisse wurden in einer Datenbank gesammelt und mit grafischen Methoden visualisiert. Man kann nun also etwa eine bestimmte Stadt in den USA auswählen, findet dort auf einer Landkarte die Orte markiert, an denen ein Vorfall stattgefunden hat, kann das dazugehörige Videomaterial anschauen, sich aber auch anzeigen lassen, wo es zu ähnlichen Vorfällen gekommen oder wie der spezielle Vorfall statistisch allgemeiner einzuordnen ist. [Abb. 56]

Generell geht es *Forensic Architecture* darum, auf verschiedenen Ebenen für mehr Sichtbarkeit zu sorgen und damit sowohl erkenntnisstiftend zu wirken als auch einen Beitrag zur Durchsetzung von Gerechtigkeit zu leisten. Indem Weizman und sein Team Bild- und Filmmaterial zugänglich machen und zum richtigen Sehen anleiten, indem sie Daten veranschaulichen sowie mit Plänen, Grafiken, Karten oder Animationen arbeiten, stellen sie jeweils Evidenz her. Diese ist auch nicht durch andere Formen der Evidenzstiftung ersetzbar, sondern besitzt eine eigene Qualität. Würde man sich nur auf Zeugenaussagen oder Indizien verlassen, würden also wichtige, gar entscheidende Elemente fehlen, und oft entsteht erst durch maximierte Sichtbarmachung ganz unterschiedlichen Materials ein hinreichend gutes »Bild« eines Ereignisses. Um die zweifelhafte Rolle eines Mitarbeiters des hessischen Verfassungsschutzes zu erhellen, baute *Forensic Architecture* 2017 etwa den Tatort nach, an dem Halit Yozgat, eines der Opfer des rechtsextremen NSU, in Kassel ermordet wurde.[26] Die Rekonstruktion räumlicher Verhältnisse sowie die Visualisierung von Schallwellen und Gasen, die infolge eines Schusses entstehen, führten zu Ergebnissen, die denen der Ermittlungsbehörden deutlich widersprachen.

Dass solche Praktiken überhaupt mit Kunst in Verbindung gebracht werden können und nicht einfach nur unter investigativem Journalismus oder wissenschaftsbasierter Forensik zu verbuchen sind, verwundert nicht, wenn man den Blick für größere historische Zeiträume öffnet. Zwar gab es auch innerhalb der autonomen Kunst etliche anspruchsvolle Projekte, bei denen, manchmal durchaus in Konkurrenz zur Wissenschaft, versucht wurde, Unbewusstes oder universale Formprinzipien (erstmals) sichtbar zu machen, aber vor allem gehörte es in der Vormoderne zu den wichtigen – und selbstverständlichen – Funktionen der Kunst, Evidenz durch Sichtbarmachung zu stiften. Insbesondere in der Medizin und den Naturwissenschaften wären viele Erkenntnisse nicht oder nur viel mühsamer und langsamer erzielt worden, hätten nicht gerade auch Künstler:innen – von Leonardo da Vinci über Maria Sibylla Merian bis hin zu John Constable – Naturphänomene beobachtet, fixiert und systematisiert oder Modelle entwickelt, um sonst schwer Verständliches zu veranschaulichen und zu vermitteln. Sie alle lassen sich als Vorläufer:innen einer Gruppe wie *Forensic Architecture* ansehen, mit der die Kunst unter postautonomen Umständen und mit neuem Realiencharakter also wieder an vorautonome Traditionen anknüpft. Und durch die Arbeit in einem Team mit Expert:innen aus verschiedenen Bereichen ist Evidenzstiftung heute sogar umso konzentrierter und erfolgreicher möglich. Dass Weizman und *Forensic Architecture* »die Grenze zwischen dem Atelier und dem Labor [...] durchbrechen«, führt, wie es Weizman formuliert, zu einer »Interdisziplinarität«, die »uns Stärke verleiht«.[27]

Epilog: Zwei Sammlungen

In den neunziger Jahren malte Chéri Samba mehrere Versionen eines Bildmotivs, in dem er sich, wie in etlichen anderen seiner Gemälde, befremdet-kritisch mit dem westlichen Kunstbetrieb auseinandersetzt. [Abb. 57] Unter dem Titel *Hommage an die einstigen Schöpfer* (*Hommage aux anciens créateurs*) widmet er sich Artefakten afrikanischer Kulturen – er selbst stammt aus der Demokratischen Republik Kongo –, die sich in westlichen Museen befinden. Ihn sieht man dabei jeweils an einem Tisch sitzen, auf dem einige Figuren und Masken aufgereiht stehen. Ein am linken und rechten Bildrand platzierter Text erläutert die Szene. Samba erklärt, zum Besuch des »Völkerkundemuseums der Universität Zürich« eingeladen worden zu sein, wo er eine große Anzahl alter Objekte, eingeschlossen in einem Raum, vorgefunden habe. Er sei überzeugt davon, dass sie noch immer übernatürliche Kräfte besäßen, er habe das teilweise sogar geradezu körperlich gespürt. Verwundert sei er gewesen, als er erfahren habe, dass der Sammler der Objekte nie in Afrika gewesen sei, sich also nicht für ihre Provenienz, nicht für ihre Schöpfer interessiert habe.[1]

Bei einer Variante des Motivs zeigt Samba sich mit traurigem Gesichtsausdruck, den Kopf auf die Hände gestützt, in traditioneller Kleidung. Das bekundet die kulturelle Verbundenheit zwischen ihm und den Objekten und lässt es umso mehr als gewaltsamen Akt erscheinen, dass diese in einem Depot auf einem anderen Kontinent gehortet werden, wo man gar nichts mit ihnen anzufangen weiß. In anderen Motivvarianten ist Samba hingegen als Sapeur gekleidet, hat sich also mit westlicher Markenmode, einer Sonnenbrille, dicken Ringen ausstaffiert. Diese Statussymbole begann man im Kongo als Protest gegen die belgischen Kolonialherren zu tragen, die diese den unterdrückten Einheimischen vorenthalten wollten. Um die Besatzer zu provozieren, umgab man sich demonstrativ und übertrieben damit, wollte so aber auch mehr Selbstbewusstsein erlangen, eigene Macht reklamieren.

Wenn Samba sich gegenüber den deportierten Objekten als Sapeur präsentiert, erscheinen die westlichen Statussymbole zugleich als ein Ersatz für den Verlust: Sosehr die Menschen in Ländern wie dem Kongo früher solche Figuren und Masken, ja eine hochentwickelte Dingkultur besaßen und als kulturelles Erbe pflegten, um sich in ihrem Alltag stärker und besser zu fühlen, um getröstet, geborgen oder geschützt zu sein, so sehr müssen sie heute versuchen, sich mit Mode und Accessoires etwas von den Kräften zurückzuholen, die ihnen entzogen wurden, als man ihre Dinge in westliche Sammlungen und Museen verschleppte. Ihre Hoffnungen auf Zukunft und Empowerment richten sich nun auf Markenartikel statt auf magische Objekte, was aber nicht vergessen macht, dass es Dinge einer fremden Kultur sind, mit denen kompensiert werden soll, was der Verlust der Dinge der eigenen Kultur angerichtet hat.

Mit verschränkten Armen blickt Samba auf die zu Museumsbeständen gewordenen Schöpfungen seiner Vorfahren und signalisiert damit seinen Widerstand gegenüber dem, was passiert ist, aber auch Distanz gegenüber den Objekten, die erst wieder neu angeeignet werden müssten. Allerdings hätte man sie dafür zuerst aus dem Museum zu befreien und an ihre Ursprungsorte zurückzubringen. Doch auch dort dürften sie dann nicht in Museen westlichen Stils aufbewahrt werden, sondern man müsste ihre traditionellen Kontexte und Nutzungsweisen ernst nehmen (und zum Teil erst genauer erforschen). So müsste man etwa Rücksicht darauf nehmen, dass Masken, Figuren und Statuen mancherorts – wie offenbar auch von Chéri Samba – in animistischer Tradition als »Speicher von Strömen und energetischen Feldern« verstanden werden oder in anderen Fällen als sterblich gelten, also immer wieder »für einige Jahre [zu] begraben« sind, um dann »reproduziert« zu werden, damit sich ihre Kräfte »erneuern« können. Auf derartige – westlich-modernistischen Dingbegriffen oft fremde – ontologische Vorstellungen weisen die Kunsthistorikerin Bénédicte Savoy und der Sozialwissenschaftler Felwine Sarr in ihrem Bericht über die Restitution afrikanischer Kulturgüter hin, den sie 2018 im Auftrag des französischen Präsidenten Emmanuel Macron verfassten.[2] Sie heben auch hervor, dass Museen und Kulturzentren in Afrika daher anders konzipiert seien als im Westen, also etwa darauf angelegt würden, ihre Bestände teilweise zirkulieren zu lassen und für den rituellen Gebrauch zu verleihen.[3] So könnte eine Rückgabe von Objekten der Institution »Museum« generell zu neuen Impulsen verhelfen, was irgendwann auch die Museen in Europa oder Nordamerika und deren Kultur des Hortens verändern dürfte.

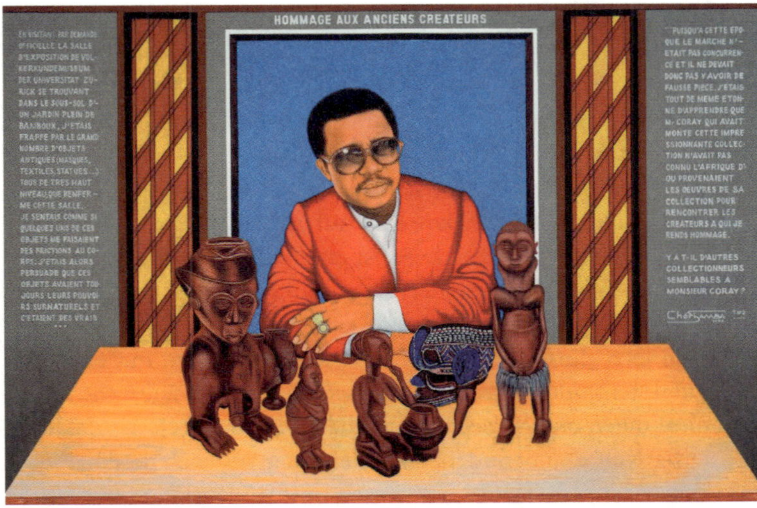

57 Chéri Samba: *Hommage aux anciens créateurs* (1999)

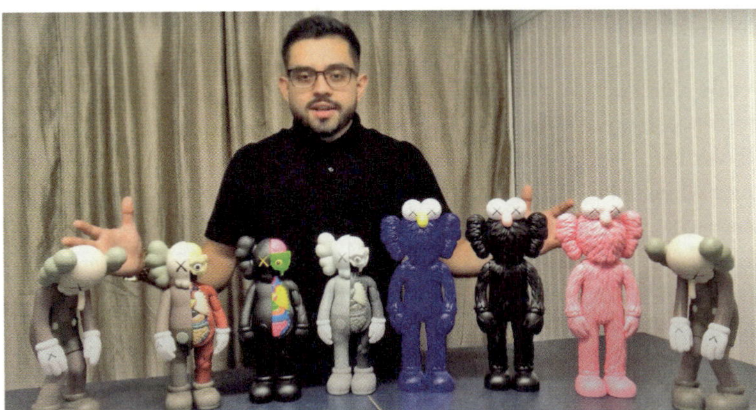

58 Mr. Franco: *MY ENTIRE KAWS COLLECTION!!!!*, YouTube-Video (2018)

Wie anders und doch ähnlich im Vergleich zu Chéri Sambas Bildsujet muten Szenen in Videos an, in denen Fans von Art Toys ihre Sammlungen präsentieren, einzelne Stücke auspacken und erläutern, warum sie sich gerade dafür entschieden haben. Einer dieser Fans nennt sich auf YouTube *Mr. Franco*, er sammelt vor allem Figuren von KAWS, und in einem Video von 2018 hat er acht von ihnen vor sich auf einem Tisch aufgereiht.[4] [Abb. 58] Stolz steht er hinter ihnen und nimmt sie nach und nach einzeln in die Hand, um ihre Geschichten zu erzählen. Anders als bei Samba ist Mr. Francos Verhältnis zu seinen frisch erworbenen Figuren ungebrochen und unkompliziert: Er freut sich über Details, über eine Beschriftung oder die Materialität oder auch darüber, wie es ihm gelungen ist, ein besonders begehrtes Stück zu erstehen. Und ohne dass er es eigens sagt, spürt man, wie sehr die Figuren ihm helfen, sich in seiner Welt, in seinem Alltag zurechtzufinden, glücklich zu sein. Auf anderen Videos sieht man, dass er ihnen (wie viele andere Fans) einen eigenen Raum gewidmet und sie dort sorgfältig arrangiert hat, um ihre Präsenz und Wirkung möglichst stark erleben zu können.

Schon jetzt dürfte die weltweite Zahl an Räumen, in denen Art Toys aufgestellt und in Szene gesetzt werden, die Menge an Räumen in Sammlungen und Museen übertreffen, in denen sich Artefakte kolonisierter Kulturen befinden. Daher erscheint es auch denkbar, dass bald umso deutlicher wird, wie falsch und widersinnig es ist, diese Artefakte fernab der Orte, an denen sie eine große, teils komplexe, für viele Menschen wichtige Bedeutung haben, wegzusperren und ihrer ursprünglichen Wirksamkeit zu berauben. Vielleicht trägt die wachsende Verbreitung von Art Toys also dazu bei, dass auch im Westen besser verstanden wird, was man anderen Kulturen in kolonialen Raubzügen weggenommen hat und was zerstört wurde – und was man Menschen bis heute skandalös vorenthält, obwohl die Objekte, wie nicht nur Chéri Samba glaubt, nach wie vor oder auch wieder besondere Kräfte offenbaren könnten. Je mehr Fans von Art Toys es gibt und je mehr Menschen Erfahrung im Umgang mit Objekten machen, die mehr als nur Kunst, mehr als nur Design, mehr als nur Markenprodukte und mehr als nur aktivistische Ausrüstung sind, desto mehr wächst also vielleicht auch die Einsicht, dass die Artefakte fremder Kulturen zurückgegeben werden müssen.

Erneut sind Museen zentrale Schauplätze für die weiteren Entwicklungen. Wie sie einerseits lange Zeit den größeren Teil der Menschen ausgeschlossen oder nur einseitig und fremdbestimmt repräsentiert haben, so haben sie andererseits Dinge anderer Kulturen oft fragwürdig erworben und zudem unsachgemäß behandelt. Der in der westlichen Moderne vorherrschende Begriff von Kunst hat dazu geführt, dass vieles von vornherein zu Nicht-Kunst abgewertet wurde, dass aber zugleich alles den Regeln der Rezeption zu folgen hatte. Was andere Formen des Besitzens, jenseits des westlichen Modell des

Hortens, bedeuten können, wurde ignoriert, und die am höchsten angesehenen Artefakte der eigenen Kultur – Kunstwerke – waren rein fürs Auge gemacht. Die von ihnen erhoffte Transzendierung schien nur so erreichbar, zugleich wollte man die Kunst auf diese Weise streng getrennt von der Profanität alltäglichen Lebens halten. Der an einem monotheistischen Religionsverständnis orientierte westlich-moderne Werkbegriff spekulierte auf Unendlichkeit und Erlösung, der Künstler wurde als gottbegnadetes Genie betrachtet, sein Werk als Gottes Wort: unergründlich und mächtig.

Postautonome Artefakte stellen das alles infrage. In ihnen geht es nicht um Absolutheit und damit auch nicht um Reinheit. Sie leben von Mischungen, Verbindungen, Kooperationen – von der Fiktion, das Beste verschiedener Welten lasse sich kumulieren, vom Glauben, etwas könne umso stärker und robuster werden, je mehr Aspekte bedacht werden, je mehr Kriterien berücksichtigt sind. So entwickelt sich vielleicht gerade eine neue Dingkultur, deren Möglichkeiten erst in Umrissen erkennbar werden. Und es spricht einiges dafür, dass der historische Sonderfall der westlichen Moderne an ein Ende gekommen ist. Aber passen die Realien, Markenprodukte und Art Toys, die nun entstehen, dafür nicht umso besser zu den Artefakten vieler anderer Zeiten und Kulturen?

Anmerkungen

Exposition: Fünf Paar Schuhe und Abschied von eineinhalb anderen

1 Vgl. https://www.instagram.com/p/B1gofWTl9Ot/.
2 https://www.instagram.com/p/Bpl_EX-FdZX/ (»In the last few years, I have thought about the reality of the distance between sneaker culture and myself. I felt like it was a game that I would be able to play once I understood the rules; and so I began my sneaker journey, taking action and studying everything I could.«)
3 https://www.instagram.com/p/B1g1g9FF08j/.
4 https://www.instagram.com/p/B3HxgoOA8qi/; https://news.artnet.com/art-world/takashi-murakami-gundam-porter-sneakers-1634890.
5 Videos einiger Performances auf: https://www.youtube.com/channel/UC51J3vxjhofxYqVBTqqeeag/videos.
6 https://www.estileras.com.br (»corpos dissidentes exploram a construção de uma escultura para seus próprios pés que não se molda aos parâmetros excludentes mercadológicos«).
7 Zit. n. Dominic Cadogan: »The anarchic Brazilian label sticking a middle finger up at the status quo« (2018), auf: https://www.dazeddigital.com/fashion/article/42097/1/brazil-sao-paulo-estileras-underground-label-ss19 (»that clothing is just fabric – not gender, sexuality, or political views«).
8 Vgl. https://surfaceproject.com/story/vision/.
9 Vgl. https://www.youtube.com/watch?v=6swmTBVI83k.
10 Vgl. https://satan.shoes; https://jesus.shoes.
11 https://twitter.com/govkristinoem/status/1376239196709478400.
12 https://twitter.com/RealCandaceO/status/1376253935737057291; https://twitter.com/LilNasX/status/1376254583333249028.
13 Vgl. https://twitter.com/pastorlocke/status/1376307358167666689; https://twitter.com/RightWingWatch/status/1376233608868986882; https://www.rawstory.com/greg-locke-satan-shoes/ (»bunch of devilism«).
14 Vgl. Geoffrey Batchen: *Van Goghs Schuhe. Ein Streitgespräch*, Leipzig 2009.
15 Martin Heidegger: »Der Ursprung des Kunstwerkes« (1935/36), in: Ders.: *Holzwege*, Frankfurt a.M. [6]1980, S. 18.
16 Ebd., S. 42.
17 Ebd., S. 58.
18 Ebd., S. 51.
19 Ebd., S. 19, 52.
20 Ebd., S. 20.
21 Ebd., S. 53.
22 Ebd., S. 54 f.

23 Theodor W. Adorno: *Ästhetische Theorie*, Frankfurt a. M. 1970, S. 26 f.
24 Ebd., S. 396.
25 Ebd., S. 28, 396.
26 Ebd., S. 468 f.
27 Kolja Reichert: *Krypto-Kunst. NFTs und digitales Eigentum*, Berlin 2021, S. 13.
28 Ad Reinhardt: »Art as Art« (1962), in: *Art-As-Art. The Selected Writings of Ad Reinhardt*, hg. v. Barbara Rose, Berkeley 1991, S. 53–56, hier S. 53.
29 Thomas Hecken: *Avant-Pop. Von Susan Sontag über Prada und Sonic Youth bis Lady Gaga und zurück*, Berlin 2012, S. 12, 22.
30 Milena Burzywoda: »What is Artistic Freedom? What is Autonomous Art?« (2017), auf: https://www.artistunderground.co.uk/what-is-autonomous-art.

TEIL I: Was hat die Idee autonomer Kunst geschwächt?

1 Der überstrapazierte und entleerte Kunstbegriff

1 Friedrich Wilhelm Joseph Schelling: *System des transzendentalen Idealismus* (1800), Hamburg 1957, S. 297.
2 Ebd., S. 288 f. – Vgl. Johann Wolfgang von Goethe: »Über Laokoon« (1798), in: *Goethes Werke. Hamburger Ausgabe*. Bd. XII, hg. v. E. Trunz, München 1998, S. 56–66, hier S. 56; Novalis: »Die Christenheit oder Europa« (1799), in: Ders.: *Werke in einem Band*, München 1981, S. 526–544, hier S. 540.
3 Friedrich Schleiermacher: *Über die Religion. Reden an die Gebildeten unter ihren Verächtern* (1799), Hamburg 1958, S. 92, 29.
4 Arthur C. Danto: *Kunst nach dem Ende der Kunst* (1992), München 1996, S. 21.
5 Burzywoda, a. a. O. (Anm. 30, Exposition).
6 Jean Baudrillard: »Towards the vanishing point of art«, in: *Kunstforum International* 100 (1989), S. 386–391.
7 Danto, a. a. O. (Anm. 4), S. 22.
8 Hans Heinz Holz: *Der Zerfall der Bedeutungen. Philosophische Theorie der bildenden Künste* III, Bielefeld 1997, S. 314.
9 Johannes Grützke: *Sieben Pamphlete zur Abschaffung des Begriffs ›Kunst‹*, Münster 2002, o. S.
10 Vgl. George Dickie: »Defining Art«, in: *American Philosophical Quarterly* 6/3 (1969), S. 253–256.
11 Vgl. Sebastian Preuss: »Warum der Erlöser verschwand« (16.4.2021), auf: https://www.weltkunst.de/kunstwissen/2021/04/salvator-mundi-leonardo-da-vinci-warum-der-erloeser-verschwand.
12 Baudrillard, a. a. O. (Anm. 6), S. 390.
13 Danto, a. a. O. (Anm. 4), S. 22.
14 Ebd.
15 Jörg Johnen: *Warhol und das schreckliche Kind*, Köln 2021, S. 115.
16 Heidegger, a. a. O. (Anm. 15, Exposition), S. 52.
17 Bazon Brock: *Kritik der kabarettistischen Vernunft. Ein autobiografisches Scherbengerücht*. Bd. 1, Berlin 2016, S. 372.

18 Adorno, a. a. O. (Anm. 23, Exposition), S. 475.

19 Ebd., S. 159.

20 Sarah Ulrich: »›Ich will starke Kunst, die vor Weiblichkeit trieft‹ – Signe Pierce im Interview« (9.3.2018), auf: https://spex.de/signe-pierce-interview/.

2 Die Globalisierung der Institutionen der Kunst

1 (»Archetype, movie star, pop-culture celebrity«), »The life and times of STAN – one of the most complete *T. rex* sceletons ever found« (2020), auf: https://www.christies.com/features/The-life-of-Stan-a-T-rex-excavated-in-1992-10872-7.aspx?sc_lang=en.

2 Hecken, a. a. O. (Anm. 29, Exposition), S. 24.

3 Dirk Boll: *Was ist diesmal anders? Wirtschaftskrisen und die neuen Kunstmärkte*, Berlin 2020, S. 40, 210.

4 (»*T. rex* is a brand name in a way that no other dinosaur is [...] It sits very naturally against a Picasso, a Jeff Koons or an Andy Warhol.«) »The life and times of STAN – one of the most complete *T. rex* sceletons ever found«, a. a. O. (Anm. 1).

5 Michael Greshko: »Katastrophe für die Wissenschaft. T. rex für Rekordsumme versteigert« (2020), auf: https://www.nationalgeographic.de/wissenschaft/2020/10/katastrophe-fuer-die-wissenschaft-t-rex-fuer-rekordsumme-versteigert.

6 Hans Ulrich Obrist: »Jeff Koons on His Five Most Ambitious Unrealized Projects« (2.4.2018), auf: https://www.artsy.net/article/artsy-editorial-jeff-koons-five-ambitious-unrealized-projects (»... develop an art that immediately communicates to the viewer that everything about them is perfect...«).

7 »›The Whole Way of Collecting Has Changed‹: Christie's Loïc Gouzer on the Regrettable Rise of the ADD Art Collector« (7.6.2018), auf: https://news.artnet.com/art-world/the-whole-way-of-ollecting-has-changed-1298714 (»the power of brands is becoming overwhelming«; »people buy from galleries and auction houses as if they were Hermès or Gucci or Tom Ford«, »only eight percent of the collectors today actually enjoy discussing art and asking questions«, »The Chinese maybe buy a Renoir first as an entry point to the art market, and in six months they're already buying their first Ryman or Bruce Nauman«).

8 Ebd. (»not very healthy«; »But I have a bit of nostalgia for those days«, (»sometimes I get a bit depressed about it«)

9 Vgl. Henri Neuendorf: »Loïc Gouzer and the Rise of Curated Auctions« (11.5.2016), auf: https://news.artnet.com/market/curated-art-auctions-trend-493952.

10 Vgl. Jean-Hubert Martin (Hg.): *Künstlermuseum*, Düsseldorf 2002.

11 Vgl. Richard Rorty: *Contingency, Irony, and Solidarity*, Cambridge 1989, S. 44.

12 Hans Belting: *Das Ende der Kunstgeschichte. Eine Revision nach zehn Jahren*, München 1995, S. 69 f.

13 Bogomir Ecker: »Statement anlässlich des Herbsttreffens des Museumsbundes« (2001), zit. n. Martin, a. a. O. (Anm. 10), S. 203.

14 Gouzer, a. a. O. (Anm. 7) (»I love the power of juxtaposing works that are not necessarily meant to be together, because they activate each other.«) (2018)
15 Paul B. Preciado: *Ein Apartment auf dem Uranus. Chroniken eines Übergangs*, Berlin 2020, S. 34, 283.
16 »Die Kunst hat eine politische Dimension« – Adam Szymczyk im Gespräch mit Änne Seidel, *Deutschlandfunk* (2.4.2017), auf: https://www.deutschlandfunk.de/documenta-kurator-adam-szymczyk-die-kunst-hat-eine.911.de.html?dram:article_id=382838.
17 Vgl. Eintrag »Gandhara-Skulpturen«, auf: https://www.documenta14.de/de/artists/22776/gandhara-skulpturen.
18 Eintrag »Lorenza Böttner«, auf: http://www.documenta14.de/de/artists/21958/lorenza-boettner.
19 Sabine B. Vogel: »Das Ende der Kunst?«, in: *Die Presse* (9.7.2017), auf: http://diepresse.com/home/kultur/kunst/5248948/Das-Ende-der-Kunst.
20 Quinn Latimer/Adam Szymczyk: Editorial zu »South of a State of Mind« #6 (2015), auf: https://www.documenta14.de/en/south/12_editors_letter.
21 Stefan Heidenreich: »Schafft die Kuratoren ab!«, in: *Die Zeit* 26/2017, auf: https://www.zeit.de/2017/26/ausstellungen-kuratoren-kuenstler-macht/komplettansicht.
22 Bettina Steinbrügge: »Es ist ein Wendepunkt«, in: *Monopol* 1/2018, S. 54 f., hier S. 54.
23 Hito Steyerl: »Duty Free Art« (2015), in: Dies.: *Duty Free Art. Kunst in Zeiten des globalen Bürgerkriegs*, Zürich 2018, S. 83–108, hier S. 87, 106.

3 Der Sog der Sozialen Medien

1 Moritz Baßler/Heinz Drügh: *Gegenwartsästhetik*, Göttingen 2021, S. 272.
2 Zit. n. Ashleigh Eades: »Ugly Makeup Revolution« (13.5.2020), auf: https://www.wonderlandmagazine.com/2020/05/13/ugly-makeup-revolution/.
3 Vgl. Annekathrin Kohout: »Body-positive Hashtag-Lexikon« (2017), auf: https://sofrischsogut.com/2017/01/16/body-positive-hashtag-lexikon/.
4 Vgl. Philipp Kienzl: »Schwedisches Model bekommt Vergewaltigungsdrohungen wegen ihrer Körperbehaarung« (9.10.2017), auf: https://www.zeit.de/zett/politik/2017-10/schwedisches-model-bekommt-vergewaltigungs drohungen-wegen-ihrer-koerperbehaarung.
5 »Makeup activist Eszter Magyar reveals what's behind @makeupbrutalism and the inspiration for her work with Gucci Beauty«, auf: https://www.gucci.com/uk/en_gb/st/stories/article-category-beauty/article/makeup-activism-according-to-makeupbrutalism (»I try to inspire people to question everything before agreeing on anything. There are so many stigmas and discomfort around beauty and I believe we can heal that with honesty and creativity.«).
6 Vgl. https://www.makeupbrutalism.shop.
7 Immanuel Kant: *Kritik der Urteilskraft* (1790), B 17.
8 https://www.instagram.com/p/BdulcI6hn6b/.

9 Vgl. https://www.instagram.com/p/CMVKMS6MNj4/ (»sold like crazy«).

10 Vgl. ebd.

TEIL II: Wie sieht die neue Kunst(welt) aus?

4 Einige Eigenschaften und Funktionen nicht mehr autonomer Kunst

1 Marcel Duchamp: »The Creative Act« (1957), in: *The Writings of Marcel Duchamp*, hg. v. Michel Sanouillet/Elmer Peterson, New York 1973, S. 138–140.

2 Wilfried Dörstel: »›Wie der Geist arbeitet‹. Das Grosse Glas: Beispiel und Zwei-Seiten-Form«, in: Andreas Eckl/Dorothee Kemper/Ulrich Rehm (Hgg.): *Marcel Duchamps ›Großes Glas‹. Beiträge aus Kunstgeschichte und philosophischer Ästhetik*, Köln 2000, S. 49–73, hier S. 56. – Vgl. z. B. auch Hannah Westley: »Imaging the Absent Subject: Marcel Duchamp's *Le Grand Verre*«, in: Dies.: *The Body as Medium and Metaphor*, Amsterdam 2008, S. 15–48, hier S. 16 (»Duchamp [...] anticipates the poststructuralist shift of emphasis away from the producer and text, and onto the reader and text (or, in this case, the viewer).«).

3 Octavio Paz: *Nackte Erscheinung. Das Werk von Marcel Duchamp* (1978), Frankfurt a. M. 1987, S. 88 f.

4 Ebd., S. 86 f.

5 Zit. n. Michael Tommasiello: »How FriendsWithYou is spreading positivity through art & a happy little cloud« (2019), auf: https://www.highsnobiety.com/p/friends-with-you-interview/ (»We really want to share love, and we do it in a very earnest way. It's not cynical. We make every little thing to make you feel good«).

6 Vgl. https://www.youtube.com/watch?v=kySziocrOmU.

7 (»... a long-lasting, world-changing experience...«; »they unlock the inner child within their work«). »A Conversation with Pharrell Williams«, in: FriendsWithYou (Hg.): *We Are Friends With You*, New York 2014, S. 186–191, hier S. 189, 187.

8 https://www.instagram.com/p/Brk-2gsANY8/.

9 Anne-Marie Bonnet: »Marcel Duchamps ›Das Große Glas‹ oder die *mise en abyme* der Transparenz«, in: Eckl/Kemper/Rehm (Hgg.), a. a. O. (Anm. 2), S. 11 f., hier S. 12.

10 https://friendswithyou.com/about/.

11 FriendsWithYou (Hg.), a. a. O. (Anm. 7), S. 13 (»We didn't want to make artwork that was cold; we wanted it to be a warm hug«).

12 Joseph Beuys, zit. n. Volker Harlan u. a.: *Soziale Plastik. Materialien zu Joseph Beuys*, Achberg [2]1980, S. 21.

13 FriendsWithYou (Hg.), a. a. O. (Anm. 7), S. 65 (»We're disconnected by modernity, disconnected from communities, disconnected from praying together«; »it's like social engineering for spirituality«).

14 George Maciunas: »Fluxus Plakat-Manifest« (1965), zit. n. Thomas Kellein: *Fluxus*, Basel 1994, S. 137.

15 FriendsWithYou, auf: http://www.casestudyo.com/2021/01/little-cloud-flower-vase/ (»enhanced with joy and love, which will then be passed on to its owner«).

16 Vgl. Paz, a. a. O. (Anm. 3), S. 70 ff.

17 Adorno, a. a. O. (Anm. 23, Exposition), S. 9.

18 FriendsWithYou (Hg.), a. a. O. (Anm. 15)

19 FriendsWithYou (Hg.), a. a. O. (Anm. 7), S. 35 (»The Cloud bears similarities to certain Zuni talismans, tribal representations of spirits that the Zuni believed traveled in the skies«).

20 Ebd., S. 13.

21 Ebd.

22 Lukas R. A. Wilde: *Im Reich der Figuren. Meta-narrative Kommunikationsfiguren und die ›Mangaisierung‹ des japanischen Alltags*, Köln 2018, S. 341, 384, 346, 291. (Herv. i. O.)

23 Ebd., S. 291.

24 Ebd., S. 266.

25 Midori Matsui: »Kunst für mich selbst und andere: Yoshitomo Naras populäre Vorstellungskraft«, in: Melissa Chiu/Miwako Tezuka (Hgg.): *Yoshitomo Nara. Nobody's Fool*, Köln 2010, S. 12–25, hier S. 15.

26 Miwako Tezuka: »Musik, die mir nicht aus dem Sinn gehen will: Yoshitomo Nara, Künstler und Phänomen«, in: ebd., S. 88–109, hier S. 95.

27 Zit. n. Matsui, a. a. O. (Anm. 25), S. 22.

28 Vgl. Hiroki Azuma: *Otaku: Japan's Database Animals* (2001), Minneapolis 2009, S. 7, 35 (»the essence of postmodernity is extremely well disclosed in the structure of otaku culture«).

29 Ebd., S. 41.

30 Ebd., S. 61 (»we find that even this myth [of authorship] has been rapidly declining«).

31 Ebd., S. 39.

32 Ebd., S. 63 (»… it is a great attempt to sublimate the oddities of the otaku simulacra into works of art«).

33 https://www.instagram.com/p/B-gAVA-F-1A/.

34 Takashi Murakami: »Manga, Goya and ›Star Wars‹: The unexpected influences that made Takashi Murakami the artist he is today« (29.7.2019), auf: https://edition.cnn.com/style/article/takashi-murakami-identity/index.html.

35 Ders. zit. n. Mori Art Museum Tokio (2016), auf: https://www.mori.art.museum/blog/2016/02/blog-takashi-murakami-the-500-arhats-works-of-murakami-1-the-500-arhats---blue-dragon-and-white-tige.php (»The Five Hundred Arhats is a story about healing 500 different varieties of human suffering«).

36 Vgl. https://www.instagram.com/p/B-jy59wl2cf/.

37 Wilde, a. a. O. (Anm. 22), S. 27.

38 Hartmut Böhme: *Fetischismus und Kultur. Eine andere Theorie der Moderne*, Reinbek 2006, S. 22.

39 Zum Motiv der »ars abscondita« vgl. Wolfgang Ullrich: »Kunst als Glaubenssache«, in: Ders.: *An die Kunst glauben*, Berlin 2011, S. 46–65, hier S. 59 ff.

40 Theodor W. Adorno: »Aufzeichnungen zu Kafka« (1953), in: Ders.: *Kulturkritik und Gesellschaft I*, Frankfurt a. M. 2003, S. 254–287, hier S. 255.
41 Vgl. Lars Blunck: *Duchamps Readymade*, München 2017, S. 12–14.
42 Marcel Duchamp: *Schriften I*, hg. v. Serge Stauffer, Zürich 1981, S. 125 (»Peut-on faire des œuvres qui ne soient pas d'art?«).

5 Das Museum als Ort des Streits zwischen alten und neuen Idealen

1 Manuel Brug: »Sexismus-Debatten ja, aber bitte nicht diese Überreaktionen!«, (4.2.2018), auf: https://www.welt.de/debatte/kommentare/article173184770/Abgehaengtes-Kunstwerk-Sexismus-Debatten-ja-aber-bitte-nicht-diese-Ueberreaktionen.html.
2 Jonathan Jones: »Why have mildly erotic nymphs been removed from a Manchester gallery? Is Picasso next?« (31.1.2018), auf: https://www.theguardian.com/artanddesign/2018/jan/31/hylas-and-the-nymphs-jw--waterhouse-why-have-mildly-erotic-nymphs-been-removed-from-a-manchester-gallery-is-picasso-next.
3 Vgl. https://twitter.com/mjbfineart/status/957222356673617920 (»Manchester's ›City Art Gallery‹, did a performance arts piece last night, culminating in the permanent removal of Pre-Raphaelite painting ›Hylas and the Nymphs‹, because the female staff view it as negative, bad taste, out of date. Is artists freedom in danger?«).
4 Vgl. »›At the heart of all this is the question of power‹: Sonia Boyce on the notorious Hylas and the Nymphs takedown« (29.3.2018), auf: https://www.theartnewspaper.com/interview/sonia-boyce-hylas-and-the-nymphs.
5 »Presenting the female body: Challenging a Victorian fantasy« (8.2.2018), auf: http://manchesterartgallery.org/news/presenting-the-female-body-challenging-a-victorian-fantasy/ (»The gallery exists in a world full of intertwined issues of gender, race, sexuality and class which affect us all. How could artworks speak in more contemporary, relevant ways?«).
6 Sonia Boyce (zit. n. Anm. 4), (»The question at the heart of all of this is the question of power, and who's given legitimacy or takes up legitimacy to have an opinion, […] who has the power to frame certain narratives«).
7 Jones, a. a. O. (Anm. 2).
8 Andrew N. Wilson: »How long until the New Puritans stop us seeing all these treasures?«, in: *Daily Mail* (2.2.2018), auf: https://www.pressreader.com/uk/daily-mail/20180202/281994672932564 (»I can see modern puritanism reaching the point where it demands the removal of all naked human forms in our art galleries and museums«).
9 Ebd. (»We are being told by earnest New Puritans that we should be ashamed of ourselves for even looking at this picture«).
10 Friedrich Schiller: *Über die ästhetische Erziehung des Menschen* (1795), 22. Brief, in: Nationalausgabe, Bd. 20, Weimar 1962, S. 380.
11 Nora Sternfeld: *Das radikaldemokratische Museum*, Berlin 2018, S. 21.
12 Vgl. Tim Schneider: »Western Museums Have a Surplus of Art by White Men. Now Some Are Selling It Off to Correct Their Historical Biases«

(15.5.2019), auf: https://news.artnet.com/art-world/deaccessioning-to-diversify-1547881.

13 Ines Kleesattel: »Nochmal anders hinsehen. *Productive Looking* wider die Gewalt der sogenannten Kunstfreiheit. Ein polemischer Erfahrungsbericht«, in: Franca Buss/Philipp Müller (Hgg.): *Hin- und Wegsehen. Formen und Kräfte von Gewaltbildern*, Berlin 2020, S. 137–149, hier S. 138, 149.

14 Vgl. https://www.hamburger-kunsthalle.de/makartnow.

15 https://www.museum-ludwig.de/de/museum/sammlung/bild-und-gegen bild-zur-revision-der-sammlung.html.

16 »Umstrittenes Bild von Otto Mueller. Kuratorin: Rassistische Elemente. Julia Friedrich im Gespräch mit Stefan Koldehoff«, *Deutschlandfunk* (4.11.2019), auf: https://www.deutschlandfunk.de/umstrittenes-bild-von-otto-mueller-kuratorin-rassistische.691.de.html?dram:article_id=462573.

17 Zum Projekt und seiner Rezeption vgl. Antje Stahl: »›Zwei Zigeunerinnen mit Katze‹ heisst dieses Gemälde. Und ja, es ist rassistisch – aber es ist halt auch ein wichtiges Kunstwerk. Was soll ein Museum da tun?« (4.12.2019), auf: https://www.nzz.ch/feuilleton/rassismus-im-museum-ld.1522720.

18 Thomas Hartung: »Nachträgliche Zwangspolitisierung«, auf: https://www.tumult-magazine.net/post/thomas-hartung-nachträgliche-zwangspolitisierung.

19 Friedrich Schiller: *Kallias oder über die Schönheit*, Stuttgart 1971, S. 52 f.

20 Harry Lehmann: »Kunst, Freiheit Moral. Wie es zu Autonomieverlusten in liberalen Demokratien kommt«, in: *Lettre International* 135 (2021), S. 24–33, hier S. 30 f.

21 Mirjam Schaub: »Kunst meint, etwas, *fast nichts*, zum Anlass zu nehmen«, in: *Kunstforum International* 253 (2018), S. 136–139, hier S. 137.

22 Christoph Möllers: *Freiheitsgrade. Elemente einer liberalen politischen Mechanik*, Berlin 2020, S. 81.

23 Vgl. Claire Bishop/Nikki Columbus: »Free Your Mind. A Speculative Review of #NewMoMA« (7.1.2020), auf: https://nplusonemag.com/online-only/paper-monument/free-your-mind/.

24 Zit. n. Alex Greenberger: »Philip Guston Blockbuster Pushed Back to 2024 Amid Concerns Over KKK Imagery« (24.9.2020), auf: https://www.artnews.com/art-news/news/philip-guston-retrospective-delayed-kkk-imagery-1234571680/.

25 Brian T. Allen: »Philip Guston and the KKK: Museums Cower and Run for Cover« (10.10.2020), auf: https://www.nationalreview.com/2020/10/philip-guston-and-the-kkk-museums-cower-and-run-for-cover/ (»Today, the Cancel Culture is the Ku Klux Klan, this time with college degrees«).

26 Brigitte Werneburg: »Vorsorglich gecancelt«, in: *taz* vom 4. Oktober 2020, auf: https://taz.de/Skandaloese-Ausstellungsverschiebung/!5718317/.

27 »Open Letter: On Philip Guston Now« (30.9.2020), auf: https://brooklynrail.org/projects/on-philip-guston-now/ (»… longstanding failure to have educated, integrated, and prepared themselves to meet the challenge of the renewed pressure for racial justice«).

28 Vgl. Leslie Streeter, auf: https://twitter.com/LeslieStreeter/status/1437508187792490503.

6 Formen des Misslingens postautonomer Kunst

1 Paul Laster: »Fictional Archeology: An Interview with Daniel Arsham« (11.2.2021), auf: https://www.artandobject.com/news/fictional-archeology-interview-daniel-arsham.

2 Vgl. z.B. https://www.instagram.com/p/BRnlyntgigX; https://www.instagram.com/p/BVgiWsxAJYe; https://www.instagram.com/p/BVgiU33ABOr.

3 Vgl. z.B. Lothar Martin: »Prager Ai Weiwei-Ausstellung ›Law of the journey‹ mahnt Flüchtlingshilfe an« (17.3.2017), auf: https://www.radio.cz/de/rubrik/tagesecho/prager-ai-weiwei-ausstellung-law-of-the-journey-mahnt-fluechtlingshilfe-an.

4 Vgl. https://artpil.com/news/law-of-the-journey-ai-weiwei/.

5 Vgl. z.B. https://www.instagram.com/p/BZCNJeZAuxY/.

6 Vgl. »Künstler Kuratoren Kunstmarkt Biennalen. Einige Daten zur aktuellen Situation« (30.12.2017), auf: https://www.art-in.de/incmeldung.php?id=5843.

7 https://www.estherschipper.com/de/exhibitions/149-take-over-anri-sala/ (»*Them Apples* creates a densely woven web of signification, between the individual and the nation, new beginnings and great uncertainty, identity and integration, represented both by the ambivalence of the apple […] and […] a hymn laden with overdetermined traces of historical significance«).

8 Anri Sala: »Of Anthems and Apples« (6.5.2017), auf: https://frieze.com/article/anthems-and-apples-anri-sala.

9 Vgl. Emily McDermott: »Anri Sala is the artist unpacking politics through music«, in: *Sleek* 54 (2017), auf: http://www.sleek-mag.com/2017/07/25/anri-sala/.

10 Sala, a.a.O. (Anm. 8), (»a drawing becomes a painting, a sketch becomes a building, a storyboard becomes a film«).

11 Vgl. https://piacamil.me/Bara-Bara-Bara.

12 Vgl. https://www.wildfang.com/pages/about.

13 Hans Sedlmayr: *Verlust der Mitte. Die bildende Kunst des 19. und 20. Jahrhunderts als Symptom und Symbol der Zeit*, Salzburg ²1948, S. 80.

14 Ebd., S. 200 (Herv. i. O.).

15 Ebd., S. 171.

7 Formen des Gelingens postautonomer Kunst

1 Hier und im Folgenden: Taiye Selasi: »How to Be Both«, in: *Virgil Abloh: »Figures of Speech«*, hg. v. Michael Darling, Katalog Museum of Contemporary Art, Chicago 2019, S. 131–134.

2 Virgil Abloh, zit. n. ebd., S. 132.

3 Ebd., S. 133f. (»Ninety-nine percent of my work is to break the stereotype and add to the narrative of what black artistry and design looks like«; »That's where the whole idea comes from: to sort of reprogram the brain that only a white person would have this level of taste or cache«).

4 Virgil Abloh, zit. n. Liz Warren: »Virgil Abloh Responds to Backlash Over Reaction to BLM Protests: ›I Apologize‹« (2.6.2020), auf: https://sourcingjournal.

com/denim/denim-influencers/virgil-abloh-black-lives-matter-protests-apology-fat-tiger-workshop-213757/ (»… just know, that product staring at you in your home/apartment right now is tainted and a reminder of a person I hope you aren't«).

5 Zum Nocebo-Effekt vgl. Wolfgang Ullrich: *Alles nur Konsum. Kritik der warenästhetischen Erziehung*, Berlin 2013, S. 91 ff.

6 Vgl. Barbara Bryant Solomon: *Black Empowerment: Social Work in Oppressed Communities*, New York 1976, S. 19.

7 Kerry James Marshall, zit. n. Dodie Kazanjian: »The Making of *Vogue*'s September 2020 Covers (25.8.2020)«, auf: https://www.vogue.com/article/september-issue-cover-2020-global-hope (»›I'm here and you can see me, but I'm not here *for* you‹«).

8 Gabriel Coxhead: »›When you put black people in a picture, what should they be doing?‹ – an interview with Kerry James Marshall« (13.7.2019), auf: https://www.apollo-magazine.com/kerry-james-marshall-interview/.

9 Vgl. Marshall, a. a. O. (Anm. 7) (»If you say, ›Black is beautiful,‹ you have to show it. And what I'm doing is showing it at the extreme. Yes, it is black – very black – and it is very beautiful.«).

10 Julia Voss: »›Ich mache bei dem Spektakel nicht mit‹. Ein Interview mit dem Maler Kerry James Marshall« (13.5.2017), auf: https://www.faz.net/aktuell/feuilleton/kunst-und-architektur/kerry-james-marshall-ueber-schwarze-in-der-kunst-15006114.html?printPagedArticle=true#pageIndex_2.

11 Vgl. Hal Foster: »Underpainting, a Real Allegory«, in: *Kerry James Marshall. History of Painting*, New York 2019, S. 23–35, hier S. 30.

12 Vgl. https://www.youtube.com/watch?v=kbMqWXnpXcA.

13 Vgl. Thread von Queen Curly Fry, auf: https://twitter.com/itsmeheidi_h/status/1008207174257045508.

14 Almuth Spiegler: »Paint it black: Beyoncé, Jay-Z und die Mona Lisa« (24.6.2018), auf: https://diepresse.com/home/kultur/popco/5452811/Paint-it-black_Beyonce-JayZ-und-die-Mona-Lisa.

15 https://genius.com/The-carters-apeshit-lyrics.

16 Grada Kilomba: »Warum uns Beyoncés und Jay-Zs Louvre-Video nicht loslässt« (9.1.2019), auf: https://www.monopol-magazin.de/warum-uns-beyonces-und-jay-zs-louvre-video-nicht-loslaesst.

17 https://www.instagram.com/p/Bfo6igcHKwr/.

18 https://bobartlettcenter.org/misc/object-permanence/.

19 Vgl. Amy Sherald, zit. n. Steve Johnson: »Amy Sherald painted Michelle Obama, and it became a sensation. But many people didn't get it, and to her, that's just fine« (19.2.2020), auf: https://www.chicagotribune.com/entertainment/museums/ct-amy-sherald-michelle-obama-portrait-explained-0220-20200219-bnf4267cyrekrdbtkomybuh4dy-story.html (»To me when you see brown skin, it tends to codify something. So through the gray you're almost allowed to look past that into the real person«).

20 Vgl. Amy Sherald, zit. n. Ellen C. Caldwell: »What Amy Sherald Tells Us with Michelle Obama's Dress« (13.2.2018), auf: https://daily.jstor.org/what-amy-

sherald-tells-us-with-michelle-obamas-dress/ (»It has an abstract pattern that reminded me of the Dutch artist Piet Mondrian's geometric paintings. But Milly's design also resembles the inspired quilt masterpieces made by the women of Gee's Bend, a small remote black community in Alabama …«).

21 Aruna d'Souza: »Weißsein als Problem«, in: *Candice Breitz. Labour*, Katalog Kunstmuseum Bonn 2020, S. 59–74, hier S. 65.

22 Candice Breitz, zit. n. Josie Thaddeus-Johns: »Candice Breitz: Too Long, Didn't Read« (24.5.2019), auf: https://elephant.art/candice-breitz-long-didnt-read/ (»In the end, the big question for an artist like myself – privileged, white, middle class – is how and whether one can be an ally«).

23 Sven Beckstette: »Wir sind die anderen. Über Candice Breitz' *Love Story*«, in: *Candice Breitz: Love Story*, Katalog Kunstmuseum Stuttgart 2016, S. 54–57, hier S. 55.

24 Claudia Bodin: »›Was sind die Fakten, was ist passiert?‹ Bomben in Gaza, NSU-Mord in Kassel. Eyal Weizman und sein Forscherteam *Forensic Architecture* rekonstruieren mit Hightech-Methoden kontroverse Fälle. Ein Gespräch über die Kunst der Wahrheitssuche«, in: *Art* 10/2020, S. 68–74, hier S. 70.

25 Vgl. https://forensic-architecture.org/investigation/police-brutality-at-the-black-lives-matter-protests.

26 Vgl. https://forensic-architecture.org/investigation/the-murder-of-halit-yozgat.

27 Eyal Weizman, zit. n. Claudia Bodin, a. a. O. (Anm. 24), S. 73.

Epilog: Zwei Sammlungen

1 Vgl. zum vollständigen Text im französischen Original und in deutscher Übersetzung: Detlev von Graeve: »Chéri Samba trifft Werke ›schöpferischer Ahnen‹ bei Han Coray« (10.5.2020), auf: http://detlev.von.graeve.org/?p=11324.

2 Felwine Sarr/Bénédicte Savoy: *Rapport sur la restitution du patrimoine culturel africain. Vers une nouvelle éthique relationnelle* (November 2018), auf: http://restitutionreport2018.com/sarr_savoy_fr.pdf, S. 30.

3 Ebd., S. 27.

4 https://www.youtube.com/watch?v=YL8PqQxbTss.

Abbildungsnachweis

1a–c https://hypebeast.com/drops/takashi-murakami-x-porter-bs-06-t-z-original-sneakers
2 https://www.sneakersnstuff.com/de/product/42781/vans-ua-classic-slip-on
3 https://mai.art/immaterial/monstershoes
4 https://www.instagram.com/p/CEby-jBnLR8/
5a–b https://www.monopol-magazin.de/satan-shoes-lil-nas-x-mschf-nike-geht-rechtlich-gegen-new-yorker-kunstkollektiv-vor
https://www.youtube.com/watch?v=6swmTBVI83k
6 https://de.m.wikipedia.org/wiki/Datei:Schoenen_-_s0011V1962_-_Van_Gogh_Museum.jpg
7 © ahlers collection/VG Bild-Kunst, Bonn 2023 (Fotograf: Thomas Ganzenmüller, Hannover)
8 https://www.instagram.com/p/CFsFPVAgDbw/
9 https://www.christies.com/en/auction/post-war-contemporary-art-evening-sale-27244/?filters=&page=2&searchphrase=&sortby=lotnumber&themes= // für das Werk von Louise Bourgeois: © The Easton Foundation/VG Bild-Kunst, Bonn 2023
10 https://www.sothebys.com/en/auctions/2017/contemporary-art-evening-auction-n09713.html?locale=en&p=5 // für das Werk von Robert Indiana: © Morgan Art Foundation ARS New York/VG Bild-Kunst, Bonn 2023
11 https://www.youtube.com/watch?v=QfaHkecVVS4
12 https://jewelry.ha.com/itm/luxury-accessories/bags/louis-vuitton-x-richard-prince-limited-edition-red-mancrazy-jokes-bagthe-collection-of-candy/a/5399-58051.s
13 https://news.artnet.com/art-world/jeff-koons-x-louis-vuitton-collaborate-in-masterful-accessory-line-921962
14 https://www.instagram.com/p/B9RoRUoJpME/
15a–e https://www.youtube.com/watch?v=MWj5wYO8kkI
16 © Lorenza Böttner/I. Oeding
17 https://www.instagram.com/p/BqFTFUvh-X3/
18 https://www.instagram.com/p/CGiFXGKJKMu/
19–21 https://www.instagram.com/p/BdulcI6hn6b/; https://www.instagram.com/p/CLudcuzMpad/; https://www.instagram.com/p/CMVKMS6MNj4/
© Damien Hirst and Science Ltd. All rights reserved/VG Bild-Kunst, Bonn 2023
22 https://www.artsper.com/hk/contemporary-artworks/sculpture/989007/along-the-way-brown
23 https://www.instagram.com/p/CK8FLtZFPoH/
24a–c https://www.instagram.com/p/CPGfnorrAWP/

https://www.instagram.com/p/CSUipvYlwyt/
https://www.instagram.com/p/CUM7yMvv4F9/
25 © Association Marcel Duchamp/VG Bild-Kunst, Bonn 2023
26a–d https://stockx.com/de-de/friends-with-you-little-cloud-figure-edition-500-white
https://fineart.ha.com/itm/collectible/contemporary/friends-with-you-american-cuban-little-cloud-gold-2016polished-bronze-with-enamel-sealant5-x-3-x-3-1-2/a/5444-66031.s
https://www.casestudyo.com/2014/05/friends-with-you-littlecloud/
https://stockx.com/friends-with-you-little-cloud-flower-vase
27 https://www.instagram.com/p/CEncuQ-JN33/
28 https://www.instagram.com/p/B2ceY5wJqez/
29 © Yoshitomo Nara
30 © Takashi Murakami
31 https://de.wikipedia.org/wiki/Datei:Waterhouse_Hylas_and_the_Nymphs_Manchester_Art_Gallery_1896.15.jpg
32 https://twitter.com/mcrartgallery/status/1008799048554504192
33 https://www.creativetourist.com/event/roll-up-for-family-gorgeous/
34 https://www.museum-ludwig.de/de/museum/sammlung/bild-und-gegenbild-zur-revision-der-sammlung.html
35 https://www.lotsearch.de/lot/rimowa-x-daniel-arsham-47430593
36 https://www.instagram.com/p/CBotF7fCSMu/
37 https://www.instagram.com/p/BRth7V_AR-_/
38 https://www.instagram.com/p/BgKj2tNAOeH/
39 https://www.instagram.com/p/CHUmEtwHaoP/
40 https://www.instagram.com/p/BZCNJeZAuxY/
41 © VG Bild-Kunst, Bonn 2023
42 Pia Camil: *Bara Bara Bara* (2017); Installation of seven canopies, second-hand T-shirts from Las Torres Market, Iztapalapa. © Courtesy of Dallas Contemporary, Galerie Sultana, and Pia Camil (Photographer: Kevin Todora)
43 https://www.papercitymag.com/arts/pia-camil-tenoversix-limited-edition-art-tshirts/
44 https://www.instagram.com/p/CMI4Nt5rob-/
45 http://www.kindofluxe.com/blog/2017/9/22/off-white-co-virgil-abloh-sculpture-bags
46 https://stockx.com/de-de/ikea-x-virgil-abloh-markread-medium-bag-brown
47 © Vogue / Kerry James Marshall
48 Kerry James Marshall, *Past Times* (1997), Acryl und Collage auf Leinwand, 289 x 396 cm. © Kerry James Marshall/Metropolitan Pier and Exhibition Authority, McCormick Place Art Collection, Chicago
49 Kerry James Marshall, *Untitled (Underpainting)* (2018), Acryl und Collage auf PVC in Rahmen des Künstlers, 215 x 305 cm, Glenstone Museum. © Kerry James Marshall (Foto: Ron Amstutz)

50a–c https://www.youtube.com/watch?v=kbMqWXnpXcA
51a–c https://www.instagram.com/p/CDflEKBnQaK/
https://www.instagram.com/p/B42pZGij4vT/
https://www.instagram.com/p/B43JNBYl2H-/
52 https://www.instagram.com/p/Bfo6igcHKwr/
53 © VG Bild-Kunst, Bonn 2023
54 Candice Breitz, *Love Story* (2016), Ausstellung in Arken, Copenhagen, 2018. © Candice Breitz (Foto: Anders Sune Berg)
55 Candice Breitz, *Love Story* (2016), 7-channel video installation. © Candice Breitz (Foto: Brandon Soder)
56 Forensic Architecture, *Police Brutality at the Black Lives Matter Protests* (2020)
57 Chéri Samba, *Hommage aux Anciens Créateurs* (1999), Acryl auf Leinwand, 151 x 201 cm. © Chéri Samba / CAAC – The Pigozzi Collection
58 https://www.youtube.com/watch?v=YL8PqQxbTss

Themen und Thesen dieses Buchs konnte ich bei Gastaufenthalten an mehreren Kunsthochschulen zur Diskussion stellen – 2018 an der Hochschule für Bildende Künste Dresden und an der Tokyo University of the Arts (Geidai), 2020/21 an der Hochschule für Bildende Künste Braunschweig sowie 2021/22 an der Akademie der Bildenden Künste Karlsruhe. Für die Einladungen möchte ich Constanze Peres und Matthias Flügge, Michael Schneider und Shinichiro Mitsudome, Annette Tietenberg sowie Rainer Metzger danken. Für Vorschläge und Verbesserungen des Texts danke ich meinen Lektoren Linus Guggenberger und Tilman Vogt.

KLEINE KULTURWISSENSCHAFTLICHE BIBLIOTHEK

Deborah Nelson Denken ohne Trost
Arbus, Arendt, Didion, McCarthy, Sontag, Weil

Von Frauen wird Tröstung verlangt. Deborah Nelson nähert sich sechs beeindruckenden Denkerinnen, die sich weigerten, die harte Realität im Meer der Gefühle untergehen zu lassen.

Aus dem amerikanischen Englisch von Birthe Mühlhoff
Mit einem Nachwort von Merve Emre
KKB 91. Klappenbroschur. 240 Seiten

Anke te Heesen Revolutionäre im Interview
Thomas Kuhn, Quantenphysik und Oral History

Wie unpolitisch kann eine Wissenschaft im Schatten der Atombombe sein? Wie in der Physik umgehen mit Intuition und Gefühl? Und wie kommen revolutionäre Entdeckungen zustande? Die unbekannte Geschichte eines Interviewprojekts, das den Helden der Quantenphysik das Geheimnis der wohl wichtigsten wissenschaftlichen Revolution des 20. Jahrhunderts entlocken sollte.

KKB 92. Klappenbroschur. 240 Seiten mit Abbildungen

Elizabeth Duval Nach Trans
Sex, Gender und die Linke

Was bedeutet es, trans zu sein? Die spanische Philosophin Elizabeth Duval über Biologie und Begriffe, Geschlechtsidentität und Gender-Neuplatonismus – und die Zukunft der Linken: ein brillanter Essay, streitbar, aber nicht unversöhnlich.

Aus dem Spanischen von Luisa Donnerberg
KKB 95. Klappenbroschur. 224 Seiten

Jie-Hyun Lim Opfernationalismus
Erinnerung und Herrschaft in der postkolonialen Welt

Lassen sich Holocaust, Stalinismus und Kolonialismus miteinander vergleichen? Wie soll in einer globalisierten Welt erinnert werden? Ein nuanciertes Plädoyer für eine Öffnung der geschichtspolitischen Debatte ohne Opferkonkurrenz.

Aus dem Englischen von Utku Mogultay
KKB 97. Klappenbroschur. 144 Seiten

Wolfgang Ullrich bei Wagenbach

Feindbild werden
Ein Bericht

Wieder stellt sich Wolfgang Ullrich einem hochaktuellen Thema: Ist der viel beschriebene und diskutierte Rechtsdrall in den ostdeutschen Ländern auch in der zeitgenössischen Kunst sichtbar?

Politik. Broschiert. 144 Seiten mit Abbildungen

Tiefer hängen
Über den Umgang mit der Kunst

Wolfgang Ullrich befragt das Selbstverständnis von Künstlern und Kunstliebhabern. Die Vorstellung einer »hohen« Kunst ist ihm ebenso ein Dorn im Auge wie ihre von einseitigen Motiven geleitete Kommerzialisierung und Funktionalisierung. Und er wendet sich gegen eine Sprache, die den Kunstkommentar zum Audienzbericht herabwürdigt.

WAT 479. Broschiert. 192 Seiten mit Abbildungen

Wahre Meisterwerte
Stilkritik einer neuen Bekenntniskultur

Wie ist es dazu gekommen, dass wir unablässig von Werten reden? Werte zu beschwören und danach zu handeln gibt das wohlige Gefühl, etwas Gutes zu tun. Doch reicht das aus? In seinem neuen Buch argumentiert Wolfgang Ullrich gesellschaftskritisch und scheut sich auch diesmal nicht, zu provozieren.

Klappenbroschur. 176 Seiten mit vielen Abbildungen

Selfies
Die Rückkehr des öffentlichen Lebens

Wie konnten Selfies zum Inbegriff der Bildkultur der Sozialen Medien werden? Wie verhalten sie sich zur Geschichte des Selbstporträts und der Selbstinszenierung? Wolfgang Ullrich schaut zurück und sieht sich in der Gegenwart um – ohne Selfiestick.

Digitale Bildkulturen. Broschiert. 80 Seiten mit vielen Abbildungen

Die Kunst nach dem Ende ihrer Autonomie erschien
im Frühjahr 2022 als Band 90 in der Reihe
KLEINE KULTURWISSENSCHAFTLICHE BIBLIOTHEK.

**KLEINE
KULTURWISSENSCHAFTLICHE
BIBLIOTHEK**
wurde 1988 in Referenz an Aby Warburg gegründet.

2. Auflage 2023

www.wagenbach.de
Umschlaggestaltung nach einem Konzept von GROOTHUIS
Gesellschaft der Ideen und Passionen mbH. Gesetzt aus der Minion Pro
und der BrownStd. Gedruckt und gebunden bei Pustet, Regensburg.

ISBN 978 3 8031 5190 2